Antologia dos
Poetas Brasileiros
da Fase Colonial

Coleção Textos
Dirigida por J. Guinsburg

Equipe de Realização — Produção: Plínio Martins Filho e Marly Orlando; Capa: Walter Grieco.

sergio buarque de holanda

Antologia dos Poetas Brasileiros da Fase Colonial

EDITORA PERSPECTIVA

Diretos reservados à
EDITORA PERSPECTIVA S.A.
Av. Brigadeiro Luís Antonio, 3.025
01401 — São Paulo — Brasil
Telefone: 288-8388
1979

SUMÁRIO

Apresentação ....
JOSÉ DE ANCHIETA (1534-1597) 1
   Ao Santíssimo Sacramento 3
   A Santa Inês 10
   Vaidade das cousas do mundo 12
   Da morte 13
   O Moleiro (I) 15
BENTO TEIXEIRA (Fins do século XVI a princípios
   do XVII) 27
   Fragmentos da "Prosopopéia" — Proposição 29
   Descrição do Recife de Paranambuco 30
   Canto de Proteu 32
BERNARDO VIEIRA RAVASCO (1617-1697) 45
   Glosa a um soneto 47
GREGÓRIO DE MATOS GUERRA (1633-1696) 53
   Implorando de Cristo, um pecador contrito, perdão dos
      seus pecados 55
   Buscando a Cristo crucificado um pecador, com verda-
      deiro arrependimento 56
   Ao mesmo Jesus crucificado, falando um pecador nos
      últimos da vida 56
   Pecador contrito aos pés de Cristo crucificado 57
   Moralidade sobre o dia de quarta-feira de cinza 58
   Ao primeiro braço, que depois apareceu do menino Jesus
      quando desapareceu do corpo 59

A ponderação do Dia do Juízo Final Universal 60
A fidalguia do Brasil 61
A fidalguia, ou enfidalgados do Brasil 61
Pintura para o que se quiser fazer fidalgo na Cidade
    da Bahia 62
Qual é maior: se o bem perdido na posse? se o que se
    perde antes de possuído? 63
Defendendo o bem perdido 63
A brevidade dos gostos da vida, em contemplação dos
    mais objetos 64
A suave harmonia de um passarinho cantando em
    um bosque 65
A um namorado, que se presumia de obrar finezas 65
A procissão de cinza, feita em Pernambuco 66
Aos Sres. Governadores do mundo em seco da Cidade
    da Bahia, e seus costumes 67
Vendo o autor a primeira vez a D. Ângela, a quem antes
    tinha ouvido exagerar 68
Décimas 69
Efeitos são do cometa. (Mote) 71
Despede-se o autor da Cidade da Bahia, na ocasião em
    que ia degradado para Angola de Potência, pelo Go-
    vernador D. João de Alencastre 79
À morte da Senhora Infanta 83
Ao mesmo assunto, aludindo à estrela dos magos, por
    haver nascido dia de reis 83
Desconfia o autor da pertensão de sua dama para sua
    esposa, pelo desvanecer um seu tio 84
Expressões amorosas a ua dama a quem queria 85
Aos afetos, e lágrimas derramadas na ausência da dama
    a quem queria bem 85
Saudosamente sentido na ausência da dama a quem o
    autor muito amava 86
Lamenta ver-se no tal degredo em terra tão remota, au-
    sente da sua casa 87
A Cidade da Bahia 88
Aos vícios. (Tercetos) 97
MANUEL BOTELHO DE OLIVEIRA (1636-1711) 101
Vendo a Anarda depõe o sentimento 103
Ponderação do rosto e olhos de Anarda 104
Esperanças sem logro 104
Anarda vendo-se a um espelho. (Décima) 105
Anarda ameaçando-lhe a morte. (Redondilhas) 106
A ua dama, que tropeçando de noite em ua ladeira, perdeu
    uma memória do dedo 107
À Ilha de Maré 109

ALEXANDRE DE GUSMÃO (1695-1753) 119
   A Júpiter supremo deus do Olimpo 121
   A seus dous filhos persuadindo-lhes o conhecimento próprio 122
   A uma pastora tão formosa como ingrata 122
   A liberdade a Nize 125
   Ode 128
MANUEL DE SANTA MARIA ITAPARICA (1704-?) 131
   Fragmentos de "Eustáquidos". (Do canto segundo) 132
   Fragmentos de "Eustáquidos". (Do canto quinto) 139
   Descrição da Ilha de Itaparica 141
Fr. JOSÉ DE SANTA RITA DURÃO (1722(?)-1784) 159
   Fragmentos do "Caramuru". (Canto I) 161
   Fragmentos do "Caramuru". (Canto II) 164
   Fragmentos do "Caramuru". Canto IV) 167
   Fragmentos do "Caramuru". (Canto VI) 172
   Fragmentos do "Caramuru". (Canto VII) 177
   Fragmentos do "Caramuru". (Canto X) 191
CLÁUDIO MANUEL DA COSTA (1729-1789) 195
   II — "Leia a posteridade, ó pátrio Rio," 197
   III — "Pastores, que levais ao monte o gado," 198
   VI — "Brandas ribeiras, quanto estou contente...." 198
   VII — "Onde estou! Este sítio desconheço:" 199
   VIII — "Este é o rio, a montanha é esta," 199
   XIII — "Nize? Nize? onde estás? Aonde espera...." ... 200
   XIV — "Quem deixa o trato pastoril amado." 200
   XVIII — "Aquela cinta azul, que o Céu estende..." ... 201
   XXII — "Neste álamo sombrio, aonde a escura..." 201
   XXIV — "Sonha em torrentes d'água o que abrasado..." 202
   XXVIII — "Faz a imaginação de um bem amado..." .. 202
   XXXII — "Se os poucos dias, que vivi contente," 203
   XXXVIII — "Quando, formosa Nize, dividido...." 203
   LVII — "Bela imagem, emprego idolatrado," 204
   LX — "Valha-te Deus, cansada fantasia!" 204
   LXI — "Deixemos-nos, Algano, de portia;" 205
   LXII — "Torno a ver-vos, ó montes; o destino..." 205
   LXIV — "Que tarde nasce o Sol, que vagaroso!" 206
   LXVII — "Não te cases com Gil, bela Serrana;" 206
   LXIX — "Se à memória trouxeres algum dia," 207
   LXXII — "Já rompe, Nize, a matutina Aurora..." 207
   LXXV — "Clara fonte, teu passo lisonjeiro..." 208
   LXXIX — "Entre este álamo, ó Lize, e essa corrente," .. 208
   XCVIII — "Destes penhascos fez a natureza..." 209
   C — "Musas, canoras Musas, este canto..." 210
   À morte de Salício. (Epidécio II) 210
   Fábula do Ribeirão do Carmo. (Soneto) 214

"Aonde levantado..." 204
Lísia. (Écloga IV) 220
Soneto 224
À Lira. (Desprezo) 225
À Lira. (Palinódia) 227
DOMINGOS CALDAS BARBOSA (1738-1800) 231
Vou morrendo devagar. (Cantigas) 233
A uns lindos olhos. (Cantigas) 234
O nome do teu pastor. (Cantigas) 235
Bateu as asas, voou. (Cantigas) 235
Um terno amador. (Cantigas) 237
Lereno melancólico. (Cantigas) 238
Declaração de Lereno 240
Sem acabar de morrer. (Cantigas) 241
Lundum de cantigas vagas 242
Doçura de amor 243
Para o mesmo estribilho 244
Lundum 246
Lundum em louvor de uma brasileira adotiva. (Cantigas) 248
A ternura brasileira. (Cantigas) 250
Mal sem remédio 251
Sofrer por gosto 252
JOSÉ BASÍLIO DA GAMA (1740-1795) 255
As núpcias de D. Maria Amália de Carvalho e Melo 257
Fragmentos de "O Uraguai". (Do canto primeiro) 261
Fragmentos de "O Uraguai". (Do canto segundo) 261
Fragmentos de "O Uraguai". (Do canto terceiro) 265
Fragmentos de "O Uraguai". (Canto quarto) 267
A declamação trágica 274
Soneto a uma senhora natural do Rio de Janeiro onde se
 achava então o autor 276
A resignação 276
Soneto a uma senhora, que o autor conheceu no Rio de
 Janeiro e viu depois na Europa 277
Soneto ao Garção 277
Soneto a Nicolau Tolentino, que malsinara do Marquês
 de Pombal, decaído 278
Soneto 278
INÁCIO JOSÉ DE ALVARENGA PEIXOTO (1744-1793) ... 281
À Maria Ifigênia (em 1786, quando completava sete anos
 de idade) 283
Estela e Nize 283
À Aléia 284
À lástima 284
À saudade 285
A José Basílio da Gama 286

À D. Bárbara Heliodora (sua esposa) 286
Ode (à Rainha D. Maria I) 287
O sonho 291
Canto genetlíaco 292
TOMÁS ANTÔNIO GONZAGA (1744-1810) 299
   (Da primeira parte)
Marília de Dirceu — Lira I 301
Marília de Dirceu — Lira V 304
Marília de Dirceu — Lira VIII 306
Marília de Dirceu — Lira IX 308
Marília de Dirceu — Lira XVII 309
Marília de Dirceu — Lira XVIII 313
Marília de Dirceu — Lira XX 314
Marília de Dirceu — Lira XXI 315
Marília de Dirceu — Lira XXVII 317
   (Da segunda parte)
Marília de Dirceu — Lira II 319
Marília de Dirceu — Lira III 320
Marília de Dirceu — Lira IV 321
Marília de Dirceu — Lira V 323
Marília de Dirceu — Lira XX 324
Marília de Dirceu — Lira XXXIV 326
Marília de Dirceu — Lira XXXVII 328
Marília de Dirceu — Lira XXXVIII 329
   (Da terceira parte)
Marília de Dirceu — Lira III 333
Marília de Dirceu — Lira VIII 334
Soneto XI 337
Soneto XIV 338
Fragmentos das "Cartas Chilenas". (Da carta 2.ª) 339
Fragmentos das "Cartas Chilenas". (Da carta 5.ª) 342
MANOEL INÁCIO DA SILVA ALVARENGA (1749-1814) .. 345
À estátua eqüestre do rei D. José I 347
À gruta americana (idílio) 348
Epístola 352
Glaura (Anacreonte) — Rondó I 352
O cajueiro — Rondó III 357
O beija-flor — Rondó VII 359
O amante infeliz — Rondó X 360
O jasmineiro — Rondó XI 362
A noite — Rondó XXI 363
O prazer — Rondó XXIV 365
O amante satisfeito — Rondó XXVI 366
A mangueira — Rondó XXXVII 368
A lua — Rondó L 369
A árvore — Rondó LIV 371

Madrigal III 372
Madrigal VII 373
Madrigal XIII 373
Madrigal XV 374
Madrigal XXVII 374
Madrigal XXIX 374
Madrigal XXXIV 375
Madrigal LVI 375
FRANCISCO DE MELO FRANCO (1757-1823) 377
　Fragmentos de "O reino da estupidez". (Do canto terceiro) 379
　Fragmentos de "O reino da estupidez". (Do canto quarto) 380
PADRE ANTÔNIO PEREIRA DE SOUSA CALDAS (1762-1814) 389
　Cantata. (Pigmalião) 391
　Ode ao homem selvagem 396
　Soneto IV 400
　Soneto VII 401
　Salmo XIII 401
Fr. FRANCISCO DE SÃO CARLOS (1763-1829) 405
　Fragmento do poema "A assunção". (Do canto VI) 407
JOSÉ ELÓI OTTONI (1764-1851) 419
　Epístola ao Pe. Antônio Pereira de Sousa Caldas 421
　Lira 423
　Fragmento da paráfrase dos provérbios de Salomão (Capítulo III) 425
　Fragmento de "Jó traduzido em verso". (Capítulo VII) .. 428
JOSÉ BONIFÁCIO DE ANDRADA E SILVA (1765-1838) .. 431
　Ode à poesia (em 1785) 433
　Ode no gosto oriental (1820) 437
　Ode aos baianos 438
　Ode aos gregos 442
　Cantigas báquicas 445
BENTO DE FIGUEIREDO TENREIRO ARANHA (1769-1811) 449
　À mamaluca Maria Bárbara, mulher de um soldado, cruelmente assassinada 451
　A um passarinho, quando o autor sofria vexações 451
　Ode (ao Sñr. João de Melo Lobo...) 452
FRANCISCO VILELA BARBOSA (1769-1846) 455
　Soneto III 457
　Alegoria. (O rio e o regato) 458
　O retrato 459
DOMINGOS BORGES DE BARROS (1779-1855) 465
　Ao chegar à Bahia 467
　Ao Rio Jacuípe. (Cançoneta) 468
JOSÉ DA NATIVIDADE SALDANHA (1796-1832) 471

Soneto XVII. (Na sentida morte de S. M. a Rainha
    D. Maria I) 473
Soneto XLIV. (A sua condenação à morte) 473
Ode pindárica 474
Ode. (À morte de Napoleão Bonaparte) 479
Odes Anacreônticas — I. (O galo-de-campina) 480
Odes Anacreônticas — III. (O ponche de caju) 480
Elegia 481

NOTAS:

    José de Anchieta 487
    Bento Teixeira 491
    Bernardo Vieira Ravasco 494
    Gregório de Matos Guerra 494
    Fr. Manuel de Santa Maria Itaparica 498
    Basílio da Gama 500
    Tomás Antônio Gonzaga 503
    Francisco de Melo Franco 507
    José Bonifácio de Andrade e Silva 507
    Francisco Vilela Barbosa 509

APRESENTAÇÃO

Feita por encomenda do Ministério da Educação, ainda ao tempo de Gustavo Capanema, devia a *Antologia dos Poetas Brasileiros da Fase Colonial* inserir-se na série que já compreendia os da Fase Romântica e da Fase Parnasiana, que Manuel Bandeira organizou, a convite do mesmo ministro, e aos quais se deveriam juntar mais tarde os da Fase Simbolista, confiados ao crítico Andrade Murici. Concluído meu trabalho já às vésperas de viajar eu para o estrangeiro, onde permaneceria cerca de dois anos, o trabalho, em dois volumes, saiu durante minha ausência. E tão depressa se esgotou que, ao meu regresso, só restavam, no próprio Ministério e no Instituto Nacional do Livro, encarregado da publicação, alguns poucos exemplares do 2.º. Quanto ao 1.º volume, já não se encontrava um só para amostra, e foi graças à gentileza do dono de uma duplicata, livreiro por sinal, que me foi possível obter então a antologia completa. Mesmo essa, porém, acabou por extraviar-se, talvez em uma das minhas mudanças. Tanto que, para publicar a presente edição, viu-se a Perspectiva na necessidade de obter outro exemplar de empréstimo. Mais não seria preciso dizer para indicar a raridade da obra e o interesse que pôde e talvez ainda possa despertar entre os curiosos e estudiosos de nossa cultura colonial. Sai ela agora sem outra alteração que não sejam as ditadas pela mais recente reforma ortográfica. Nem disponho eu de tempo e de ânimo para hoje retomar e modificar substancialmente o que me custou demoradas pesquisas, até em códices manuscritos, onde se contêm, especialmente, peças inéditas de Gregório de Matos, localizados em livrarias públicas, como a Biblioteca Nacional e a do Itamarati, e também particulares, especialmente a velha coleção Moreira da Fonseca, em Petrópolis, hoje integrada na Nacional, além de estudos especiais, sobretudo para as anotações, que ultimamente estão mais longe de minha especialidade.

Sergio Buarque de Holanda

AGRADECIMENTO

A Editora Perspectiva agradece à colaboração do Prof. João Alexandre Barbosa, que colocou à nossa disposição o exemplar da primeira edição desta antologia.

JOSÉ DE ANCHIETA

(1534 — 1597)

José de Anchieta nasceu a 19 de março de 1534, em La Coruña, província de Tenerife, Canárias, filho de biscainho. Faleceu a 9 de junho de 1597 em Reritiba (hoje Anchieta), no Espírito Santo. Em 1551 ingressou na Companhia de Jesus.

Sua atividade, durante os quarenta e quatro anos que viveu no Brasil, desde 1553, quando chegou com a armada de D. Duarte da Costa, é por si só um dos capítulos mais fascinantes de nossa história colonial.

Em sua produção literária incluem-se uma Arte da Gramática da língua mais usada na costa do Brasil, *publicada em Coimbra, 1595 (existe reprodução fac-similar recente, publicada pela Biblioteca Nacional do Rio de Janeiro), poesias, informações, fragmentos históricos e cartas, escritos em latim, português, castelhano e tupi. Sua obra poética aparece em várias publicações: destas a mais importante o vol.* Primeiras Letras, da Coleção "Clássicos Brasileiros", da Academia Brasileira de Letras, *impresso no Rio de Janeiro, s. d., pela editora* Anuário do Brasil.

Conhecem-se dezenas de biografias de Anchieta. A mais antiga foi escrita já no ano seguinte ao de sua morte. A mais extensa e minuciosa é a da autoria de Simão de Vasconcelos, publicada pela primeira vez em 1672; só foi reimpressa em 1943, no Rio de Janeiro, pelo Instituto Nacional do Livro, com nota-prefácio de Serafim Leite, S. I.

Não se podem atribuir com absoluta segurança a Anchieta todas as poesias que correm com seu nome. Uma crítica perspicaz descobriria talvez, entre elas, divergências de forma e maneira, que se ajustam mal a essa atribuição.

AO SANTÍSSIMO SACRAMENTO

Oh que pão, oh que comida, [1]
oh que divino manjar
se nos dá no santo altar
    cada dia.

Filho da Virgem Maria
que Deus Padre cá mandou
e por nós na cruz passou
    crua morte,

E para que nos conforte
se deixou no Sacramento
para dar-nos com aumento
    sua graça.

Esta divina fogaça
é manjar de lutadores,
galardão de vencedores
    esforçados. [2]

Deleite de enamorados
que com o gosto deste pão
deixam a deleitação
    transitória.

---

1. Na cópia manuscrita está "pan" em lugar de "pão".
2. Na cópia manuscrita está "exforcados" em lugar de "esforçados".

Quem quiser haver vitória[1]
do falso contentamento,
goste deste sacramento
    Divinal.

Este dá vida imortal,
este mata toda fome,
porque nele Deus e homem
    se contêm.

É fonte de todo bem
da qual quem bem se embebeda
não tenha medo de queda
    do pecado.

Oh! que divino bocado
que tem todos os sabores,
vinde, pobres pecadores,
    a comer.

Não tendes de que temer
senão de vossos pecados;
se forem bem confessados,
    isso basta.'[2]

Que este manjar tudo gasta
porque é fogo gastador
que com seu divino ardor
    tudo abrasa.

---

1. Em *Primeiras Letras*, pág. 24, vem "vitórias" em lugar de "vitória".

2. Em *Primeiras Letras*, pág. 25, vem "isto" em lugar de "isso".

É pão dos filhos de casa[1]
com que sempre se sustentam
e virtudes acrescentam
    de contino.

Todo al é desatino
se não comer tal vianda
com que a alma sempre anda
    satisfeita.

Este manjar aproveita
para vícios arrancar
e virtudes arraigar
    nas entranhas.

Suas graças são tamanhas,
que se não podem contar,
mas bem se podem gostar
    de quem ama.

Sua graça se derrama
nos devotos corações
e os enche de bençãos
    copiosas.

Oh que entranhas piedosas
de vosso divino amor!
Ó meu Deus e meu Senhor
    humanado!

---

[1] Em *Primeiras Letras* vem "grão" em lugar de "pão". No ms. 2.105 Instituto Histórico, que serviu também para o volume *Primeiras Letras*, se "pam", isto é, "pão". É, aliás, como vem no *Parnaso Brasileiro*, de elo Morais Filho, que se baseou em cópia diversa.

Quem vos fez tão namorado
de quem tanto vos ofende?!
Quem vos ata, quem vos prende
    com tais nós ?!

Por caber dentro de nós
vos fazeis tão pequenino
sem o vosso ser divino
    se mudar.

Para vosso amor plantar
dentro em nosso coração
achastes tal invenção
    de manjar,

Em o qual nosso padar
acha gostos diferentes
debaixo dos acidentes
    escondidos.

Uns são todos incendidos
do fogo de vosso amor,
outros cheios de temor
    filial,

Outros com o celestial
lume deste sacramento
alcançam conhecimento
    de quem são,

Outros sentem compaixão
de seu Deus que tantas dores
por nos dar estes sabores
    quis sofrer.

E desejam de morrer
por amor de seu amado,
vivendo sem ter cuidado
    desta vida.

Quem viu nunca tal comida
que é o sumo de todo bem,
ai de nós que nos detém
    que buscamos!

Como não nos enfrascamos
nos deleites deste Pão
com que o nosso coração
    tem fartura.

Se buscarmos fermosura
nele está toda metida,
se queremos achar vida
    esta é.

Aqui se refina a fé,
pois debaixo do que vemos,
estar Deus e homem cremos
    sem mudança.

Acrescenta-se a esperança,
pois na terra nos é dado
quanto nos céus guardado
    nos está.

A claridade que lá
há de ser aperfeiçoada,
deste pão é confirmada
    em pureza.

Dele nasce a fortaleza,
ele dá perseverança,
pão da bem-aventurança,[1]
    pão de glória.

Deixado para memória
da morte do Redentor,
testemunho de Seu amor
    verdadeiro.

---

1. A palavra "pão" (pam) está grafada, no manuscrito, tal como aparece no verso "É pão dos filhos de casa", em que o editor de *Primeiras Letras* a interpretou como "grão".

Oh mansíssimo Cordeiro,
Oh menino de Belém,
Oh Jesus todo meu Bem,
    Meu Amor.

Meu Esposo, meu Senhor,
meu amigo, meu irmão,
centro do meu coração,
    Deus e Pai.

Pois com entranhas de Mai[1]
quereis de mim ser comido,
roubai todo meu sentido
    para vós

Com o sangue que derramastes,[2]
com a vida que perdestes,
com a morte que quisestes
    padecer.

Morra eu, por que viver
vós possais dentro de mi;[3]
ganhai-me, pois me perdi[4]
    em amar-me.

Pois que para incorporar-me
e mudar-me em vós de todo,
com um tão divino modo
    me mudais.

---

1. Na cópia manuscrita utilizada está "May". No *Parnaso Brasileiro*, de Melo Morais Filho, e em *Primeiras Letras*, lê-se "mãi".

2. Esta estrofe e as seguintes, até ao final, formam aparentemente uma seção distinta no corpo do poema, ainda que a cópia manuscrita não indique nenhuma separação. Para haver perfeita continuidade, o primeiro verso deveria rimar com o último da estrofe imediatamente anterior. Também é possível que o autor da cópia tenha omitido uma ou mais estrofes intermediárias.

3. Na cópia manuscrita está "mim" em lugar de "mi". Fêz-se a modificação de acordo com o texto publicado por Melo Morais Filho, que se baseou em cópia diversa. É provável que "mim" tenha sido introduzido por um dos copistas, o responsável pelo texto seguido nesta Antologia e em *Primeiras Letras*.

4. Em *Primeiras Letras* está "pois, que perdi" em lugar de "pois me perdi", que é como vem na cópia manuscrita utilizada.

Quando na minha alma entrais
e dela fazeis sacrário,[1]
de vós mesmo é relicário
    que vos guarda.

Enquanto a presença tarda
de vosso divino rosto,
o saboroso e doce gosto
    deste pão

Seja minha refeição
e todo o meu apetite,
seja gracioso convite
    de minha alma.

Ar fresco de minha calma,
fogo de minha frieza,
fonte viva de limpeza,
    doce beijo.

Mitigador do desejo
com que a vós suspiro, e gemo,
esperança do que temo
    de perder.

Pois não vivo sem comer,
como a vós, em vós vivendo,[2]
vivo em vós, a vós comendo,[3]
    doce amor.

---

1. Em *Primeiras Letras* está "delle" em lugar de "dela".

2. Na cópia manuscrita está "com" em lugar de "como", o que não faz sentido.

3. Em *Primeiras Letras* está "viva a voz", aliás em conformidade, aqui, com a cópia manuscrita existente no Instituto Histórico, a mesma que também serviu para a organização do presente texto. A modificação introduzida segue, em parte, a versão de Melo Morais Filho, que se fundou em cópia diferente, e na qual se lê "vive em vós". É de supor que o copista leu mal o original e que "vivo" corresponderia antes a "viva". A troca de letras é tanto mais explicável, quanto outro copista leu "viva", indício de que o ms. de ambos se serviram seria pouco claro neste ponto e admitia mais de uma interpretação. O sentido da estrofe fica perfeito com a versão aqui adotada, a única em que os dois versos, *como a vós, em vós vivendo, vivo em vós, a vós comendo*, formam natural seqüência com o imediatamente anterior: *Pois não vivo sem comer*.

Comendo de tal penhor,
nela tenha minha parte,
e depois de vós me farte
com vos ver.

Âmen.

(*Poesias do Venerável P.º José de Anchieta*
escritas em Português, copiadas de um ma-
nuscrito autêntico existente na Biblioteca dos
manuscritos da Companhia de Jesus, por J.
Franklin Massena e Silva. — Instituto His-
tórico e Geográfico Brasileiro, ms. 2.105,
fls. 1-4.)

A SANTA INÊS

NA VINDA DE SUA IMAGEM

Cordeirinha linda,
Como folga o povo,
Porque vossa vinda
Lhe dá lume novo.

Cordeirinha santa,
De Jesus querida,
Vossa santa vida
O Diabo espanta.
Por isso vos canta
Com prazer o povo,
Porque vossa vinda
Lhe dá lume novo.

Nossa culpa escura
Fugirá depressa,
Pois vossa cabeça
Vem com luz tão pura.
Vossa fermosura
Honra é do povo,
Porque vossa vinda
Lhe dá lume novo.

Virginal cabeça,
Pela fé cortada,
Com vossa chegada
Já ninguém pereça;
Vinde mui depressa
Ajudar o povo,
Pois com vossa vinda
Lhe dais lume novo.

Vós sois cordeirinha
De Jesus Fermoso;
Mas o vosso Esposo
Já vos fez Rainha.
Também, padeirinha
Sois do vosso povo,
Pois com vossa vinda,
Lhe dais trigo novo.

Não é de Alentejo
Este vosso trigo,
Mas Jesus amigo
É vosso desejo.
Morro, porque vejo
Que este nosso povo
Não anda faminto
Deste trigo novo.

Santa Padeirinha,
Morta com cutelo,
Sem nenhum farelo
É vossa farinha.
Ela é mezinha
Com que sara o povo
Que com vossa vinda
Terá trigo novo.

O pão, que amassastes
Dentro em vosso peito,
É o amor perfeito
Com que Deus amastes.
Deste vos fartastes,
Deste dais ao povo,
Por que deixe o velho
Pelo trigo novo.

Não se vende em praça
Este pão da vida,
Porque é comida
Que se dá de graça.
Oh preciosa massa!
Oh que pão tão novo,
Que com vossa vinda
Quer Deus dar ao povo!

Oh que doce bolo
Que se chama graça!
Quem sem ela passa
É mui grande tolo,
Homem sem miolo
Qualquer deste povo
Que não é faminto
Deste pão tão novo.

>(*História da Companhia de Jesus no Brasil*, de Serafim Leite, S. I., tomo II, pág. 604.)

VAIDADE DAS COUSAS DO MUNDO[1]

Não há cousa segura;
Tudo quanto se vê, se vai passando;
A vida não tem dura;
O bem se vai gastando,
E toda criatura vai voando.

Em Deus, meu criador,
Só 'stá todo o meu bem, toda a esperança.
Meu gosto e meu amor
E bem-aventurança.
Quem serve a tal Senhor não faz mudança.

---

1. Este poema, como o seguinte, é provavelmente inédito. A cópia utilizada existe no Instituto Histórico e Geográfico Brasileiro e pertence à Coleção Baronesa de Loreto. Essa cópia funda-se, por sua vez, numa transcrição do século XVIII, feita pelo Padre Andreoni, o mesmo que, sob o pseudônimo de André João Antonil, conquistou celebridade como autor da *Cultura e Opulência do Brasil*.

Contente assi minha alma,
Do doce amor de Deus toda ferida,
O mundo deixa em calma,
Buscando a outra vida,
Na qual deseja ser toda absorvida.

De pé do sacro monte,
Meus olhos levantando ao alto cume,
Vi 'star aberta a fonte
Do verdadeiro lume,
Que as trevas do meu peito me consume.

Correm doces licores
Das grandes aberturas do penedo;
Levantam-se os errores,
Levanta-se o degredo
E tira-se a amargura ao fruto azedo.

(*Canções* por *José de Anchieta*. Coleção Baronesa de Loreto. Lata 302, ms. 15.141, págs. 7-8.)

DA MORTE[1]

Como vem guerreira
A morte espantosa!
Como vem guerreira
E temerosa!

A sua arma é a doença,
Com que a todos acomete;
Por qualquer lugar se mete
Sem nunca pedir licença;
Tanto que se dá a sentença
Da morte espantosa,
Como vem guerreira
E temerosa!

Por muito poder que tenha,
Ninguém pode resistir;
Dá mil voltas sem sentir,

---

[1]. Inédito até agora, segundo todas as probabilidades. V. nota ao poema anterior: "Vaidade das Cousas do Mundo".

Mais ligeira que uma azenha;
Quando manda Deus que venha
A morte espantosa,
Como vem guerreira
E temerosa!

A uns caça quando comem,
Sem que engulam o bocado;
Outros mata no pecado,
Sem que o gosto dele tomem;
Quando menos teme o homem,
A morte espantosa
Como vem guerreira
E temerosa!

A ninguém quer dar aviso,
Porque vem como ladrão;
Se não acha contrição,
Mata logo mais de siso;
Quando toma de improviso,
A morte espantosa
Como vem guerreira
E temerosa!

Quando esperas de viver
Longa vida mui contente,
Ela chega de repente,
Sem deixar-te aperceber;
Quando mostra seu poder,
A morte espantosa
Como vem guerreira
E temerosa!

Tudo lhe serve de espada,
Com tudo pode matar;
Em todos acha lugar
Para dar sua estocada.
Ah terrível bombardada
Da morte espantosa!
Como vem guerreira
E temerosa!

A primeira morte mata
O corpo com quanto tem;
A segunda, quando vem,

A alma e o corpo rapa,
Co inferno se contrata;
A morte espantosa
Como vem guerreira
E temerosa!

(Ibidem, págs. 9 11.)

O MOLEIRO[1]

I.

"Já furtaram ao moleiro
"o pelote domingueiro.

Se lho furtaram ou não,[2]
bem nos pesa a nós com isso;
perdeu-se com muito viço
o pobre moleiro Adão;
Lucifer, um mau ladrão,
lhe roubou todo o dinheiro
e o pelote domingueiro.[3]

Sem ter dele compaixão,
lhe furtaram o pelote;
dês que o viram sem capote,
não curaram dele, não;
chora agora, com razão,
o coitado do moleiro
sem pelote domingueiro.[4]

---

1. No *Parnaso Brasileiro*, de Melo Morais Filho, e no volume *Primeiras Letras*, publicado pela Academia Brasileira, este poema aparece sob o título de "O Pelote Domingueiro".
2. No *Parnaso Brasileiro*, de Melo Morais, e em *Primeiras Letras*, está "lhe" em lugar de "lho".
3. No *Parnaso*, de Melo Morais, e em *Primeiras Letras*, está "Co'o" em lugar de "e o".
4. No *Parnaso*, de Melo Morais, e em *Primeiras Letras*, está "Seu" em lugar de "sem".

Ele, deram-lo de graça,[1]
porque graça se chamava;
e com ele passeava
mui galante pela praça;
mas furtaram-lhe a ramaça[2]
ao pobre do moleiro
o pelote domingueiro.

Era homem muito honrado
quando logo lo vestiram,[3]
mas, depois que lho despiram,
ficou vil e desprezado:
Oh que seda, oh que brocado
perdeste, pobre moleiro,
em perder teu domingueiro![4]

Se quiseres moer trigo[5]
do divino mandamento,
dentro em teu entendimento[6]
não passarás tal perigo;
pois quiseste ser amigo
do ladrão tão sorrateiro,
andarás sem domingueiro.

Mui formoso trigo tinha,
que era a humana natureza;
mas o moeu tão depressa[7]
que fez muito má farinha,
e por isso tão asinha
apanharam ao moleiro[8]
o pelote domingueiro.

1. No *Parnaso*, de M. Morais, e em *Primeiras Letras*, está "Lhe deram elle de graça" em lugar de "Ele, deram-lo de graça".
2. Não foi possível encontrar o significado da palavra "ramaça" em nenhum dicionário. Tal palavra aparece não só na cópia manuscrita que serviu de base ao presente texto, mas também no *Parnaso*, de M. Morais Filho, que se funda em cópia diversa. Seria *à ramaça?* De qualquer maneira é difícil atinar com o verdadeiro sentido.
3. No *Parnaso*, de M. Morais, e em *Primeiras Letras*, está "lhe" em lugar de "lo".
4. No *Parnaso*, de M. Morais, e em *Primeiras Letras*, está "o pelote domingueiro" em lugar de "em perder teu domingueiro".
5. No *Parnaso*, de M. Morais Filho, e em *Primeiras Letras*, está "Se quiseres, moço, trigo", em lugar de "Se quiseres moer trigo".
6. No *Parnaso*, de M. Morais, e em *Primeiras Letras*, está "do" em lugar de "em".

7. No *Parnaso*, de M. Morais, e em *Primeiras Letras*, está "moeu-o" em lugar de "o moeu".
8. No *Parnaso*, de M. Morais, e em *Primeiras Letras*, está "do" em lugar de "ao".

Era uma peça a mais fina
de todas quantas tivera;
se ele bem a defendera,
não jogaram de rapina; [1]
a cobra ladra e malina,
com inveja do moleiro,
apanhou-lhe o domingueiro.

Tinha um monte de botões
em o quarto dianteiro,
que lhe deram sem dinheiro,
que são os divinos dões; [2]
por menos de dois tostões
foi o parvo do moleiro
a vender tal domingueiro.

Era feito de tal sorte,
que toda a casa vestia;
em nenhum modo podia
furtar-se, senão por morte;
foi morrer em hora forte,
pecando, o pobre moleiro,
e ficou sem domingueiro.

Os pobretes cachopinhos
ficaram mortos de frio
quando o pai com desvario
deu na lama de focinhos;
cercou todos os caminhos
o ladrão com seu bicheiro
e rapou-lhe o domingueiro.[3]

---

1. No *Parnaso* e em *Primeiras Letras* está "julgarem" em lugar de "jogaram".
2. Na cópia manuscrita que serviu de base ao presente texto, está, "dõens". A forma "dões", aqui adotada, conforma-se à pronúncia exigida pela necessidade da rima com "botões" e "tostões". No *Parnaso*, de M. Morais Filho, e em *Primeiras Letras*, está "dons".
3. Em *Primeiras Letras* está "Escapou-lhe" em lugar de "e rapou-lhe".

A mulher que lhe foi dada,[1]
cuidando furtar maquias,
com debates e porfias
foi da graça maquiada;[2]
ela, nua e esbulhada,
fêz furtar ao moleiro[3]
o seu rico domingueiro.

Toda bêbada do vinho[4]
da soberba que tomou,
o moleiro derrubou
no lumiar do moinho:[5]
acudiu-o seu vizinho
Satanás, muito matreiro,
e rapou-lhe o domingueiro.

Ele muito namorado[6]
da soberba, e inchação,[7]
cuidou ter um gabão[8]
e ser tido por letrado;
mas achou-se salteado
o mofino do moleiro
sem o pelote domingueiro.

Pareceu-lhe mui galante
a cachopa embonecada,
e que, em ser sua namorada,
seria a Deus semelhante:
seu pai se lhe pôs adiante[9]
e sem dote e sem dinheiro
lhe rapou seu domingueiro.

1. No *Parnaso*, de M. Morais, e em *Primeiras Letras*, esta estrofe e a seguinte colocam-se em lugar diferente, isto é, logo após a que principia com o verso "Pareceu-lhe mui galante" e termina com "lhe rapou seu domingueiro".
2. No *Parnaso*, de M. Morais, e em *Primeiras Letras*, está "Foi de graça moquiada" em lugar de "foi da graça maquiada".
3. No *Parnaso*, de M. Morais, e em *Primeiras Letras*, está "Fez furtar ao tal moleiro" em lugar de "fez furtar ao moleiro".
4. Em *Primeiras Letras* está "todo bebado" em lugar de "toda bêbada".
5. No *Parnaso*, de M. Morais, e em *Primeiras Letras*, está "limiar" em lugar de "lumiar".
6. Esta estrofe e a seguinte acham-se, no *Parnaso*, de M. Morais, e em *Primeiras Letras*, colocadas antes das duas anteriores.
7. No *Parnaso*, de M. Morais, e em *Primeiras Letras*, está "de" em lugar de "da".
8. No *Parnaso*, de M. Morais, e em *Primeiras Letras*, está "Cuidou ter melhor gabão".
9. No *Parnaso*, de M. Morais, e em *Primeiras Letras*, está "diante" em lugar de "adiante".

Parvo, por que te perdias
por tão feia regateira?
cuidavas que era moleira
que furtava bem maquias?
não houveste o que querias,
com ficar por derradeiro
sem teu rico domingueiro.

Sua falsa gentileza
convidara-te a subir;[1]
tu quiseste consentir
e trepar muito depressa;
deram-te pela cabeça
com um trocho de salgueiro
e perdeste o domingueiro.

Quanto mais para ela olhavas,
parecia-te melhor;
perdido por seu amor,
de ninguém te precatavas:
à porta por onde entravas
te esperou seu companheiro,
que rapou teu domingueiro.

Ela soube-se ajudar
da mulher tua parceira,
e fez dela alcoviteira
para em breve te enganar;
tu, sem mais considerar,
lhe creste, parvo moleiro,
e perdeste o domingueiro.

Negros foram teus amores,
pois tão negro te deixaram;
e o pelote te levaram
sem te dar nenhuns penhores,
senão fadigas e dores,
que terás, triste moleiro,
pois perdeste o domingueiro.

---

1. No *Parnaso*, de M. Morais Filho, e nas *Primeiras Letras*, está "convida-te" em lugar de "convidara-te".

Mas olha qual ficaria[1]
o moleiro desastrado
sem pelote tão honrado,
que tanto preço valia,
como é certo que diria:
que farás ora, moleiro,
sem pelote domingueiro?

O pelote foi-lhe dado
para o domingo somente,
com que vivesse contente,
sem fadiga e sem cuidado:
agora, mui trabalhado,
geme o triste do moleiro
sem pelote domingueiro.

Com o pelote faltar[2]
cessaram tôdas as festas;
foi contado com as bestas
para sempre trabalhar:
se isto bem quisera olhar
o coitado do moleiro,
não perdera o domingueiro.

Ele, como se viu tal,
escondeu-se de seu amo,
encobrindo-se c'um ramo[3]
debaixo de um figueiral;
porque o ladrão infernal[4]
nos ramos de um macieiro
lhe rapou o domingueiro.[5]

Seu amo foi espancá-lo,
com a raiva que houve dele,
e coberto com ũa pele
fora de casa lançá-lo;[6]
não quís de todo matá-lo,
esperando que o moleiro
cobraria o domingueiro.

---

1. No *Parnaso*, de M. Morais Filho, e em *Primeiras Letras*, omite-se toda esta estrofe.
2. No *Parnaso*, de M. Morais Filho, e em *Primeiras Letras*, está "Com o pelote lhe faltar".
3. Em *Primeiras Letras* está "com" em lugar de "c'um".
4. No *Parnaso*, de M. Morais, e em *Primeiras Letras*, está "dragão" em lugar de "ladrão".
5. No *Parnaso*, de M. Morais, e em *Primeiras Letras*, está "Lhe rapou seu domingueiro".
6. No *Parnaso*, de M. de Morais, e em *Primeiras Letras*, está "para" em lugar de "fora".

"Já tornaram ao moleiro
"o pelote domingueiro.

O diabo lhe furtou
o pelote por enganos,
mas depois de muitos anos
um seu neto lhe tornou:
por isso carne tomou
de uma filha do moleiro
por pelote domingueiro.

Por querer ser mais sabido
não fez conta do pelote;
o seu neto sem capote
jaz nas palhas encolhido,
para ser restituído
ao pobre do moleiro
seu pelote domingueiro.[1]

Quis vestido aparecer
em pelote de semana,
porque vem com carne humana
a trabalhos padecer
e no feno se envolver,[2]
para tornar ao moleiro
seu pelote domingueiro.[3]

Ele, por se desmandar,
do pelote foi roubado;
o neto de bem mandado[4]
vem o furto restaurar:
há-se de circuncidar,[5]
porque é neto do moleiro,[6]
por tornar-lhe o domingueiro.

---

1. *No Parnaso*, de M. Morais, e em *Primeiras Letras*, está "O pelote domingueiro".
2. Em *Primeiras Letras* está "ferro" em lugar de "feno".
3. No *Parnaso*, de M. Morais, e em *Primeiras Letras*, está "o" em lugar de "seu".
4. No *Parnaso*, de M. Morais, e em *Primeiras Letras*, está "por" em lugar de "de".
5. No *Parnaso*, de M. Morais, e em *Primeiras Letras*, está "Ha de se circuncidar".
6. No *Parnaso*, de M. Morais, está "Por ser neto do moleiro". Em *Primeiras Letras* está "Por seu neto do moleiro".

Ditoso foste em achar,
pobre moleiro, tal filha,
que com nova maravilha
tal neto te foi gerar;
que do pano do tear
de tua filha, moleiro,
te tornou o domingueiro.[1]

Oh! que boa tecedeira
que tão fino pano urdiu,[2]
com que a culpa se cobriu[3]
do moleiro e da moleira!
com ficar a teia inteira,
sem que ao pobre do moleiro
te tornasse o domingueiro.

Esta soube bem moer
o trigo celestial
em seu peito virginal,
ao tempo de conceber,
escolhendo escrava ser,
por que ao soberbo moleiro
se tornasse o domingueiro.

Para o laio ser perdido,
a mulher foi medianeira;
mulher foi também terceira
para ser restituído:
fica agora enobrecido
o ditoso do moleiro
com tão rico domingueiro.[4]

De graça lhe foi tornado,
mas custou muito dinheiro
ao neto que foi terceiro
para ser desempenhado;[5]
foi mui caro resgatado,
ditoso de ti, moleiro,
teu pelote domingueiro.

---

1. No *Parnaso*, de M. Morais, e em *Primeiras Letras*, está "teu" em lugar de "o".
2.2 No *Parnaso*, de M. Morais, e em *Primeiras Letras*, está "urdia" em lugar de "urdiu"
3. No *Parnaso*, de M. Morais, está "cobria", e em *Primeiras Letras* "cobrir", em lugar de "cobriu".
4. No *Parnaso*, de M. Morais, e em *Primeiras Letras*, está "seu" em lugar de "tão".
5. No *Parnaso*, de M. Morais Filho, e em *Primeiras Letras*, está "desamparado" em lugar de "desempenhado".

Trinta e três anos andou
sem temer nenhum perigo,
moendo-se como trigo,[1]
até que o desempenhou;[2]
com seu sangue resgatou
para o pobre do moleiro
o pelote domingueiro.

E vai ele debruado[3]
com seda de muitas cores,[4]
que são os golpes e dores
com que agora foi comprado:[5]
fica muito mais honrado
que dantes o atafoneiro
com tão fino domingueiro.

Se tinha muitos botões
o laio na dianteira,
tem agora na traseira
mais de cinco mil cordões:
os açoites e vergões
com que o neto do moleiro[6]
fez tornar o domingueiro.

Traz cinco botões somente,
mais formosos que os primeiros,
que são os cinco agulheiros
que fez a maldita gente
em o corpo do inocente,
para tornar-se ao moleiro[7]
tão galante domingueiro.

---

1. No *Parnaso*, de M. Morais, e em *Primeiras Letras*, está "Se moendo" em lugar de "moendo-se".
2. No *Parnaso*, de M. Morais, e em *Primeiras Letras*, está "desamarou" em lugar de "desempenhou".
3. No *Parnaso*, de M. Morais, e em *Primeiras Letras*, está "Lhe" em lugar de "E".
4. Em *Primeiras Letras* está "Como" em lugar de "com". Em *Primeiras Letras* e no *Parnaso*, de Melo Morais, está "sedas" em lugar de "seda".
5. Em *Primeiras Letras* está "afora" em lugar de "agora".
6. Em *Primeiras Letras* está "Com que agora foi comprado...".
7. No *Parnaso*, de M. Morais, e em *Primeiras Letras*, está "tornar" em lugar de "tornar-se".

Moleiro bem descansado,
que tal fortuna tiveste,[1]
pois o laio que perdeste
de graça te foi tornado:
se não fora o enforcado,
puderas dizer, moleiro, —
fogo, viste domingueiro.[2]

Nem te bastara poupar[3]
as maquias do moinho,
nem deixar de beber vinho,
nem seis meses jejuar,[4]
para poder ajuntar
tanta soma de dinheiro,
que comprasse domingueiro.

Nem bastaram petições,
em que foram bem compostas,[5]
nem que levaram às costas[6]
muitos sacos de aflições:[7]
só as dores e orações
deste teu neto, moleiro,
ganharam o domingueiro.

A ele foi concedido,
e por isso nu nasceu;
e depois, quando cresceu,
foi de púrpura vestido,
e na cruz todo moído,
porque tu, pobre moleiro,
cobraste teu domingueiro.

---

1. Em *Primeiras Letras* está "investe" em lugar de "tiveste".
2. No *Parnaso*, de M. Morais, está "vistes" em lugar de "viste".
3. No *Parnaso*, de M. Morais, e em *Primeiras Letras*, está "bastara" em lugar de "bastara".
4. No *Parnaso*, de M. Morais, e em *Primeiras Letras*, está "passear" em lugar de "jejuar".
5. No *Parnaso*, de M. Morais, e em *Primeiras Letras*, está "E que" em lugar de "Em que".
6. No *Parnaso*, de M. Morais, e em *Primeiras Letras*, está "Em que levarás ás costas".
7. No *Parnaso*, de M. Morais, e em *Primeiras Letras*, está "casos" em lugar de "sacos".

Já agora podes sair[1]
com pelote damascado,
de alto a baixo pespontado,
que a todos pode cobrir;
já podes bailar e rir,
e dar voltas em terreiro
com tão fresco domingueiro.

Bem podes sempre trazê-lo
em domingo e dia santo
e em semana sem quebranto,
que te hajam de dar por elo;[2]
bem cingido com ourelo[3]
de justiça, bom moleiro,
guardarás teu domingueiro.

As moças já podem ter
amôres do teu pelote,[4]
vestir-se do tal saiote,[5]
se formosas querem ser;
já podem todas dizer:[6]
viva o neto do moleiro,
que nos deu tal domingueiro!

Viva o segundo Adão,
que Jesus por nome tem!
Viva Jesus, nosso bem,
Jesus nosso Capitão!
hoje, na Circuncisão,
se tornou Jesus moleiro,
por tornar o domingueiro.

(*Composições Poéticas de José de Anchieta*,
Coleção Baronesa de Loreto, cit., págs. 1-17.)

---

1. No *Parnaso*, de M. Morais, e em *Primeiras Letras*, está "Só" em lugar de "Já".
2. No *Parnaso*, de M. Morais, e em *Primeiras Letras*, está "ella" em lugar de "elo".
3. Em *Primeiras Letras* está: "Bem ungido com ourella".
4. No *Parnaso*, de M. Morais, e em *Primeiras Letras*, está "de seu" em lugar de "do teu".
5. No *Parnaso*, de M. Morais, está: "E vestir-se do tal chiote". Em *Primeiras Letras*: "E vestir-se do chicote".
6. Em *Primeiras Letras* está "todos" em lugar de "todas".

BENTO TEIXEIRA

(Fins do século XVI a princípios do XVII)

Sobre o nome, a naturalidade e a personalidade literária do poeta Bento Teixeira, muito se tem discutido até hoje. Houve quem lhe ajuntasse o sobrenome Pinto, que não tinha. O abade Diogo Barbosa Machado, na Biblioteca Lusitana, *já o dera como natural de Pernambuco, e o cronista colonial D. Domingos Loreto Couto precisa que era de Olinda. Rodolfo Garcia identificou-o com o Bento Teixeira que, em 1594, presta depoimento perante a mesa do Santo Ofício, em Olinda. Este era natural do Porto, cristão-novo e mestre de ensinar moços. Os argumentos propostos em favor da identificação parecem definitivos.*

Além da Prosopopéia *foram atribuídos a Teixeira, em diversas épocas, outros escritos. Varnhagen apurou, no entanto, que o Bento Teixeira Pinto companheiro de Jorge de Albuquerque Coelho não é o autor da relação do naufrágio da nau Santo Antônio, impressa na* História Trágico-Marítima, *e Capistrano de Abreu mostrou, pelo exame da* Prosopopéia, *que o poeta não poderia ter sido companheiro de Jorge de Albuquerque, pois ao tempo da travessia estaria ainda por nascer. Argumentos semelhantes excluem a hipótese de ter sido Bento Teixeira o autor dos* Diálogos das Grandezas do Brasil, *como pretenderam alguns.*

Da ed. de 1601 da Prosopopéia *existem apenas dois exemplares conhecidos, sendo um deles o da Biblioteca Nacional do Rio de Janeiro, utilizado para o texto impresso na presente Antologia. Não está provado que tenha existido impressão anterior a essa. Baseando-se nesse texto, publicou Ramiz Galvão sua edição de 1873. Sobre a ed. Ramiz Galvão fez-se a publicação, mais recente, da Academia Brasileira de Letras, impressa no Anuário do Brasil, do Rio de Janeiro.*

Capistrano de Abreu tentou fixar para a composição da Prosopopéia *o ano de 1593. Lembrando que seu autor era moço, pois fala das primícias, do aperfeiçoamento da própria musa, dos planos afagados para o futuro, sugere que poderia ter seus vinte anos em 1593. Nesse caso terá nascido pelo ano de 1573.*

Provada a origem portuense de Teixeira, não há motivos, entretanto, para excluí-lo da história da literatura brasileira, como não os há no caso de um Tomás Antônio Gonzaga, por exemplo.

FRAGMENTOS DA "PROSOPOPÉIA"[1]

PROPOSIÇÃO

Cantem Poetas o poder Romano,
Submetendo Nações ao jugo duro,[2]
O Mantuano pinte o Rei Troiano,
Descendo à confusão do Reino escuro.
Que eu canto um Albuquerque soberano
Da Fé, da cara Pátria firme muro,
Cujo valor, e ser, que o Céu lhe inspira,
Pode estancar a Lácia e Grega lira.

As Délficas irmãs, chamar não quero,
Que tal invocação é vão estudo,
Aquele chamo só, de quem espero
A vida que se espera em fim de tudo.
Ele fará meu Verso tão sincero,
Quanto fora sem ele tosco, e rudo,
Que per rezão negar não deve o menos,
Quem deu o mais, a míseros terrenos.

E vós, sublime Jorge, em quem se esmalta
A Estirpe d'Albuquerques excelente,[3]
E cujo eco da fama corre, e salta,
Do Carro Glacial à Zona ardente.
Suspendei por agora a mente alta,
Dos casos vários da Olindesa gente,
E vereis vosso irmão e vós, supremo,
No valor, abater Quirino e Remo.

---
1. V. nota ao fim do volume: *Bento Teixeira*, 1.
2. Na ed. de 1601 está "Sobmettendo".
3. Na ed. de 1601 está "Dalbuquerques".

Vereis um símil ânimo arriscado[1]
A transes e conflitos temerosos,
E seu raro valor executado
Em corpos Luteranos vigorosos.[2]
Vereis seu Estandarte derribado
Aos Católicos pés vitoriosos,
Vereis enfim o garbo, e alto brio,
Do famoso Albuquerque vosso Tio.

Mas enquanto Talia não se atreve,[3]
No Mar do valor vosso, abrir entrada,
Aspirai com favor à Barca leve
De minha Musa inculta e mal limada.
Invocar vossa graça, mais se deve,
Que toda a dos antigos celebrada,
Porque ela me fará que participe
Doutro licor melhor que o de Aganipe.

O marchetado Carro do seu Febo
Celebre o Salmoneu, com falsa pompa,[4]
E a ruína cantando do mancebo,
Com importuna voz, os ares rompa.
Que posto que do seu licor não bebo,
Á fama espero dar tão viva trompa,
Que a grandeza de vossos feitos cante,
Com som, que Ar, Fogo, Mar, e Terra, espante.

(*Prosopopéia*, A Jorge d'Albuquerque Coelho,
Capitão e Governador de Paranambuco. —
Lisboa, 1601.)

DESCRIÇÃO DO RECIFE DE PARANAMBUCO

Pera a parte do Sul, onde a pequena
Ursa se vê de guardas rodeada,
Onde o Céu luminoso, mais serena

---

1. Na ed. de 1601 saiu, por engano, "sinil" em lugar de "símil".
2. Na ed. de 1601 está "vigurosos".
3. Na ed. de 1601 está "no" em lugar de "não".

4. "Salmoneu", como está no presente texto, é uma tentativa de interpretação. Na edição de 1601 está "Sol Munés", evidentemente por erro de imprensa. O erro não se corrigiu em nenhuma das edições da obra de Bento Teixeira. Sobre a interpretação aqui adotada veja-se nota no fim do volume: *Bento Teixeira*, 2.

Tem sua influição, e temperada.
Junto da nova Lusitânia ordena
A natureza, mãe bem atentada,
Um porto tão quieto, e tão seguro,
Que pera as curvas Naus serve de muro.

É este porto tal, por estar posta
Ũa cinta de pedra, inculta e viva,
Ao longo da soberba e larga costa,
Onde quebra Netuno a fúria esquiva.
Antre a praia e pedra descomposta,
O estanhado elemento se deriva[1]
Com tanta mansidão, que ũa fateixa
Basta ter à fatal Argos aneixa.

Em o meio desta obra alpestre, e dura,
Ũa boca rompeu o Mar inchado,
Que na língua dos bárbaros escura,
Paranambuco de todos é chamado.
De Para na, que é Mar, Puca, rotura, [2]
Feita com fúria desse Mar salgado,
Que sem no derivar cometer míngua, [3]
Cova do Mar se chama em nossa língua.

Pera entrada da barra, à parte esquerda,
Está ũa lajem grande, e espaçosa,
Que de Piratas fora total perda,
Se ũa torre tivera suntuosa.
Mas quem por seus serviços bons não herda,
Desgosta de fazer cousa lustrosa,
Que a condição do Rei que não é franco,
O vassalo faz ser nas obras manco.

Sendo os Deuses à lajem já chegados,
Estando o vento em calma, o Mar quieto,
Depois de estarem todos sossegados,
Per mandado do Rei, e per decreto,
Proteu no Céu, cos olhos enlevados,

---

1. Na ed. de 1601 está "diriva".
2. Na ed. de 1601, uma vírgula divide em duas partes a palavra *Paraná*: "Para, na". Embora atribuível a simples erro de imprensa — o que não seria coisa excepcional ou estranhável na referida edição — a vírgula pode indicar, também, a composição da palavra. Essa possibilidade fez com que, na organização do presente texto, fôsse mantida a separação, apesar de suprimir-se a vírgula intermediária. Na ed. da Academia Brasileira de Letras está "Paraná", em uma palavra.
3. Na ed. de 1601 está "dirivar".

Como que investigava alto secreto,[1]
Com voz bem entoada, e bom meneio,
Ao profundo silencio larga o freio.
(*Ibid..*)

CANTO DE PROTEU
. . . .

Vejo (diz o bom velho) que na mente,
O tempo de Saturno renovado,
E a opulenta Olinda florescente,
Chegar ao cume do supremo estado.
Será de fera e belicosa gente
O seu largo distrito povoado,
Por nome terá Nova Lusitânia,
Das Leis isenta da fatal insânia.

As rédeas terá desta Lusitânia
O grão Duarte, valeroso e claro,
Coelho por cognome, que a insania
Reprimirá dos seus, com saber raro.
Outro Troiano Pio, que em Dardânia,
Os Penates livrou, e o padre caro,
Um Públio Cipião, na continência,
Outro Nestor e Fábio, na prudência.

O braço invicto vejo com que amansa
A dura cerviz, bárbara insolente,
Instruindo na Fé, dando esperança
Do bem que sempre dura, e é presente;
Eu vejo, co rigor da tesa lança
Acossar o Francês impaciente
De lhe ver alcançar ũa vitória
Tão capaz e tão digna de memória.

Terá o varão Ilustre, da consorte,
Dona Beatriz, preclara e excelente,
Dous filhos, de valor e d'alta sorte,
Cada qual a seu Tronco respondente.
Estes se isentarão da cruel sorte,
Eclipsando o nome à Romana gente,
De modo que esquecida a fama velha,
Façam arcar ao mundo a sobrancelha.

---

1. Na ed. de 1601 está "invistigava".

O Princípio de sua Primavera
Gastarão seu distrito dilatando,
Os bárbaros cruéis, e gente Austera,
Com meio singular, domesticando.
E primeiro que a espada lisa, e fera,
Arranquem, com mil meios d'amor brando,
Pretenderão tirá-la de seu erro,
E senão porão tudo a fogo e ferro.

Os braços vigorosos, e constantes,
Fenderão peitos, abrirão costados,
Deixando de mil membros palpitantes,
Caminhos, arraiais, campos juncados.
**Cercas soberbas, fortes repugnantes,
Serão dos novos Martes arrasados,
Sem ficar deles todos mais memória
Que a qu'eu fazendo vou em esta História.**

Quais dous soberbos Rios espumosos,
Que de montes altíssimos manando,
Em Tétis de meter-se desejosos,
Vêm com fúria crescida murmurando,
E nas partes que passam furiosos,
Vêm árvores e troncos arrancando,
Tal Jorge d'Albuquerque e o grã Duarte [1]
Farão destruição em toda a parte.

. . . .
. . . .

O sorte, tão cruel, como mudável,
Por que usurpas aos bons o seu direito?
Escolhes sempre o mais abominável,
Reprovas e abominas o perfeito.
O menos digno, fazes agradável,
O agradável mais, menos aceito,
Ó frágil, inconstante, quebradiça,
Roubadora dos bens, e da justiça.

Não tens poder algum, se houver prudência,
Não tens império algum, nem Majestade,
Mas a mortal cegueira, e a demência,
E o título, te honrou de Deïdade.

---

1. Na ed. de 1601 está sempre "Dalbuquerque" por "d'Albuquerque".

O sábio tem domínio na influência
Celeste, e na potência da vontade,
E se o fim não alcança desejado,
É por não ser o meio acomodado.

....

....

Sei mui certo do fado (prosseguia)
Que trará o Lusitano por designo
Escurecer o esfôrço, e valentia,
Do braço Assirio, Grego, e do Latino.
Mas este pressuposto, e fantasia,
Lhe tirará de inveja o seu destino,[1]
Que conjurando com os Elementos,
Abalará do Mar os fundamentos.

Porque Lêmnio cruel, de quem descende
A Bárbara progênie, e insolência,
Vendo que o Albuquerque tanto ofende
Gente que dele tem a descendência,
Com mil meios ilícitos pretende
Fazer irreparável resistência
Ao claro Jorge, baroil, e forte,
Em quem não dominava a vária sorte.

Na parte mais secreta da memória,
Terá mui escrita, impressa, e estampada,
Aquela triste e maranhada História,
Com Marte, sobre Vênus celebrada.
Verá que seu primor, e clara glória,
Há de ficar em Lete sepultada,
Se o braço Português vitória alcança
Da nação, que tem nele confiança.

E com rosto cruel, e furibundo,
Dos encovados olhos cintilando,
Férvido, impaciente, pelo mundo
Andará estas palavras derramando.

---

1. Na ed. de 1601 está "enveja".

Pode Nictélio só no Mar profundo
Sorver as Naus Meônias navegando,
Não sendo mor Senhor, nem mais possante,
Nem filho mais mimoso do Tonante?

E pode Juno andar tantos enganos,
Sem razão, contra Tróia maquinando,
E fazer que o Rei justo dos Troianos
Andasse tanto tempo o Mar sulcando?
E que vindo no cabo de dez anos,
De Cila e de Caríbdis escapando,
Chegasse à desejada e nova terra,
E co Latino Rei tivesse guerra?

E pode Palas subverter no Ponto
O filho de Oïleu por causa leve?
Tentar outros casos que não conto,
Por me não dar lugar o tempo breve?
E que eu por mil razões, que não aponto,
A quem do fado a lei render se deve,
Do que tenho tentado, já desista,
E a gente Lusitânia me resista?

Eu porventura sou Deus indigete,[1]
Nascido da progênie dos humanos,
Ou não entro no número dos sete,
Celestes, imortais, e soberanos?
A quarta Esfera a mim não se comete?
Não tenho em meu poder os Centimanos?[2]
Jove não tem o Céu, o Mar Tridente?
Plutão, o Reino da danada gente?[3]

---

1. Em todas as edições, a começar pela de 1601, está erradamente "indigente" no lugar de "indigete". O engano já foi apontado por João Ribeiro e pelo Sr. Otoniel Mota. Normalmente a palavra seria pronunciada "indigete", com acento na antepenúltima sílaba, mas as exigências de rima e métrica fizeram-na grave neste caso.

2. Na ed. de 1601 está "Nã", em lugar de "Não". Na mesma edição está também "Cētimanos", com um til sobre o "e". Na ed. de 1873, organizada sob a direção de Ramiz Galvão, suprimiu-se o til, devido, talvez, à falta de tipos correspondentes ao "e" tildado na oficina impressora. A ed. da Academia Brasileira manteve o erro, que aqui se corrige pela primeira vez. "Centimanos" é como deve ser, de acôrdo com o atual modo de grafar a palavra. Note-se que aqui, por conveniência poética, o vocábulo se transforma de esdrúxulo em grave, tal como no caso tratado na nota antecedente.

3. Na ed. de 1601 e na da Academia Brasileira está "O Plutão" em lugar de "Plutão".

Em preço, **ser**, **valor**, ou em nobreza,
Qual dos **supremos** é mais qu'eu altivo?
Se Netuno do Mar tem a braveza,
Eu tenho a região do fogo ativo.
Se Dite aflige as almas com crueza,
E vós, Ciclopes três, com fogo vivo,
Se os raios vibra Jove, irado e fero,
Eu na forja do monte lhos tempero! [1]

E com ser de tão alta Majestade,
Não me sabem guardar nenhum respeito?
E um povo tão pequeno em quantidade,
Tantas batalhas vence a meu despeito?
E que seja agressor de tal maldade
O adúltero lascivo do meu leito?
Não sabe que meu ser ao seu precede,
E que prendê-lo posso noutra rede?

Mas seu intento não porá no fito,
Por mais que contra mim o Céu conjure,
Que tudo tem enfim termo finito,
E o tempo não há cousa que não cure,
Moverei de Netuno o grão distrito,
Pera que meu partido mais segure,
E quero ver no fim desta jornada,
Se val a Marte escudo, lança, espada.

Estas palavras tais, do cruel peito,
Soltará do Ciclopes o tirano, [2]
As quais procurará pôr em ēfeito,
Às cavernas descendo do Oceano.
E com mostras d'amor brando, e aceito,
De ti, Netuno claro, e soberano,
Alcançará seu fim: O novo jogo,
Entrar no Reino d'Água o Rei do fogo. [3]

---

1. Na ed. de 1601 a estrofe terminava, sem motivo aparente, por um ponto de interrogação.
2. Na ed. de 1601 está "Cyclôpes" em lugar de "Ciclopes".
3. Na ed. de 1601 está "Dagoa" em vez de "d'Água".

Logo da Pátria Eólia virão ventos,
Todos como esquadrão, mui bem formado,
Euro, Noto, os Marítimos assentos,
Terão com seu furor demasiado.
Fará natura vários movimentos,
O seu Caos repetindo já passado,
De sorte que os varões fortes, e válidos,
De medo mostrarão os rostos pálidos.

Se Jorge d'Albuquerque soberano,
Com peito juvenil, nunca domado,
Vencerá da Fortuna, e Mar insano,
A braveza e rigor inopinado.
Mil vezes o Argonauta desumano,
Da sede e cruel fome estimulado,
Urdirá aos consortes morte dura,
Para dar-lhes no ventre sepultura.

E vendo o Capitão calificado,
Empresa tão cruel, e tão inica,
Per meio mui secreto, acomodado,
Dela como convém se certifica.
E dũa graça natural ornado,
Os peitos alterados edifica,
Vencendo com Tuliana eloqüência,
Do modo que direi, tanta demência.

Companheiros leais, a quem no Coro
Das Musas tem a fama entronizado,
Não deveis ignorar que não ignoro
Os trabalhos que haveis no Mar passado.
Respondestes té gora com o foro
Devido a nosso Luso celebrado,
Mostrando-vos mais firme contra a sorte
Do que ela contra nós se mostra forte.

Vós de Cila e Caríbdis escapando,
De mil baixos, e sirtes arenosas,
Vindes num lenho côncavo cortando
As inquietas ondas espumosas.
Da fome e da sede o rigor passando,
E outras faltas enfim dificultosas,
Convém-vos aquirir ũa força nova,
Que o fim as cousas examina, e prova.

Olhai o grande gozo, e doce glória,
Que tereis, quando postos em descanso,
Contardes esta larga e triste história
Junto do pátrio lar, seguro, e manso. [1]
O que vai da batalha a ter vitória,
O que do Mar inchado a um remanso,
Isso então haverá de vosso estado
Aos males que tiverdes já passado.

Per perigos cruéis, per casos vários,
Hemos d'entrar no porto Lusitano,
E suposto que temos mil contrários,
Que se parcialidam com Vulcano,
De nossa parte os meios ordinários
Não faltem, que não falta o Soberano,
Poupai-vos pera a próspera fortuna,
E adversa, não temais por importuna.

Os heróicos feitos dos antigos
Tende vivos e impressos na memória,
Ali vereis esforço nos perigos,
Ali ordem na paz, digna de glória.
Ali com dura morte de inimigos,
Feita imortal a vida transitória,
Ali no mor quilate de fineza,
Vereis aposentada a Fortaleza.

Agora escurecer quereis o raio
Destes Barões tão claros e eminentes, [2]
Tentando dar princípio, e dar ensaio,
A cousas temerárias, e indecentes.
Imprimem neste peito tal desmaio,
Tão graves e terríbeis acidentes,
Que a dor crescida, as forças me quebranta,
E se pega a voz débil à garganta.

---

1. Na ed. de 1601 está, erradamente, "emenso", em lugar de "e manso". Embora evidente e de fácil correção, o erro manteve-se na edição de 1873 (Ramiz Galvão), que de resto pretende ser uma "reprodução fiel" da primeira. Os revisores da edição mais recente, a da Academia Brasileira de Letras, vieram agravar a situação, mudando "emenso" para "immenso", que não dá rima e nem bom sentido.

2. Na ed. de 1601 está "iminentes".

De que servem proezas, e façanhas,
E tentar o rigor da sorte dura?
Que aproveita correr terras estranhas,
Pois faz um torpe fim a fama escura?
Que mais torpe que ver ũas entranhas
Humanas dar a humanos sepultura,
Cousa que a natureza e lei impede, [1]
E escassamente às Feras só concede.

Mas primeiro crerei que houve Gigantes
De cem mãos, e da Mãe Terra gerados,
E Quimeras ardentes, e flamantes,
Com outros feros monstros encantados.
Primeiro que de peitos tão constantes
Veja sair efeitos reprovados,
Que não podem (falando simplemente)
Nascer trevas da luz resplandecente.

E se determinais a cega fúria
Executar de tão feroz intento,
A mim fazei o mal, a mim a injúria,
Fiquem livres os mais de tal tormento.
Mas o Senhor que assiste na alta Cúria,
Um mal atalhará tão violento,
Dando-nos brando Mar vento galerno.[2]
Com que vamos no Minho entrar paterno.

Tais palavras do peito seu magnânimo
Lançará o Albuquerque famosíssimo,
Do soldado remisso, e pusilânimo,
Fazendo com tal prática fortíssimo.
E assim todos concordes, e num ânimo,
Vencerão o furor do Mar bravíssimo.
Até que já a Fortuna, d'enfadada,
Chegar os deixe à Pátria desejada.

À Cidade de Ulisses destroçados
Chegarão da Fortuna, e Reino salso,
Os Templos visitando Consagrados,
Em procissão, e cada qual descalço.

---

1. Na ed. de 1601 está "empede".

2. Na ed. de 1601 está "galherno".

Desta maneira ficarão frustrados
Os pensamentos vãos de Lêmnio falso,
Que o mau tirar não pode o benefício,
Que ao bom tem prometido o Céu propício.

. . . .

Anteparou aqui Proteu, mudando
As cores, e figura monstruosa,
No gesto e movimento seu mostrando
Ser o que há de dizer cousa espantosa.
E com nova eficácia começando
A soltar a voz alta, e vigorosa,
Estas palavras tais tira do peito,
Que é cofre de profético conceito.

Antre armas desiguais, antre tambores,
De som confuso, rouco, e redobrado,
Antre cavalos bravos corredores,
Antre a fúria do pó, que é salitrado,
Antre sanha, furor, antre clamores,
Antre tumulto cego, e desmandado,
Antre nuvens de setas Mauritanas,
Andará o Rei das gentes Lusitanas.

No animal de Netuno, já cansado
Do prolixo combate, e malferido,
Será visto por Jorge sublimado,
Andando quase fora de sentido.
O que vendo o grande Albuquerque ousado,
De tão trágico passo condoído,
Ao peito fogo dando, aos olhos água,
Tais palavras dirá, tintas em mágoa:

Tão infelice Rei, como esforçado,
 Com lágrimas de tantos tão pedido,
Com lágrimas de tantos alcançado,
 Com lágrimas do Reino enfim perdido.

Vejo-vos co cavalo já cansado,
A vós, nunca cansado, mas ferido,
Salvai em este meu a vossa vida,
Que a minha, pouco vai em ser perdida.

Em vós do Luso Reino a confiança
Estriba, como em base só fortíssimo,
Com vos ficardes vivo, segurança
Lhe resta de ser sempre florentíssimo.
Antre duros farpões, e Maura lança,
Deixai este vassalo fidelíssimo,
Que ele fará por vós mais que Zopiro
Por Dario, até dar final suspiro.

Assim dirá o Herói, e com destreza
Deixará o ginete velocíssimo,[1]
E a seu Rei o dará: Ó Portuguesa
Lealdade do tempo florentíssimo.
O Rei promete, se de tal empresa
Sai vivo, o fará senhor grandíssimo,
Mas té nisto lhe será avara a sorte,
Pois tudo cobrirá com sombra a morte.

Com lágrimas d'amor, e de brandura,
De seu Senhor querido ali se espede,
E que a vida importante, e mal segura,
Assegurasse bem, muito lhe pede.
Torna à batalha sanguinosa, e dura,
O esquadrão rompe dos de Mafamede,
Lastima, fere, corta, fende, mata,
Decepa, apouca, assola, desbarata.

Com força não domada, e alto brio,
Em sangue Mouro todo já banhado,
Do seu vendo correr um caudal Rio
De giolhos se pôs debilitado.
Ali dando a mortais golpes desvio,
De feridas medonhas trespassado,
Será cativo, e da proterva gente
Maniatado enfim mui cruelmente.

---

1. Na ed. de 1601 está "genete".

Mas, adonde me leva o pensamento?
Bem parece que sou caduco, e velho,
Pois sepulto no Mar do esquecimento
A Duarte sem par, dito Coelho.
Aqui mister havia um novo alento
Do poder Divinal e alto Conselho,
Porque não hai quem feitos tais presuma [1]
A termo reduzir, e breve suma?

Mas se o Céu transparente, e alta Cúria,
Me for tão favorável como espero,
Com voz sonora, com crescida fúria,
Hei de cantar Duarte, e Jorge fero.
Quero livrar do tempo, e sua injúria,
Estes claros Irmãos, que tanto quero,
Mas tornando outra vez à triste História,
Um caso direi digno de memória.

Andava o novo Marte destruindo
Os esquadrões soberbos Mauritanos,
Quando sem tino algum viu ir fugindo
Os tímidos e lassos Lusitanos.[2]
O que de pura mágoa não sufrindo,
Lhe diz: Donde vos is, homens insanos?
Que digo, homens, estátuas sem sentido,
Pois não sentis o bem que haveis perdido?

Olhai aquele esforço antigo, e puro,
Dos ínclitos e fortes Lusitanos,
Da Pátria, e liberdade, um firme muro,
Verdugo de arrogantes Mauritanos.
Exemplo singular pera o futuro
Ditado, e resplandor de nossos anos,
Sujeito mui capaz, matéria digna[3]
Da Mantuana e Homérica Buzina.

1. Na ed. de 1601 está "ay" em lugar de "hai", forma contrata de "há aí", equivalente ao simples "há".

2. Na ed. de 1601 e em todas as outras está "tímedos".

3. "Dina" é como está na ed. da Academia Brasileira de Letras. Esse arcaísmo não se justifica, uma vez que a ed. de 1601, como a de 1873, traz "digna".

Ponde isto por espelho, por treslado,[1]
Nesta tão temerária e nova empresa,
Nele vereis que tendes já manchado
De vossa descendência a fortaleza.
À batalha tornai com peito ousado,
Militai sem receio, nem fraqueza,
Olhai que o torpe medo é Crocodilo,
Que costuma, a quem foge, persegui-lo.

E se o dito a tornar vos não compele,
Vede donde deixais o Rei sublime?
Que conta haveis de dar ao Reino dele?
Que desculpa terá tão grave crime?
Quem haverá, que por traição não sele
Um mal, que tanto mal no mundo imprime?
Tornai, tornai, invictos Portugueses,
Cerceai malhas e fendei arneses.

Assim dirá: Mas eles sem respeito
À honra e ser de seus antepassados,
Com pálido temor no frio peito,
Irão per várias partes derramados.
Duarte vendo neles tal defeito,
Lhe dirá: Corações efeminados,
Lá contareis aos vivos o que vistes,
Porque eu direi aos mortos que fugistes.

Neste passo carrega a Maura força
Sobre o Barão insigne, e velicoso,
Ele onde vê mais força, ali se esforça,
Mostrando-se no fim mais animoso.
Mas o fado, que quer que a razão torça
O caminho mais reto, e proveitoso,
Fará que num momento abreviado
Seja cativo, preso, e maltratado.

Eis ambos os irmãos em cativeiro
De peitos tão protervos, e obstinados,
Por cópia inumerável de dinheiro
Serão (segundo vejo) resgatados.
Mas o resgate e preço verdadeiro,
Por quem os homens foram libertados,
Chamará neste tempo o grão Duarte,
Pera no claro Olimpo lhe dar parte.

---

1. Na ed. da Academia Brasileira está "Pondo" em lugar de "Ponde", como nas demais edições, a começar pela de 1601.

Ó Alma, tão ditosa, como pura,
Parte a gozar dos dotes dessa glória,
Donde terás a vida tão segura,
Quanto tem de mudança a transitória.
Goza lá dessa luz, que sempre dura,
No mundo gozarás da larga história,
Ficando no lustroso e rico Templo
Da Ninfa Gigantéia por exemplo.

Mas enquanto te dão a sepultura,
Contemplo a tua Olinda celebrada,
Coberta de funebre vestidura,
Inculta, sem feição, descabelada.
Quero-a deixar chorar morte tão dura,
Té que seja de Jorge consolada,
Que por ti na Ulisséia fica em pranto,
Enquanto me disponho a novo Canto.
....

(*Ibid.*)

BERNARDO VIEIRA RAVASCO

(1617 — 1697)

Bernardo Vieira Ravasco, filho de Cristóvão Vieira Ravasco e D. Maria de Azevedo, nasceu na Bahia e faleceu aos oitenta anos de idade, dois dias depois da morte de seu irmão mais velho, o Padre António Vieira. De sua obra poética, que, segundo consta, foi numerosa, conhece-se a glosa a um soneto, publicada em A Fênix Renascida.

GLOSA A UM SONETO

1

Esperei, e esperança é morte amarga,
E só força de puro amor se atreve
Em dura ausência a tão pesada carga
Que no nome de amor se torna leve:
Nunca me pareceu que de tão larga
Esperança tirasse um bem tão breve,
Pois foram as que se foram como o vento
Horas breves de meu contentamento.[1]

2

São os gostos de amor imaginados
Mui grandes sempre, e ficam mui pequenos
Quando por tempo vêm a ser gozados
Porque costuma o bem ser sempre menos:
Nunca me pareceu, gostos passados,
Que assim vos acabásseis, pelo menos
Que vos mudásseis em desgraça minha
Nunca me pareceu, quando vos tinha.

3

Nunca me pareceu, glórias passadas,
Que passásseis com o bem que vou seguindo
Com suspiros, e ais, e com cansadas
Lágrimas, que dos olhos vão caindo:

---

1. No *Parnaso Brasileiro*, de Pereira da Silva, está "Breves horas".

Nunca me pareceu, arrebatadas
Horas, causa do mal, que estou sentindo,
No tempo em que com ter-vos me mantinha,
Que vos visse mudadas tão asinha.

4

Nunca me pareceu que tanta glória
Se convertesse em mal, e que eu o vira;
Deram meus gostos fim; e desta história
Sempre me lembro, sempre a alma suspira.
Se perdera com eles a memória,
Não me lembraram mais, não os sentira,
Mas ficou-me com ela o sentimento
Em tão compridos anos de tormento.

5

Nunca me pareceu que me custasse
Tanto alcançar-vos, e depois de ter-vos
Nunca tive receio que chegasse,[1]
Com o tempo vário, o tempo de perder-vos:
Cuidei que tanto bem nunca acabasse,
Não soube no princípio conhecer-vos,
Mas já agora desfez o entendimento
As minhas torres, que fundei no vento.

6

Quanto fingia, a tudo assegurava,
De nada me temi, vendo-me posto
Aonde enquanto a alma se elevava
Dava sinal de bem, de glória, e gosto.[2]
Mas quanto mais a vista se empregava
Na falsa luz do Sol, o vi transposto;
Que as falsas causas desta glória minha
O vento as levou, que as sustinha.

---

1. No *Parnaso Brasileiro*, de Pereira da Silva, está "Nunca receio tive que chegasse".

2. No *Parnaso Brasileiro*, de Pereira da Silva, está "final" em lugar de "sinal".

7

Mil noutes padeci de ausência dura
Por um só dia, que em amanhecendo,[1]
Logo a sombra senti da noute escura
Que veio antes de tempo anoutecendo.
Quão tarde chega um bem, quão pouco dura,
À vista de meu mal vou conhecendo,[2]
E pois não vi o mal que depois vinha,
Do mal que me ficou a culpa é minha.

8

A culpa minha é, e bem pudera
Culpar do breve tempo a brevidade.
Foi breve aquele, se outro tal viera
Perdera do passado a saüdade.
Tão saudoso do bem fiquei, que dera,[3]
Se minha fora, minha liberdade,
Pelo tornar a ver, mas brado ao vento,
Pois sobre cousas vãs fiz fundamento.

9

Mil lágrimas me custa um desengano
De que me desengana um acidente,
Que na perda do bem se sente o dano
Se não se perde a vida juntamente.
Não queira bem quem não quer o desengano,
Não há mor mal que o bem que é aparente;
E se é mal grande o mal que bem parece,
Amor com falsas mostras aparece.

---

1. No *Parnaso Brasileiro*, de Pereira da Silva, está "que amanhecendo" em lugar de "que em amanhecendo".
2. No *Parnaso Brasileiro*, de Pereira da Silva, está "padecendo" em lugar de "conhecendo".
3. V. nota no fim do volume: *Bernardo Vieira Ravasco*.

10

Segui Amor aonde me guiava,
Mostrou-me não sei que, que inda desejo,
Mas se era cego como me mostrava,
Ou como então não via o que ora vejo!
Vi, e não vi o mal que me esperava,
Porque quem vai levado de um desejo,
Que amor acende, e já aceso apura,
Tudo possível faz, tudo assegura.

11

Tudo assegura, tudo facilita,
Impossível por própria natureza,
Com vozes mudas a razão nos grita,
Não queremos ouvir, depois nos pesa.
Esperança adoramos infinita,
Não mais que por seguir a falsa empresa
Que um tesouro de bens nos oferece,
Mas sempre no melhor desaparece.

12

Já passaram por mim estas verdades,
Mas ainda tenho saüdade delas;
Não sei que força esta é a ter saudades[1]
De cousas, que não há para que tê-las!
Sai o piloto dentre as tempestades,
E logo torna a dar ao vento as velas;
Deixando pelo mar, terra segura!
Ah triste fado! Ah grave desventura!

13

Nesta tragédia da vanglória humana
Nunca entra o bem, o mal sempre é figura
E só com isto enfim nos desengana,
Que um voluntário mal nunca tem cura.
Quem nos leva trás si, quem nos engana
A aventurar um bem, que se aventura,
Se amor é o menor mal a que se oferece
Por um pequeno bem, que desfalece.

---

1. V. nota no fim do volume: *Bernardo Vieira Ravasco.*

14

Por um pequeno bem, que vem aguado
Por tão pequena luz, que logo morre,
Aventurar um bem, que aventurado
Por tantos passos tanto risco corre:
Foi louco o pensamento, mas forçado
Um pensamento meu, que não se corre,
Por glória, que não tem glória segura
Aventurar um bem que sempre dura.

(*A Fênix Renascida,* V tomo, Lisboa, 1728, págs. 271-275.)

GREGÓRIO DE MATOS GUERRA

(1633 — 1696)

Gregório de Matos Guerra nasceu na Bahia e faleceu em Pernambuco. Fez seus primeiros estudos na sua cidade natal, de onde seguiu para Coimbra. Depois de tirar o título de doutor em leis na Universidade, partiu para Lisboa e por algum tempo exerceu a advocacia na capital do Reino. Quando voltou à Bahia, homem maduro, já era conhecido pelas suas poesias satíricas, à maneira de Quevedo.

Sob a proteção do arcebispo da Bahia, D. Gaspar Barata, obteve a nomeação de tesoureiro-mor da catedral e vigário-geral.

A campanha de ridículo que movia a toda a gente, sem poupar clérigos e poderosos, e que lhe valeu a alcunha de "Boca de Inferno", incompatibilizou-o com a diocese. Voltou então a exercer a advocacia. Sofreu várias atribulações, inclusive uma tentativa de assassínio, e por fim viu-se preso e desterrado para Angola, por ordem do governador D. José de Alencastro. Graças às amizades que conquistou obteve licença para embarcar com destino a Pernambuco, onde passou seus últimos dias.

De sua obra, que permaneceu em manuscrito durante longo tempo, foi iniciada a publicação sistemática em 1882, sob os cuidados de Vale Cabral. Não passou, entretanto, do I tomo das Obras Poéticas, *abrangendo as peças satíricas. Retomou a iniciativa em 1923, com mais sucesso, a Academia Brasileira, que lançou de então para cá, em seis volumes, as* Obras de Gregório de Matos.

IMPLORANDO DE CRISTO, UM PECADOR CONTRITO, PERDÃO DOS SEUS PECADOS

Pequei, Senhor: mas não porque hei pecado,
da vossa Alta Piedade me despido:[1]
Antes, quanto mais tenho delinqüido,[2]
vos tenho a perdoar mais empenhado.

Se basta a vos irar tanto pecado,
a abrandar-vos sobeja um só gemido:
que a mesma culpa, que vos há ofendido,
vos tem para o perdão lisonjeado.

Se ũa Ovelha perdida, já cobrada,[3]
glória tal e prazer tão repentino
vos deu, como afirmais na Sacra História:

Eu sou, Senhor, Ovelha desgarrada;[4]
cobrai-a; e não queirais, Pastor Divino,
perder na vossa Ovelha a vossa glória.

> (*Obras Sacras e Morais do Dr. Gregório de Matos Guerra*. Tomo 1.° das suas composições métricas — Códice pertencente à biblioteca do Ministério das Relações Exteriores. Pág. 8.)

1. Na ed. da Academia Brasileira de Letras, tomo I, está "clemência" em lugar de "Piedade". Na Col. Varnhagen está "De vossa Piedade".
2. Na ed. da Academia Brasileira de Letras e na Col. Varnhagen á "Porque", em lugar de "Antes".
3. Na ed. da Academia está "e já".
4. Na ed. da Academia e na Col. Varnhagen está "a ovelha".

BUSCANDO A CRISTO CRUCIFICADO UM PECADOR, COM VERDADEIRO ARREPENDIMENTO

A vós correndo vou, Braços sagrados,
nessa Cruz sacrossanta descobertos;
que para receber-me estais abertos,
e por não castigar-me estais cravados.

A vós, Divinos olhos, eclipsados,
de tanto sangue e lágrimas cobertos;[1]
pois para perdoar-me estais despertos,
e por não condenar-me estais fechados.

A vós, pregados Pés. por não deixar-me:
A vós, Sangue vertido para ungir-me:
A vós, Cabeça baixa por chamar-me:[2]

A vós, Lado patente, quero unir-me:
A vós, Cravos preciosos, quero atar-me,
para ficar unido, atado, e firme.

(Ibidem, pág. 9.)

AO MESMO JESUS CRUCIFICADO, FALANDO UM PECADOR NOS ÚLTIMOS DA VIDA

Meu Deus, que estais pendente em um madeiro,[3]
em cuja Fé protesto de viver;[4]
em cuja Santa Lei hei de morrer,[5]
amoroso, constante, firme e inteiro:[6]

---

1. Na ed. da Academia está "cobertos" em lugar de "abertos"
2. Na ed. da Academia está "p'ra" em lugar de "por",
3. Na ed. da Academia está "de" em lugar de "em".
4. Na ed. da Academia está "lei" em lugar de "Fé".
5. Na ed. da Academia está "quero" em lugar de "hei de".
6. Na ed. da Academia está "animoso" em lugar de "amoroso". No códice: "firme inteiro" em vez de "firme e inteiro".

Neste transe, por ser o derradeiro,[1]
pois vejo a minha vida anoitecer,
é, meu Jesus, a hora de se ver
a brandura de um Pai, manso Cordeiro.

Mui grande é vosso Amor, e o meu delito:
Porém, pode ter fim todo o pecar;
mas não o vosso Amor, que é Infinito.[2]

Esta razão me obriga a confiar
que por mais que pequei, neste conflito,
espero em vosso Amor de me salvar.

(*Ibidem,* pág. 10.)

PECADOR CONTRITO AOS PÉS DE CRISTO CRUCIFICADO

Ofendi-vos, meu Deus, é bem verdade;[3]
verdade é, meu Senhor, que hei delinqüido;[4]
delinqüido vos tenho, e ofendido;
ofendido vos tem minha maldade.

Maldade encaminhada a ũa vaidade;[5]
vaidade, que de todo me há vencido;
vencido quero ver-me, e arrependido;
arrependido em tanta enormidade.[6]

---

1. Na ed. da Academia está "lance" em lugar de "transe".
2. Na ed. da Academia está "e não" em lugar de "mas não".
3. Na Col. de Obras Sacras e Divinas de Gregório de Matos existente na Biblioteca Nacional do Rio de Janeiro está "bem é" em lugar de "é bem".
4. Na ed. da Academia está "É verdade, Senhor", e nas Obras Sacras da B. N. está "É verdade, meu Deus", em lugar de "verdade é, meu Senhor".
5. Na ed. da Academia e nas Sacras da B. N. está "que encaminha a" em lugar de "encaminhada a ũa".
6. Na ed. da Academia está "a tanta", e nas Sacras da B. N. está "de tanta", em lugar de "em tanta".

Arrepende estou de coração;
de coração vos busco, dai-me abraços;[1]
abraços, que me rendam vossa Luz.[2]

Luz, que clara me mostre a Salvação;[3]
a Salvação pretendo com tais braços:[4]
Piedade, meu Senhor, Jesus, Jesus.[5]

(*Ibidem*, pág. 7.)

MORALIDADE SOBRE O DIA DE QUARTA-FEIRA DE CINZA

Que és terra, oh Homem, e em terra hás de tornar-te,[6]
hoje te avisa Deus por sua Igreja:[7]
de pó te faz o Espelho, em que se veja[8]
a vil matéria de que quis formar-te.

Lembra-te Deus que és pó, para humilhar-te;
e como teu Baixel sempre fraqueja
nos Mares da vaidade, onde peleja,
te põe à vista a terra onde salvar-te.

---

1. Na ed. da Academia e nas Sacras da B. N. está "os braços", em lugar de "abraços".

2. Na ed. da Academia e nas Sacras da B. N. está "rendem" em lugar de "rendam".

3. Na ed. da Academia e nas Sacras da B. N. está "Claro" em lugar de "clara" e "mostra" em lugar de "mostre".

4 Na ed. da Academia está "em tais abraços" em lugar de "com tais braços".

5. Na ed. da Academia está: "Misericórdia, amor, Jesus, Jesus!"; nas Sacras da B. N. está: "Misericórdia meu Deus Jesus, Jesus".

6. Na ed. da Academia e nas Sacras da B. N. está "homem" em lugar de "oh Homem".

7. Na ed: da Academia e nas Sacras da B. N. está "Te lembra hoje" em lugar de "hoje te avisa".

8. Na ed. da Academia e nas Sacras da B. N. está "espelho" em lugar de "o Espelho".

Alerta, alerta, pois o vento berra; [1]
e se sopra a vaidade, e incha o pano, [2]
na proa a terra tens, amaina, ferra. [3]

Todo o Lenho mortal, Baixel humano, [4]
se busca a Salvação, tome hoje terra; [5]
que a Terra de hoje é Porto soberano.

(*Ibidem*, pág. 31.)

AO PRIMEIRO BRAÇO, QUE DEPOIS APARECEU DO MESMO MENINO JESUS QUANDO DESAPARECEU DO CORPO [6]

O todo sem a parte não é todo,
a parte com o todo não é parte; [7]
mas se a parte fez todo sem a parte, [8]
não se diga que é parte sendo todo. [9]

Em todo o Sacramento está Deus todo, [10]
e todo assiste inteiro em qualquer parte;
e feito em partes todo, cada parte [11]
em qualquer parte sempre fica todo. [12]

---

1. Na ed. da Academia está "pois, que", e nas Sacras da B. N. "pois que", em vez de "pois".
2. Na ed. da Academia e nas Sacras da B. N. está "Se assopra" em lugar de "e se sopra".
3. Na ed. da Academia e nas Sacras da B. N. está "amaina e ferra em vez de "amaina, ferra".
4. Nas Sacras da B. N. está "Todo" em lugar de "Todo o".
5. Nas Sacras da B. N. está "que" em lugar de "se", e "esta" em lugar de "hoje".
6. Imediatamente antes deste soneto há um, no códice, intitulado "Aparecendo o peito do menino Jesus de Nossa Senhora das maravilhas da Sé; que os Hereges, feito em pedaços, deitaram por partes imundas".
7. Nas Sacras da B. N. está: "aparte sem otodo, não hé parte".
8. Nas Sacras da B. N. está "sendo parte" em lugar de "sem a parte"; na ed. da Academia está "o faz todo, sendo parte" em lugar de "fez todo sem a parte".
9. Na ed. da Academia está "sendo o todo" em vez de "sendo todo".
10. Nas Sacras da B. N. está "Salvamento" em lugar de "Sacramento".
11. Na ed. da Academia está "em toda a parte" em lugar de "cada parte".
12. Nas Sacras da B.N. está: "fica mostrando as partes desse todo".

O braço de Jesus não seja parte,
pois que feito Jesus em partes todo,
o todo fica estando em sua parte. [1]

Não se sabendo parte deste todo,
um braço, que lhe acharam, sendo parte, [2]
nos disse as partes todas deste todo. [3]

(*Ibidem*, pág. 18.)

À PONDERAÇÃO DO DIA DO JUÍZO FINAL, E UNIVERSAL

O alegre do dia entristecido;
o silêncio da noite perturbado;
o resplendor do Sol todo eclipsado; [4]
e o luzente da Lua desmentido:

Rompa todo o Criado em um gemido:
Que é de ti, Mundo? adonde tens parado? [5]
Se tudo neste instante está acabado,
tanto importa o não ser, como o havér sido! [6]

Soa a Trombeta da maior Altura,
a que a Vivos e Mortos traz aviso, [7]
da desventura de uns, doutros ventura. [8]

Acaba o Mundo, porque é já preciso: [9]
Erga-se o Morto, deixe a Sepultura;
porque é chegado o Dia de Juízo! [10]

(*Ibidem*, pág. 24.)

---

1. Na ed. da Academia está "Assiste cada parte", e nas Sacras da B.N. "Estando cada parte", em lugar de "o todo fica estando".
2. Nas Sacras da B.N. está "acharmos" em lugar de "acharam".
3. Na ed. da Academia está "diz" em lugar de "disse".
4. Nas Sacras da B.N. e na ed. da Academia está "resplandor" em lugar de "resplendor".
5. Nas Sacras da B.N. e na ed. da Academia está "Onde" em lugar de "adonde".
6. Na ed. da Academia e nas Sacras da B.N. está "haver" em lugar de "o haver".
7. Na ed. da Academia e nas Sacras da B.N. está "que vivos" em lugar de "que a Vivos" e "o aviso" em lugar de "aviso".
8. Nas Sacras da B.N. e na ed. da Academia está "de outros" em lugar de "doutros".
9. Nas Sacras da B.N. está "percizo" em lugar de "preciso".
10. Na ed. da Academia e nas Sacras da B.N. está: "Porque chegado é o dia do juízo".

A FIDALGUIA DO BRASIL

Há cousa como ver um Paiaiá
Mui prezado de ser Caramuru,
Descendente do sangue de Tatu,
Cujo torpe idioma é cobé pá? [1]

A linha feminina é Carimá,
Moqueca, pititinga, caruru,
Mingau de puba, vinho de caju
Pisado num pilão de Pirajá. [2]

A masculina é aricobé, [3]
Cuja filha Cobé um branco Paí [4]
Dormiu no promontório de Pacé.

O branco era um Marau, que veio aqui:
Ela era uma Índia de Maré:
Cobé pá, aricobé, cobé, paí.

(Coleção Varnhagen — existente no Ministério das Relações Exteriores, Rio, fls. 1, verso, e 2.)

A FIDALGUIA, OU ENFIDALGADOS DO BRASIL

Um calção de pindoba a meia zorra; [5]
camisa de urucu; mantéu de Arara;
em lugar de Cotó, Arco e Taquara,
penacho de Guaraz, em vez de Gorra.

---

1. No Códice Faria está "Cobessa" em lugar de "cobé pá". Na leitura de manuscritos seiscentistas é possível a confusão do "p" com o "s" dobrado.

2. No Códice Faria está "pilado" em lugar de "pisado" e "piraquá" em lugar de "Pirajá".

3. Na ed. da Academia (tomo IV) está "um aricobé".

4. Na ed. da Academia está "c'um" em vez de "um".

5. No ms. utilizado para o presente texto está "cindoba" em lugar de "pindoba", que ocorre nas demais versões conhecidas. Trata-se de um erro de cópia, que vem corrigido no índice do mesmo ms.

Furado o beiço, sem temer que morra
o Pai, que lhe envazou com ũa Titara:[1]
sendo a Mãe a que a pedra lhe aplicara[2]
por reprimir-lhe o sangue, que não corra.

Alarve sem razão, Bruto sem fé;
sem mais lei que a do gosto; e quando erra,[3]
de Fauno se tornou em Abaté.[4]

Não sei como acabou, nem em que guerra:[5]
Só sei que deste Adão de Massapé,
os Fidalgos procedem desta Terra.[6]

(*Obras Profanas do Dr. Gregório de Matos Guerra*, tomo 2.° das suas composições métricas. Códice pertencente à biblioteca do Ministério das Relações Exteriores, pág. 71.)

PINTURA PARA O Q̃ SE QUISER FAZER FIDALGO NA CIDADE DA BAHIA

Bote a sua casaca de veludo,
e seja Capitão sequer dous dias:
Converse à porta de *Domingos Dias,*
que pega Fidalguia mais que tudo.

Seja um Magano, um Pícaro, Abelhudo:[7]
Vá a Palácio; e após das cortesias,
perca quanto ganhar nas mercancias;
e em que perca o alheio, esteja mudo.

Ande sempre na caça e montaria:
Dê nova locução, novo epiteto;[8]
e diga-o sem propósito à porfia:

---

1. Na ed. da Academia está "lh'o" em lugar de "lhe".
2. Na ed. da Academia está "Porém a mãi a pedra" em vez de "sendo a Mãe a que a pedra".
3. Na ed. da Academia está: "Sem mais leis que as do gosto, quando erra".
4. Na ed. da Academia está "De Paiaiá tornou-se em Abaité".
5. Na ed. da Academia está "onde" em lugar de "como" e "ou" em lugar de "em".
6. Na ed. da Academia está "Procedem os fidalgos" em lugar de "os Fidalgos procedem".
7. Na ed. da Academia está "um cornudo" em lugar de "Abelhudo".
8. Na ed. da Academia está "solução" em lugar de "locução".

Que em dizendo *facção, pertexto, afecto,*
será no entendimento da Bahia
mui Fidalgo, mui Rico, e mui Discreto.

(Ibidem, pág. 22.)

QUAL É MAIOR: SE O BEM PERDIDO NA POSSE? SE O QUE SE PERDE ANTES DE POSSUÍDO?

Quem perde o bem que teve possuído,
a morte não dilata [1] ao sentimento;
que esta dor, esta mágoa, este tormento,
não pode ter tormento parecido.

Quem perde o bem logrado, tem perdido
o discurso, a razão, o entendimento;
porque caber não pode em pensamento
a esperança de ser restituído.

Quando fosse a esperança alento à vida,
té nas faltas do bem, seria engano [2]
o presumir melhoras desta sorte:

Porque onde falta o bem, é homicida
a memória, que atalha o próprio dano,
o refúgio que priva a mesma morte.

(Ibidem, pág. 23.)

DEFENDENDO O BEM PERDIDO

PELOS MESMOS CONSOANTES

O bem, que não chegou a ser [3] possuído,
perdido causa tanto sentimento,
que faltando-lhe a causa do tormento,
faz ser maior tormento o padecido.

---

1. Na ed. da Academia (tomo II) está "dilate" em vez de "dilata".
2. Na ed. da Academia está "Fé" em lugar de "té".
3. Na ed. da Academia está "chegou ser" em lugar de "chegou a ser".

Sentir o bem logrado já perdido,[1]
mágoa será do próprio entendimento:
porém, o bem que perde um pensamento.
não deixa a outro bem restituído.[2]

Se o logro satisfaz a mesma vida,
e despois de logrado, fica engano [3]
a falta que o bem faz em qualquer sorte,

Infalível será ser homicida
o bem, que sem ser mal, motiva o dano;
o mal, que sem ser bem, apressa a morte.

(*Ibidem*, pág. 24.)

A BREVIDADE DOS GOSTOS DA VIDA, EM CONTEMPLAÇÃO DOS MAIS OBJETOS

Nasce o Sol; e não dura mais que um dia:
Despois da Luz, se segue a noite escura:
Em tristes sombras morre a Formosura;
em contínuas tristezas a alegria.

Porém, se acaba o Sol, por que nascia?
Se formosa a Luz é, por que não dura?[4]
Como a beleza assim se transfigura?
Como o gosto, da pena assim se fia?

Mas no Sol, e na Luz, falte a firmeza;[5]
na Formosura, não se dê constância:
E na alegria, sinta-se a tristeza.[6]

Comece o Mundo, enfim, pela ignorância;[7]
pois tem qualquer dos bens, por natureza,[8]
a firmeza somente na inconstância.

(*Ibidem*, pág. 16.)

---

1. Na ed. da Academia está "e já" em lugar de "já".
2. Na ed. da Academia está: "Não o deixa outro bem restituído".
3. Na ed. da Academia está "depois" em lugar de "despois".
4. Na ed. da Academia está: Se é tão formosa a luz, porque não dura?"
5. Na ed. da Academia está "falta" em lugar de "falte".
6. Na ed. da Academia está "tristeza" em lugar de "a tristeza".
7. Na ed. da Academia está "Começa" em lugar de "Comece".
8. Na ed. da Academia está "E tem" em lugar de "pois tem".

À SUAVE HARMONIA DE UM PASSARINHO CANTANDO EM UM BOSQUE

Contente e alegre, ufano passarinho,[1]
que enchendo a todo o Bosque de harmonia,[2]
me está dizendo a tua melodia,
que é maior tua voz que o teu corpinho,[3]

Como da pequenhez desse biquinho[4]
sai tamanho tropel de vozeria?[5]
Como cantas, se és Flor de Alexandria?
Como cheiras, se és pássaro de arminho?

Simples cantas, e incauto garganteias,
sem veres que assim chamas o homicida,[6]
que te segue por passos de garganta.

Não cantes mais, que a morte lisonjeias:
Esconde a voz, e esconderás a vida;[7]
que em ti não se vê mais que a voz que canta.

(*Ibidem*, pág. 20.)

A UM NAMORADO, QUE SE PRESUMIA DE OBRAR FINEZAS

Fábio: que pouco entendes de finezas:
Quem faz só o que pode, a pouco obriga:
Quem contra os impossíveis se fatiga,[8]
a esse cede o Amor em mil ternezas.[9]

---

1. Na ed. da Academia está "Contente, alegre" em lugar de "Contente e alegre".
2. Na ed. da Academia está "o bosque todo" em lugar de "a todo o bosque".
3. Na ed. da Academia está "biquinho" em lugar de "corpinho".
4. Na ed. da Academia está "pequenez" em lugar de "pequenhez" e "corpinho" em lugar de "biquinho".
5. Na ed. da Academia está "tão grande" em lugar de "tamanho".
6. Na ed. da Academia está: "Sem ver, que estás chamando ao homicida".
7. Na ed. da Academia está "esconderás" em lugar de "e esconderás".
8. Na ed. da Academia está "afadiga" em lugar de "fatiga".
9. Na ed. da Academia está "amor" em lugar de "o Amor" e "ternuras" em lugar de "ternezas".

Amor comete sempre altas empresas:
Pouco amor, muita sede não mitiga:
Quem impossíveis vence, esse é que instiga [1]
vencer por ele muitas estranhezas.

As durezas da cera, o Sol abranda,
e da terra as branduras endurece:
Atrás do que resiste, o raio é que anda.[2]

Quem vence a resistência, se enobrece:
Quem faz o que não pode, impera e manda:[3]
Quem faz mais do que pode, esse merece.

(*Ibidem*, pág. 21.)

A PROCISSÃO DE CINZA, FEITA EM PERNAMBUCO

Um Negro magro, em sufilié mui justo;[4]
dous azorragues, de um juá pendentes;
barbado o Peres; mais dous Penitentes;
seis Crianças com asas, sem mais custo:

De vermelho o Mulato mais robusto;
três Meninos fradinhos inocentes;[5]
dez ou doze Brichotes mui agentes;[6]
vinte ou trinta canelos [7] de ombro onusto:

Sem débita reverência seis Andores;
um Pendão de algodão tinto em Tijuco;
em fileiras dez pares de Menores:

---

1. Na ed. da Academia está "esse me instiga" em lugar de "esse é que instiga".
2. Na ed. da Academia está "se anda" em lugar de "é que anda".
3. Na ed. da Academia está "Quem pode, o que não pode" em lugar de "Quem faz o que não pode".
4. Na ed. da Academia (tomo IV) está: "Um negro magro em sufulié justo".
5. Na ed. da Academia está "fradinhos meninos" em lugar de "Meninos fradinhos".
6. Na ed. da Academia está "muito" em lugar de "mui".
7. Na ed. da Academia está "canelas" em lugar de "canelos".

Atrás um Negro, um Cego, um Mamaluco;[1]
três lotes de Rapazes gritadores:
É a Procissão de Cinza em Pernambuco.

(*Ibidem*, pág. 65.)

AOS SRES. GOVERNADORES DO MUNDO EM SECO DA CIDADE DA BAHIA, E SEUS COSTUMES

A cada canto um grande Conselheiro,
que nos quer governar cabana e vinha:
Não sabem governar sua cozinha,
e querem governar o Mundo inteiro!

Em cada porta um bem freqüente Olheiro[2]
da vida do Vizinho e da Vizinha,[3]
pesquisa, escuta, espreita e esquadrinha
para o levar à Praça e ao Terreiro.

Muitos Mulatos desavergonhados,
trazendo pelos pés aos Homens nobres;[4]
posta nas palmas toda a picardia.

Estupendas usuras nos mercados:[5]
Todos os que não furtam, muito pobres:
Eis aqui a Cidade da Bahia.[6]

(*Ibidem*, pág. 78.)

---

1. Na ed. da Academia está "um cego, um negro", em lugar de "um Negro, um Cego".
2. Na ed. da Academia está "frequentado" em lugar de "bem freqüente".
3. No códice está "Vezinho" e "Vezinha"; na ed. da Academia está "Que a vida" em lugar de "da vida".
4. Na ed. da Academia está: "Trazidos sob os pés os homens nobres".
5. Na ed. da Academia está "uzinas" em lugar de "usuras".
6. Na ed. da Academia está "E eis aqui" em lugar de "Eis aqui".

VENDO O AUTOR A PRIMEIRA VEZ A D. ÂNGELA, A QUEM ANTES TINHA OUVIDO EXAGERAR

Não vi em minha vida a Formosura:[1]
Ouvia falar nela cada dia;
e ouvida, me incitava e me movia
a querer ver tão bela Arquitetura.

Ontem a vi, por minha desventura,
na cara, no bom ar, na galhardia
de ũa Mulher, que em Anjo se mentia,[2]
de um Sol, que se trajava em Criatura.

Me matem (disse então, vendo abrasar-me)[3]
se esta a Causa não é, que encarecer-me[4]
sabia o Mundo, e tanto exagerar-me!

Olhos meus (disse mais, por defender-me)[5]
se a Beleza hei de ver para matar-me,[6]
antes, olhos, cegueis, do que eu perder-me.

(Ibidem, pág. 33.)

---

1. Na ed. da Academia (tomo II) está "vira" em lugar de "vi".
2. Na ed. da Academia está "uma" em lugar de "ũa".
3. Na ed. da Academia está "Matem-me" em lugar de "Me matem", e "eu" em lugar de "então".
4. Na ed. da Academia está "cousa" em lugar de "Causa".
5. Na ed. da Academia está "então" em lugar de "mais".
6. Na ed. da Academia está "heis" em lugar de "hei".

DÉCIMAS

1

Esperando uma bonança,
cansado já de esperar,
um Pescador, que no Mar
tinha toda a confiança:
Receando da tardança[1]
de um dia, e mais outro dia,
pela praia discorria,
quando aos olhos, de repente,
ũa onda lhe pôs patente
quanto ũa ausência encobria.

2

Entre as ondas flutuando
um vulto se divisava;
sendo que mais flutuava
quem por ele está aguando:[2]
E como maior julgando
o tormento da demora,
de repente naquela hora[3]
lançar-se ao Mar pertendia,[4]
quando ante seus olhos via
quem dentro em seu peito mora.

3

Mora em meu peito ũa Ingrata,
tão formosa, que eu de adrede,[5]
pescando as demais com rede,
ela só coa vista mata:
As redes de que não trata,

---

1. Na ed. da Academia está "Receioso" em lugar de "receando".
2. Na ed. da Academia está "aguardando" em lugar de "aguando".
3. Na ed. da Academia está: "Como se Leandro fora".
4. Na ed. da Academia está: "Lançar ao mar pretendia".
5. Na ed. da Academia está: "Tão bela e ingrata, que adrede".

vinha agora recolhendo;
porque como estava vendo
todo o amor feito ũa serra, [1]
vem pescar Almas à terra,
de Amor Pescadora sendo.

4

Logo que à praia chegou,
tratou de desembarcar:
Mas sair o Sol do Mar,
só esta vez se admirou:
Tão galharda enfim saltou,
que quem tão galharda a via,[2]
justamente presumia,
para mais abono seu,
que era Vênus, que nasceu
do Mar, pois do Mar saía.

5

Pôs os pés na branca areia,
que comparada com os pés,
ficou pez, em que lhe pês:
porque em vê-la a areia, areia.
Pisando a margem, que alheia
de um arroio os dous extremos,
todos julgamos e cremos
Galatéia, a Ninfa bela;
pois bem que vimos a Estrela,
fomos cegos Polifemos.

6

Toda a concha, e tôda a ostrinha,
que na praia achou, abriu;
mas nenhum aljofar viu,
pois todos na boca tinha:[3]
Porém, se em qualquer conchinha

---

1. Na ed. da Academia está "mar" em lugar de "amor".
2. Na ed. da Academia está: "Que quem nesse tempo a via".
3. Na ed. da Academia está: "Que todos na boca os tinha".

pérolas o Sol produz,
daqui certo se deduz
que onde quer que ponha os olhos,[1]
produz pérolas a molhos,
pois de dous Sóis logra a luz.

7

Em uma portátil Silha
acaso o seu Sol entrou;[2]
e pois tal peso levou,
não sentiu peso a quadrilha:
Vendo tanta maravilha,
tanta luz de monte a monte,
abrasar-se o Horizonte[3]
temi, com tanto arrebol;
pois sobre as Piras do Sol
ia o Carro de Faetonte.

(*Ibidem*, págs. 284-289.)

MOTE

EFEITOS SÃO DO COMETA

GLOSA

1.ª

Que esteja dando o Francês
camoesas ao Romano,
castanhas ao Castelhano,
e figas ao Português?[4]

---

1. Na ed. da Academia está "punha" em lugar de "ponha".
2. Na ed. da Academia está: "Ocaso a seo Sol entrou".
3. Na ed. da Academia está "aluazar-se" em lugar de "abrasar-se".
4. Na ed. de 1882 e na da Academia de Letras (tomo V, vol. II) está "ginjas" em lugar de "figas".

E que estejam todos três
em uma cisma inquieta;[1]
conhecendo-se esta treta[2]
tanto à vista, sem se ver?[3]
Tudo será; mas a ser,
Efeitos são do Cometa.

2

Que esteja o Inglês mui quedo,
e o Holandês muito ufano?
Portugal, cheio de engano?
Castela, cheia de medo?
E que o Turco viva ledo,
vendo a Europa andar inquieta?
E que cada qual se meta
em ũa cova a tremer?
Será; mas isto assim ser,[4]
Efeitos são do Cometa.

3

Que se ache o Francês zombando,[5]
E a Índia lá padecendo?[6]
Itália, olhando e comendo?
Portugal, rindo e chorando?
E que o esteja enganando[7]
quem tão sagaz o inquieta,[8]
sem que nada lhe prometa?
Será; mas em tal ação,[9]
segundo a melhor razão,[10]
Efeitos são do Cometa.

---

1. Na ed. de 1882 e na da Academia Brasileira de Letras está "quieta" em lugar de "inquieta".
2. Na ed. de 1882 e na da Academia está "Reconhecendo" em lugar de "conhecendo-se".
3. Na ed. de 1882 e na da Academia está "sem a ver?" em lugar de "sem se ver?".
4. Na ed. de 1882 e na da Academia está "Tudo será, mas a ser".
5. Na ed. de 1882 e na da Academia está "Que esteja" em lugar de "Que se ache".
6. Na ed. de 1882 e na da Academia não existe o "lá".
7. Na ed. de 1882 e na da Academia está "os" em lugar de "o".
8. Na ed. de 1882 e na da Academia está: "Quem sagaz os inquieta".
9. Na ed. de 1882 e na da Academia está "com mais razão" em lugar de "em tal ação".
10. Na ed. de 1882 e na da Academia está "minha opinião" em lugar de "melhor razão".

4

Que esteja Angola de graça,
e Portugal, cai-não-cai ? [1]
O Brasil, feito Cambrai,
e a Holanda, feita Cassa ? [2]
E que jogue o passa-passa
conosco o Turco Maometa,
e que assim nos acometa?
Será, pois é tão ladino;
porém, segundo imagino,
Efeitos são do Cometa.

5

Que entrem cá os Franchinotes [3]
com engano sorrateiro,
para nos levar dinheiro [4]
a troco de assoviotes ? [5]
E que as patacas em potes [6]
nos chupem à fiveleta ? [7]
Não sei se nisto me meta:
Porém, sem meter-me em rodas,
digo que estas coisas todas, [8]
Efeitos são do Cometa.

---

1. Na ed. de 1882 e na da Academia está "o Mazagão" em lugar de "e Portugal".

2. Na ed. de 1882 e na da Academia está "Quando Hollanda" em lugar de "e a Holanda", e "caça" em lugar de "Cassa".

3. Na ed. de 1882 e na da Academia está "venham" em vez de "entrem cá".

4. Na ed. de 1882 e na da Academia está: "A levar-nos o dinheiro".

5. Na ed. de 1882 e na da Academia está: "Por troca de assobiotes".

Na ed. de 1882 e na da Academia está: "Que as patacas em pipotes".

6. Na ed. de 1882 e na da Academia está "Nos levem" em lugar de "nos chupem".

7. Na ed. de 1882 está "cousas" em lugar de "coisas".

6

Que venham Homens estranhos,
às direitas e às esquerdas,
trazer-nos as suas perdas,
e levar os nossos ganhos?
E que sejamos tamanhos
ignorantes, que nos meta
em debuxos a Gazeta? [1]
Será, que tudo é pior;
mas por fim, seja o que for, [2]
Efeitos são do Cometa.

7

Que havendo tantas maldades,
como experimentado temos, [3]
tantas novidades vemos,
não havendo novidades?
E que estejam as cidades
todas postas em dieta?
Mau é; porém por direta [4]
permissão do mesmo Deus,
se não são pecados meus,
Efeitos são do Cometa.

8

Que se vejam, sem razão,
nos extremos que se veem,
um tostão feito um vintém,
ũa pataca, um tostão? [5]

1. Na ed. de 1882 e na da Academia está "Sem" em lugar de "em".

2. Na ed. de 1882 e na da Academia está "porém" em lugar de "por fim".

3. Na ed. da Academia está "exprimentado" em lugar de "experimentado".

4. No códice pertencente à biblioteca do Itamarati, que foi geralmente seguido no presente texto, está "Não é" em lugar de "Mau é". Adotou-se neste caso a versão da ed. de 1882, utilizada, também, na ed. da Academia Brasileira.

5. Na ed. de 1882 e na da Academia está "E uma" em lugar de "ũa".

E que estas mudanças são [1]
fabricadas com bem treta, [2]
sem que a Fortuna prometa [3]
melhora no que passamos? [4]
Sim; mas se tal lamentamos, [5]
Efeitos são do Cometa.

9

Que todo o Reino em estaleiro [6]
esteja, e em triste monção, [7]
haja pão, não haja pão,
haja e não haja dinheiro? [8]
E que se torne em azeiro [9]
todo o ouro, e a prata em peta, [10]
por certa via secreta?
Eu não sei como isto é:
Porém quanto assim se vê, [11]
Efeitos são do Cometa.

10

Que haja no Mundo quem tenha
guisados para comer,
e traça para os haver, [12]
não tendo lume, nem lenha?
E que, sem renda, mantenha

1. Na ed. de 1882 e na da Academia está "vão" em lugar de "são".
2. Na ed. de 1882 e na da Academia está "à curveta" em lugar de "com bem treta".
3. Na ed. de 1882 e na da Academia está "ventura" em lugar de "Fortuna".
4. Na ed. de 1882 e na da Academia está "Nunca nenhuma melhora" em lugar de "melhora no que passamos".
5. Na ed. de 1882 e na da Academia está "Será, que pois o ceu chora" em lugar de "Sim; mas se tal lamentamos".
6. Na ed. de 1882 e na da Academia está "Que o Reino em um estaleiro" em lugar de "Que todo o Reino em estaleiro".
7. Na ed. de 1882 e na da Academia está "Esteja, e nesta ocasião", em lugar de "esteja, e em triste monção".
8. Na ed. de 1882 e na da Academia está "Haja, não haja", em vez de "haja e não haja".
9. Na ed. de 1882 e na da Academia está "tome em Aveiro" em lugar de "torne em azeiro".
10. Na ed. de 1882 e na da Academia está "e prata invecta" em lugar de "e a prata em pêta".
11. Na ed. de 1882 e na da Academia está "Porém já que assim" em lugar de "Porém quanto assim".
12. Na ed. de 1882 e na da Academia está "traças" em lugar de "traça".

carro, carroça e carreta? [1]
E sem ter adonde os meta, [2]
dentro em si tanto acomode?
Pode ser; mas se tal pode, [3]
Efeitos são do Cometa.

11 [4]

Que vista, quem renda tem, [5]
galas custosas por traça, [6]
suposto que bem mal faça,
e inda que faz mal, faz bem? [7]
Mas que as vista quem não tem
mais que ũa pobre sarjeta, [8]
que lhe vem pelo Estafeta,
por milagre nunca visto?
Será; porém sendo isto, [9]
Efeitos são do Cometa.

12

Que andem os Oficiais
como os Fidalgos vestidos? [10]
E que estejam presumidos
os humildes, como os mais?

---

1. Na ed. de 1882 e na da Academia está "carroça, carreta" em lugar de "carroça e carreta".

2. Na ed. de 1882 e na da Academia está "aonde" em lugar de "adonde".

3. Na ed. de 1882 e na da Academia está "porém se pode" em lugar de "mas se tal pode".

4. Esta estrofe aparece, na ed. de 1882 e na da Academia, colocada no lugar correspondente à 14.ª da numeração do presente texto, ou seja em seguida à que se inicia com o verso: "Que se vejam por prazeres".

5. Na ed. de 1882 e na da Academia está "rendas" em lugar de "renda".

6. Na ed. de 1882 e na da Academia está "vistosas" em lugar de "custosas".

7. Na ed. de 1882 e na da Academia está: "Inda que mal fará bem".

8. Na ed. de 1882 e na da Academia está "uma pobre saieta" em lugar de "ũa pobre sarjeta".

9. Na ed. de 1882 e na da Academia está "mas sendo assim" em lugar de "porém sendo isto".

10. Na ed. de 1882 e na da Academia está "Como" em lugar de "como os".

E que sejam estes tais, [1]
cada um de si Profeta? [2]
E que esteja tão inquieta [3]
a Cidade; e o Povo, mudo?
Será; mas sendo assim tudo,
Efeitos são do Cometa.

13

Que se vejam, por prazeres,
Sem repararem nas fomes,
as Mulheres, feitas Homes;
o os Homes, feitos Mulheres? [4]
E que estejam os Misteres
enfronhados na baeta, [5]
sem ouvirem a trombeta
do Povo, que é um clarim? [6]
Será; porém sendo assim,
Efeitos são do Cometa.

14

Que quem não vê, possa ver [7]
mal no bem, e bem no mal,
e se meta cada qual
no que não se há de meter? [8]
E que queira cada um ser [9]
Capitão, sem ter Gineta,
sendo ignorante Jarreta, [10]
sem ver quem foi, e quem é?
Pois se ele assim se não vê, [11]
Efeitos são do Cometa.

---

1. Na ed. de 1882 e na da Academia está "E que não possam os taes" em lugar de "E que sejam estes tais".
2. Na ed. de 1882 e na da Academia está "Cavalgar sem a maleta" em lugar de "cada um de si Profeta?".
3. Na ed. de 1882 e na da Academia está "quieta" em lugar de "inquieta".
4. Na ed. de 1882 e na da Academia está "homens" em lugar de "Homes".
5. No texto: "bayeta".
6. No texto: "que hum clarim?".
7. Na ed. de 1882 e na da Academia está "Que não veja o que ha de ver" em lugar de "Que quem não vê, possa ver".
8. Na ed. de 1882 e na da Academia está "se não ha" em lugar de "não se há".
9. Na ed. de 1882 e na da Academia está "Que queira" em lugar de "E que queira".
10. Na ed. de 1882 e na da Acàdemia está "propheta" em lugar de "Jarreta".
11. Na ed. de 1882 e na da Academia está: "Será, mas pois si não vê".

15

Que o Pobre e o Rico namore,
e que, com esta porfia,
o Pobre, alegre se ria,
e o Rico, triste se chore?
E que um presumido more [1]
em Palácios, sem boleta? [2]
E que, sem ter que lhe meta, [3]
os tenha cheios de vento? [4]
Será; mas iguais ao intento, [5]
Efeitos são do Cometa.

16

Que ande o tempo como anda, [6]
e que ao som do seu desvelo,
uns bailem o Saltarelo, [7]
e outros o Sarabanda? [8]
E que estando o Mundo à banda, [9]
eu nestas coisas me meta, [10]
sendo um mísero Poeta, [11]
sem ter licença de Apolo?
Será; porém se sou tolo,
Efeitos são do Cometa.

(*Obras Profanas do Doutor Gregório de Matos Guerra*. Tomo 3.º das suas composições métricas. Códice pertencente à biblioteca do Ministério das Relações Exteriores. Páginas 139-151.)

1. Na ed. de 1882 e na da Academia está "o" em lugar de "um".
2. Na ed. de 1882 e na da Academia está "palacio" em lugar de "Palácios".
3. Na ed. de 1882 e na da Academia está "por não ter" em lugar de "que, sem ter".
4. Na ed. de 1882 e na da Academia está "O tenha" em lugar de "os tenha".
5. Na ed. de 1882 e na da Academia está: "Pode ser; mas ao intento".
6. **Na ed. de 1882 e na da Academia está: "mundo" em lugar de "tempo".**
7. Na ed. de 1882 e na da Academia está "ao" em lugar de "o".
8. Na ed. de 1882 e na da Academia está "á" em lugar de "o".
9. Na ed. de 1882 e na da Academia está "tudo" em lugar de "o Mundo".
10. Na ed. de 1882 está: "Que nestas cousas me metta"; e na da Academia: "Que nestas coizas me meta".
11. Na ed. de 1882 e na da Academia está: "Sendo eu um pobre poeta".

DESPEDE-SE O AUTOR DA CIDADE DA BAHIA, NA OCASIÃO EM QUE IA DEGRADADO PARA ANGOLA DE POTÊNCIA, PELO GOVERNADOR D. JOÃO DE ALENCASTRE

Adeus praia, adeus Cidade:
Agora me deverás,[1]
velhaca, o eu dar a Deus[2]
a quem devo ao Demo dar.

Quero agora que me devas
dar-te a Deus, como quem cai;
sendo que estás tão caída,
que nem Deus te quererá.

Adeus Povo da Bahia;[3]
digo, Canalha Infernal:
E não falo na Nobreza,
tábula em que se não dá.

Porque o Nobre, enfim, é nobre:
Quem honra tem, honra dá:
Pícaros, dão picardias;
e ainda lhes fica que dar.

E tu, Cidade, és tão vil,
que o que em ti quiser campar,
não tem mais do que meter-se
a Magano, e campará.

Seja ladrão descoberto,
e qual Águia Imperial,
tenha na unha o rapante,
e na vista o prespicaz.[4]

---

1. Na ed. de 1882, na da Academia (tomo IV, vol. I) e na Col. Varnhagen está "E agora" em lugar de "Agora".

2. Na ed. de 1882, na da Academia e na Col. Varnhagen está "dar eu" em lugar de "o eu dar".

3. Na ed. de 1882 e na da Academia está: "Adeus, povo; adeus, Bahia".

4. Na ed. da Academia está "perspicaz" em lugar de "prespicaz".

Compre a uns, e a outros venda; [1]
que eu lhe seguro o medrar:
Seja velhaco notório,
e tramoieiro fatal.

Compre tudo, e pague nada:
Deva aqui, deva acolá:
A vergonha e o pejo perca; [2]
e se casar, case mal.

Com Branca não, porque é pobre:
Trate de se mascavar:
Vendo-se já mascavado,
arrime-se a um bom Solar. [3]

Porfiar em ser Fidalgo,
que com tanto se achará:
Se tiver Mulher bonita, [4]
gabe-a por onde se achar. [5]

De virtuosa talvez,
e de entendida outro tal:
Introduza-se ao burlesco
nas casas onde jantar: [6]

Que há Donzela de belisco, [7]
que aos punhões se gastará; [8]
e faça-lhe um galanteio, [9]
e um frete, que é o principal.

---

1. Na ed. de 1882 e na da Academia está: "A uns compre, a outros venda". Na Col. Varnhagen, esta estrofe e as cinco seguintes diferem muito da presente e das demais versões conhecidas. V. nota no fim do volume: *Gregório de Matos*, 2.
2. Na ed. de 1882 e na da Academia está: "Perca o pejo e a vergonha".
3. Falta toda essa estrofe na ed. de 1882 e na da Academia.
4. Na ed. de 1882 e na da Academia está "formosa" em lugar de "bonita".
5. Na ed. de 1882 e na da Academia está "por esses poiaes" em lugar de "por onde se achar".
6. Na ed. de 1882 e na da Academia está "se achar" em lugar de "jantar".
7. Na ed. de 1882 e na da Academia está "donzellas" em lugar de "Donzela".
8. Na ed. de 1882 e na da Academia está "E aos punhos se gastára".
9. Na ed. de 1882 e na da Academia está "Trate-lhes" em lugar de "e faça-lhe".

Arrime-se a um Poderoso,
que lhe alimente o Gargaz;
que há pegadores na Terra,[1]
tão duros como no Mar.

A estes faça mesuras,[2]
a título de agradar;
e conserve o afetuoso,
confessando o desigual.[3]

Intitule a Fidalguia;[4]
que eu creio que lhe crerá,[5]
por que fique ela por ela[6]
quando lhe ouvir outro tal.

Vá visitar os Amigos
no Engenho de cada qual;
e comendo-os por um pé,
nunca tire o pé de lá.

Que os Brasileiros são Bestas;
e estão sempre a trabalhar[7]
tôda a vida, por manter[8]
Maganos de Portugal.

Como se vir homem rico,
tenha cuidado em guardar;
que aqui honram os Mofinos,
e mofam os Liberais.[9]

No Brasil, a Fidalguia
no bom sangue nunca está;[10]
nem no bom procedimento:
Pois logo em que pode estar?

1. Na ed. de 1882 e na da Academia está "pagadores" em lugar de "pegadores".
2. Na ed. de 1882, na da Academia e na Col. Varnhagen está "alguns mandados" em lugar de "mesuras".
3. Na ed. de 1882 e na da Academia não existe o "o".
4. Na ed. de 1882, na da Academia e na Col. Varnhagen está "Intitule-lhe" em lugar de "Intitule".
5. Na ed. da Academia e na de 1882 está "lho" em vez de "lhe".
6. Na ed. de 1882, na da Academia e na Col. Varnhagen está "E que" em lugar de "por que".
7. Na ed. de 1882, na da Academia e na Col. Varnhagen está: "E estarão a trabalhar".
8. Na ed. de 1882 e na da Academia está "manterem" em vez de "manter".
9. Na ed. de 1882, na da Academia e na Col. Varnhagen está "dos" em vez de "os".
10. Na ed. da Academia está "De bom sangue" em lugar de "no bom sangue", que é ccmo ocorre nas demais versões, inclusive a da ed. de 1882.

Consiste em muito dinheiro,
e consiste em o guardar:
Cada um o guarde bem,[1]
para ter que gastar mal.

Consiste em dá-lo a Maganos,
que o saibam lisonjear,
dizendo que é Descendente
da Casa de Vila Real.

Se guardar o seu dinheiro,
onde quiser casará;
que os Sogros não querem homens;
querem caixas de guardar.

Não coma o Genro, nem vista,[2]
será Genro universal:[3]
Todos o querem por Genro;
Genro de todos será.

Oh! veja eu assolada[4]
Cidade tão suja e má,[5]
avessa de todo o Mundo;[6]
só direita em se entortar.

Terra, que não se parece,
neste Mapa universal,
com outra: ou que são ruins todas,[7]
ou somente que ela é má.[8]

(*Ibidem*, págs. 395-402.)

---

1. Na ed. de 1882 e na da Academia está "a guardar bem" em lugar de "o guarde bem". Na Col. Varnhagen está: "de o gastar bem".
2. Na Col. Varnhagen está "negro" em lugar de "Genro".
3. Na Col. Varnhagen está: "Que elle é negro universal"; na ed. de 1882 e na da Academia: "Que esse é genro universal".
4. Na ed. de 1882, na da Academia e na Col. Varnhagen está: "Oh! assolada veja eu".
5. Na ed. de 1882, na da Academia e na Col. Varnhagen lê-se "tal" em lugar de "má".
6. Na ed. de 1882, na da Academia e na Col. Varnhagen está "Avesso" em lugar de "avessa".
7. Na ed. de 1882 e na da Academia está "e ou" em lugar de "ou que".
8. Na ed. de 1882 e na da Academia está: "Ou ella somente é má".

À MORTE DA SENHORA INFANTA [1]

Bem disse eu logo que éreis venturosa
quando nascestes, com nascer tão bela;
e me lembra dizer, já com cautela,
coisa rara é ser bela e ser ditosa.

O nascer com Estrela, e ser formosa,
raro prodígio é, que mais se anela: [2]
mas ser na terra Flor, no Céu Estrela,
só em vós foi ventura prodigiosa.

Fostes e sois Estrela, enfim, do Norte;
do Céu girando o Norte mais segura;
girando sempre a tão felice Corte.

Hoje lograis mais bela formosura;
pois a apurais na glória, de tal sorte, [3]
que só nela consiste o ter ventura. [4]

(*Ibidem*, pág. 3.)

AO MESMO ASSUNTO, ALUDINDO À ESTRELA DOS MAGOS, POR HAVER NASCIDO DIA DE REIS

Nascestes bela, e fostes entendida;
uniu-se em vós saber e formosura:
Não se pode lograr tanta ventura
em quem com tal Estrela foi nascida.

Quem viu coa Formosura a Sorte unida,
que julgasse tal vida por segura? [5]
Muito esperou por vós a sepultura;
que em quem é tão feliz, não dura a vida.

---

1. Infanta D. Isabel Josefa, filha d'El-Rei D. Pedro II.
2. No códice está: "raro prodigio foi, que mais anhela".
3. Na ed. da Academia (tomo II) está: "Possuindo na glória dita, e -te".
4. Na ed. da Academia está: "Que em ser do Ceo consiste o ter ntura".
5. Na ed. da Academia está "essa" em lugar de "tal".

Quem dissera, no vosso Nascimento,[1]
que em tal Estrela havia tais enganos,
para ser maior hoje o sentimento?

Porém, nestes prodígios soberanos,
tendo dos Magos vós o entendimento,
não podiam ser muitos vossos anos.

(Ibidem, pág. 4.)

DESCONFIA O AUTOR DA PERTENSÃO DE SUA DAMA PARA SUA ESPOSA, PELO DESVANECER UM SEU TIO

Oh caos confuso, labirinto horrendo,
onde não topo luz, nem fio achando;
lugar de glória, adonde estou penando;
casa da Morte, adonde estou vivendo!

Oh voz sem distinção, Babel tremendo;
pesada fantasia, sono brando;
onde o mesmo que toco, estou sonhando;
onde o mesmo que escuto, não o entendo.

Sempre és certeza, nunca desengano;
e a ambas pertensões, com igualdade,[2]
no bem te não penetro, nem no dano.

És, ciúme, martírio da vontade;
verdadeiro tormento para engano;
e cega presunção para verdade.

(Obras Profanas do Doutor Gregório de Matos
Guerra</i>. Tomo 4.º das suas composições mé-
tricas.. Códice existente na biblioteca do Mi-
nistério das Relações Exteriores. Pág. 13.)

---

1. Na ed. da Academia está: "E quem dissera em vosso nascimento".
2. Na ed. da Academia está "pretensões," em lugar de "pertensões"

EXPRESSÕES AMOROSAS A ŨA DAMA A QUEM QUERIA

Discreta e formosíssima Maria,
enquanto estamos vendo a qualquer hora,
em tuas faces a rosada Aurora,
em teus olhos, e boca, o Sol e o dia:

Enquanto, com gentil descortesia,
o Ar, que fresco Adônis te enamora,
te espalha a rica trança voadora[1]
da madeixa que mais primor te envia:[2]

Goza, goza da flor da mocidade,
que o tempo troca, e a toda a ligeireza[3]
e imprime a cada flor uma pisada.[4]

Oh não aguardes que a madura idade
te converta essa flor, essa beleza,
em terra, em cinza, em pó, em sombra, em nada.

(*Ibidem*, pág. 12.)

AOS AFETOS, E LÁGRIMAS DERRAMADAS NA AUSÊNCIA DA DAMA A QUEM QUERIA BEM

Ardor em firme Coração nascido;
pranto por belos olhos derramado;
incêndio em mares de água disfarçado;
rio de neve em fogo convertido:

---

[1]. Na ed. da Academia está "brilhadora" em lugar de "voadora".
[2]. Na ed. da Academia está: "Quando vem passear-te pela fria".
[3]. Na ed. da Academia está: "trata a toda" em lugar de "troca, e toda".
[4]. Na ed. da Academia está: "E imprime em toda a flor sua pisada".

Tu, que em um peito abrasas escondido;[1]
tu, que em um rosto corres desatado:
quando fogo, em cristais aprisionado;[2]
quando cristal, em chamas derretido:

Se és fogo, como passas brandamente?
Se és neve, como queimas com porfia?
Mas ai, que andou Amor em ti prudente!

Pois, para temperar a tirania,
como quis que aqui fosse a neve ardente,
premitiu parecesse a chama fria.[3]

(*Ibidem*, pág. 15.)

SAUDOSAMENTE SENTIDO NA AUSÊNCIA DA DAMA A QUEM O AUTOR MUITO AMAVA

Entre (oh Floralva) assombros repetidos
é tal a pena com que vivo ausente,[4]
que palavras a voz me não consente,
e só para sentir me dá sentidos.

Nos prantos e nos ais enternecidos,
dizer não pode o peito o mal que sente;
pois vai confusa a queixa na corrente,
e mal articulada nos gemidos.

Se para o meu tormento conheceres
não bastar o sutil discurso vosso,
Amor me não premite[5] outros poderes.

---

1. Na ed. da Academia está "em impéto" em lugar de "em um peito".

2. Na ed. da Academia está "aprisionando" em lugar de "aprisionado".

3. Na ed. da Academia está "Permitio" em vez de "premitiu".

4. Na ed. da Academia está "E é" em lugar de "é".

5. Na ed. da Academia está "permite" em lugar de "premite".

Vêde nos prantos e ais o meu destroço,
e entendei vós o mal como quiseres, [1]
que eu só sei explicá-lo como posso.

(*Ibidem*, pág. 22.)

LAMENTA VER-SE NO TAL DEGREDO EM TERRA TÃO REMOTA, AUSENTE DA SUA CASA

Em o horror desta muda soledade,
onde voando os Ares à porfia,
apenas solta a luz a Aurora fria,
quando a prende da noite a escuridade:

Ah cruel apreensão de ũa saudade,
de ũa falsa esperança fantasia,
que faz que de um momento passe ao dia,[2]
e que de um dia passe à eternidade! [3]

São da dor os espaços sem medida;
e a medida das horas tão pequena,
que não sei como a dor é tão crescida!

Mas é troca cruel que o Fado ordena,
por que a pena me cresça para a vida,
por que a vida me falte para a pena. [4]

(*Ibidem*, pág. 35.)

---

1. Na ed. da Academia está "quizerdes" em lugar de "quiseres".
2. No códice está "passe o dia", e na ed. da Academia Brasileira passe a um dia", em lugar de "passe ao dia".
3. Na ed. da Academia o "a" está sem acento.
4. Na ed. da Academia está "Quando a vida me falta" em vez de por que a vida me falte".

A CIDADE DA BAHIA

ROMANCE

Senhora Dona Bahia,
nobre e opulenta Cidade,
madrasta dos naturais,
e dos estrangeiros madre.

Dizei-me por vida vossa
em que fundais o ditame
de exaltar os que aí vêm
e abater os que aí nascem.[1]

Se o fazeis pelo interesse
de que os estranhos vos gavem,[2]
isso os paisanos fariam,[3]
com conhecidas ventagens.[4]

E suposto que os louvores
em boca própria não valem,
se tem força essa Sentença,
mor força terá a Verdade.[5]

O certo é, Pátria minha,
que fostes terra de Alarves,
e inda os ressábios vos duram [6]
desse tempo, e dessa Idade.

Haverá duzentos anos,
(Nem tantos podem contar-se)
que éreis uma aldeia pobre,[7]
hoje sois rica Cidade.[8]

---

1. No Cód. Faria, pertencente à Biblioteca Naconal (I. 2, 1, 70), está "De abater" em lugar de "e abater"; no mesmo códice e na ed. da Academia está "aqui" em lugar de "aí", tanto nest verso como no anterior.
2. No Cód. Faria está "De que Estrangeiros" em lugar de "de que os estranhos"; na ed. da Academia está "gabem" em vez de "gavem".
3. No Cód. Faria está "farão" em lugar de "fariam".
4. No Cód. Faria está "conhecida ventagem", no singular; no do Itamarati, por engano, "ventageñs"; e na ed. da Academia, "vantajens".
5. No Cód. Faria está "mais" em lugar de "mor".
6. No Códice Faria está: "E ainda, que os resabios vos durão".
7. "aldeia pobre" é como está na versão adotada para o presente texto e também no Cód. Faria. Na ed. das obras de Gregório de Matos publicada em 1882 na Tipografia Nacional, e na da Academia Brasileira de Letras (tomo IV, vol. I) está "pobre aldeia".
8. No Cód. Faria está "e hoje" em lugar de "hoje".

Antão vos pisavam Índios [1]
e vos habitavam Cafres,
hoje chispais fidalguias [2]
e me arrojais personages. [3]

A essas personages vamos, [4]
sôbre elas será o debate,
e Deus queira que o vencer-vos [5]
pera envergonhar-vos baste. [6]

Sai um pobrete de Cristo
de Portugal, ou de Algarve,
cheio de drogas alheias
pera daí tirar gages. [7]

O qual foi sota-tendeiro [8]
de um cristão-novo em tal parte
que por aqueles serviços
o despachou a embarcar-se.

Fez-lhe uma carregação
entre amigos e compadres
e ei-lo comissário feito
de linhas, lonas, beirames.

1. No Cód. Faria e na ed. da Academia está "Então" em vez de "Antão".
2. No Cód. Faria está "crespais" em lugar de "chispais".
3. Na ed. de 1882 e na da Academia está "E arrojais" em lugar de "e me arrojais"; no Cód. Faria está "E encorrosais (?) Personagens"; na da Academia, "personajens" em vez de "personages".
4. No Cód. Faria está "Personagens", e na ed. da Academia "personajens", em lugar de "personages".
5. No Cód. Faria está "que com o vencer-vos" em lugar de "que o vencer-vos".
6. No Cód. Faria e na ed. da Academia Brasileira está "para" em lugar de "pera".

7. No ms. geralmente utilizado para o presente texto está "pages", em lugar de "gages", como vem na ed. de 1882, na da Academia e no Códice Faria. Adotou-se aqui a última forma, que parece ser a correta.

8. Na ed. de 1882 e na da Academia está "O tal" em lugar de "O qual". No Cód. Faria está "Foi o tal Sotatendeiro".

Entra pela barra dentro,[1]
dá fundo, logo a entonar-se[2]
começa a bordo da nau
com vestidinho flamante.[3]

Salta em terra, toma casas,
arma a botica dos trastes,
em casa come baleia,
na rua entoja manjares.[4]

Vendendo Gato por Lebre[5]
antes que quatro anos passem
já tem tantos mil cruzados,
segundo afirmam pasguates.[6]

Começam a olhar para ele
Os pais, que já querem dar-lhe
filha e dote, porque querem[7]
homem, que coma e não gaste.

Que esse mal há nos mazombos:
têm tão pouca habilidade,
que o seu dinheiro despendem
para haver de sustentar-se.

Casa-se o meu matachim,
põe duas negras e um pajem,[8]
uma rede com dois minas,[9]
chapéu-de-sol, casas-grandes.

---

1. No Cód. Faria está "porta" em lugar de "barra".
2. Na ed. de 1882, na da Academia e no Códice Faria, está "e logo" em lugar de "logo".
3. No Cód. Faria está: "vem de vestido flamante"; na ed. da Academia, "Co' um" em lugar de "com".
4. Na ed. de 1882 e na da Academia está "antoja" em lugar de "entoja". Na Col. Varnhagen: "intoia".
5. Na ed. da Academia está "gatos" em vez de "Gato".
6. No Cód. Faria está "Basbaques" em lugar de "pasguates"; ambas essas formas parecem admissíveis. Na ed. da Academia está "Conforme" em vez de "segundo".
7. No Cód. Faria está: "Suas filhas porque querem".
8. No Cód. Faria está "com" em vez de "põe".
9. No Cód. Faria está: "e uma rede com dous minas".

Entra logo nos pelouros,
e sai do primeiro lance [1]
vereador da Bahia [2]
que é notável dinidade. [3]

Já temos o Canasteiro [4]
que inda fede aos seus beirames, [5]
Metamorfósis da terra
Transformado em homem grande:
    eis aqui a personage. [6]

Vem outro do mesmo lote,
tão pobre e tão miserável,
vende os retalhos, e tira [7]
comissão com couro e carne.

Com o principal se levanta, [8]
e tudo emprega no Iguape,
que um engenho e três fazendas
o têm feito um homem grande: [9]
    eis aqui a personage. [10]

De entre a chusma e a canalha
da marítima bagagem [11]
fica às vezes um Cristão, [12]
que apenas benzer-se sabe.

---

1. No Cód. Faria está "no" em lugar de "do".
2. No Cód. Faria está: "por vereador da Baya".
3. No Cód. Faria e na ed. da Academia está "dignidade".
4. No Cód. Faria está "Canastreyro", e na ed. da Academia "canastreiro", em lugar de "Canasteiro"
5. No Cód. Faria está "ainda" em lugar de "inda".
6. No Cód. Faria está "Personague" em lugar de "personage", e, neste como em quase todos os outros lugares, "Ex" em vez de "eis"; nas ed. de 1882 e da Academia está "E eis-aqui a personagem", sempre que aparece este verso, menos uma vez, em que ele se acha omitido, conforme adiante se verá.
7. No Cód. Faria está "aos retalhos" em lugar de "os retalhos".
8. Na ed. de 1882 e na da Academia está "Co' o" em lugar de "Com o".
9. No original aproveitado para o presente texto está "ontem" em lugar de "o têm". Seguiu-se a forma de todas as outras versões conhecidas, que parece mais razoável.
10. No Cód. Faria está "Personague" em lugar de "personage".
11. Na Col. Varnhagen está "bagem" em lugar de "bagagem".
12. No Cód. Faria está "ás vezes fica" em lugar de "fica às vezes".

Fica em terra, resoluto
a entrar na ordem mercante,
troca por côvodo e vara, [1]
timão, balestilha e mares. [2]

Arma-lhe a tenda um ricaço,
que a terra chama magnate,
com pacto de parceria, [3]
que em direito é sociedade.

Com isto o marinheiraz [4]
da primeira sorte ou lance [5]
bota fora o cu breado, [6]
as mãos dissimula em guantes. [7]

Vende o cabedal alheio
e dá com ele em levante,
vai e vem; e ao dar das contas [8]
diminui, e não reparte.

Prende aqui, prende acolá,
nunca falta um bom compadre
que ou entretenha o acredor, [9]
ou faça esperar o alcaide. [10]

---

1. No Cód. Faria e nas ed. de 1882 e da Academia está "Covado" em lugar de "côvodo".
2. No Cód. Faria está "leme" em lugar de "timão".
3. No Cód. Faria está "composto" em lugar de "com pacto" e "praxaria" (?) em lugar de "parceria".
4. No Cód. Faria está "marinheirinho" em lugar de "marinheiraz".
5. Na ed. de 1882 e na da Academia está "Do primeiro jacto" em lugar "da primeira sorte"; no Cód. Faria está "dito Lance" em lugar de "sorte ou lance"; na Col. Varnhagen está "lança" em lugar de "lance".
6. Em vez de "o cu breado", no Cód. Faria está "o Cubreado"; na ed. de 1882 "o .. breado", na da Academia "o c... breado", e na Col. Varnhagen "ogu' briado" (assemelhando-se, aqui, o *g* a um *q*).
7. Na ed. de 1882 e na da Academia está "assimilha" em lugar de "dissimula".
8. Na Col. Varnhagen está "e a dor das contas" em lugar de "e ao dar das contas".
9. No Cód. Faria está "entretenha ó" em lugar de "ou entretenha o"; na ed. de 1882 e na da Academia, "credor" em lugar de "acredo
10. No Cód. Faria está "parar ó" em lugar de "esperar

Passa um ano e outro ano,
esperando que ele pague,[1]
que um lhe dá para que ajunte[2]
e outro mais para que engane.[3]

Nunca paga, e sempre come,
e quer o triste mascate
que em fazer a sua estrela
o tenham por homem grande.

O que ele fez foi furtar,
que isso faz qualquer bribante;[4]
tudo c mais lhe faz a terra,[5]
sempre propícia aos infames:
  eis aqui a personage.[6]

Vem um clérigo idiota
desmaiado como um gualde,[7]
os vícios com seu bioco,
com seu rebuço as maldades.

Mais santo do que Mafoma
na crença dos seus arabes,
letrado como um matulo
e velhaco como um frade.

---

1. No Cód. Faria está "lhe" em lugar de "ele".

2. Na ed. de 1882 e na da Academia está "Que uns lhe dão" em lugar de "que um lhe dá". No Cód. Faria está: "Que um lhe dá para que aprenda".

3. Na ed. da Academia está "E outros" em lugar de "e outro mais".

4. No Cód. Faria está "isto" em vez de "isso"; na ed. de 1882 e na da Academia está "birbante" em lugar de "bribante".

5. No Cód. Faria, na ed. de 1882 e na da Academia está "fez" em lugar de "faz".

6. No Cód. Faria está "personagem" em vez de "personage".

7. No Cód. Faria está "Jalde" em lugar de "gualde"; as duas formas são aceitáveis. No mesmo códice, na ed. de 1882 e na da Academia esta "desmaiado", lição que adotamos, em vez de "desmaio" como se lê na Col. Varnhagen.

Ontem simples sacerdote,
hoje uma grã dinidade, [1]
ontem salvagem notório, [2]
hoje encoberto ignorante.

A tal beato fingido [3]
é força que o povo o aclame [4]
e os do governo se obriguem,
pois edifica a cidade.

Chovem uns e chovem outros
com ofícios e os lugares, [5]
e o beato tudo apanha
por sua muita humildade.

Cresce em dinheiro e respeito, [6]
vai remetendo as fundages, [7]
compra toda a sua terra,
com que fica um homem grande:
    eis aqui a personage. [8]

Vêm outros lotes de Réquiem,
que indo tomar o caráter [9]
todo o Reino inteiro cruzam
sobre a chança viandante. [10]

---

1. No Códice Faria está "grande dignidade" em vez de "grã dinidade"; na Col. Varnhagen está "denidade", e nas ed. de 1882 e da Academia, "dignidade", em vez de "dinidade".

2. Nas ed. de 1882 e da Academia está "selvagem" em lugar de "salvagem".

3. No Cód. Faria está "Ao" em vez de "A".

4. No Cód. Faria, na ed. de 1882 e na da Academia está "aclame" em lugar de "o aclame".

5. No Cód. Faria está "os officios," em lugar de "com ofícios"; na ed. de 1882 e na da Academia está "Co'os" em lugar de "com".

6. Na ed. de 1882 e na da Academia está "e em respeito" em lugar de "e respeito"; no Cód. Faria está: "Cresce o dinheiro e respeito".

7. No Cód. Faria está "vem" em lugar de "vai"; na ed. de 1882 e na da Academia está "fundagens" em lugar de "fundages".

8. No Cód. Faria está "Personagem" em vez de "personage".

9. No Cód. Faria e nas ed. de 1882 e da Academia está "indo a" em lugar de "indo".

10. No Cód. Faria está "Changua" (ou "Chanqua") em vez de "chança".

De uma província para outra
como dromedários partem,
caminham como camelos
e comem como salvages. [1]

Mariolas de missal,
lacaios missa-cantantes,
sacerdotes ao brulesco, [2]
ao sério ganhões de altares. [3]

Chega um destes, toma amo, [4]
que as capelas dos Manates [5]
são rendas que Deus criou
para estes Surates frates. [6]

Fazem-lhe certo ordenado [7]
que é dinheiro na verdade,
que o papa reserva sempre
das ceias e dos jantares.

Não se gasta, antes se embolsa,
porque o Reverendo Padre
é do Santo nicodemos [8]
meritíssimo confrade: [9]
    eis aqui a personage. [10]

---

1. Nas ed. de 1882 e da Academia está "selvagens", e no Cód. Faria "salvagens", em lugar de "salvages".

2. No Cód. Faria e nas ed. de 1882 e da Academia está "burlesco" em vez de "brulesco".

3. No Cód. Faria esta "homens" em lugar de "ganhões".

4. Na ed. de 1882 e na da Academia está "e toma" em lugar de "toma".

5. No Cód. Faria e nas ed. de 1882 e da Academia está "magnates" em lugar de "Manates".

6. No Cód. Faria está "Orates frates", na ed. de 1882 "Orate fratres", e na da Academia "*Orate-fratres*", em lugar de "Surates frates".

7. Na ed. de 1882 e na da Academia está "ordinario".

8. "Santo nicodemos" e "Sancto Nicodemus" é como está, respectivamente, na Col. Varnhagen e no Cód. Faria. A ed. de 1882 e a da Academia trazem "sancto neque demus", sendo que na última a expressão se acha em itálico.

9. Na Col. Varnhagen está "meretíssimo" em vez de "meritíssimo".

10. Na ed. de 1882 e na da Academia a estrofe termina no verso anterior.

Com este cabedal junto
já se resolve a embarcar-se,
vai para a sua terrinha
com fumos de ser abade:
    eis aqui a personage. [1]

Vêem isto os filhos da terra
e entre tanta iniqüidade
são tais, que nem inda tomam
licença para queixar-se.

Sempre vêem e sempre calam
até que Deus lhe depare [2]
quem lhes faça de justiça
esta sátira à cidade. [3]

Tão queimada e destruída
te veja, torpe cidade, [4]
como Sudoma [5] e Gomorra,
duas cidades infames.

Que eu zombo dos teus vizinhos, [6]
sejam pequenos ou grandes,
gozos, que por natureza [7]
nunca mordem, sempre latem.

1. Falta toda esta estrofe na Col. Varnhagen. No Cód. Faria está "personagē" em vez de "personage".

2. Na ed. de 1882 e na da Academia está "lhes" em lugar de "lhe".

3. No Cód. Faria está "huma" em lugar de "esta".

4. No Cód. Faria, na ed. de 1882 e na da Academia está "vejas" em lugar de "veja".

5. No Cód. Faria e nas ed. de 1882 e da Academia está "Sodoma" em vez de "Sudoma".

6. Na Coleção Varnhagen falta a palavra "vizinhos"; na ed. de 1882 e na da Academia está "zombe" em lugar de "zombo"; no Cód. Faria está "aos hombros" em lugar de "zombo" e "trez" em lugar de "teus".

7. No Cód. Faria está "E todos" em lugar de "gozos".

Que eu espero entre os Paulistas [1]
Na divina Majestade
que a ti São Marçal te queime
e São Paulo a mim me guarde. [2]

> (Coleção Varnhagen — Códice pertencente à biblioteca do Ministério das Relações Exteriores, págs. 21, verso - 25.)

AOS VÍCIOS

TERCETOS

Eu sou aquele que os passados anos
Cantei na minha lira maldizente
Torpezas do Brasil, vícios e enganos.

E bem que os descantei bastantemente,
Canto segunda vez na mesma lira
O mesmo assunto em plectro diferente.

Já sinto que me inflama e que me inspira
Talia, que anjo é da minha guarda
Dês que Apolo mandou que me assistira.

Arda Baiona, e todo o mundo arda,
Que a quem de profissão falta à verdade
Nunca a dominga das verdades tarda.

Nenhum tempo excetua a cristandade
Ao pobre pegureiro do Parnaso
Para falar em sua liberdade.

A narração há de igualar ao caso,
E se talvez ao caso não iguala,
Não tenho por poeta o que é Pegaso.

De que pode servir calar quem cala?
Nunca se há de falar o que se sente?!
Sempre se há de sentir o que se fala.

---

1. No Cód. Faria, na ed. de 1882 e na da Academia está "Porque" em lugar de "Que eu"; no Cód. Faria não há "os".

2. Na ed. de 1882 e na da Academia está "E a mim São Paulo", e no Cód. Faria "e a mỹ, São Paulo", em vez de "e São Paulo a mim".

Qual homem pode haver tão paciente,
Que, vendo o triste estado da Bahia,
Não chore, não suspire e não lamente?

Isto faz a discreta fantasia:
Discorre em um e outro desconcerto,
Condena o roubo, increpa a hipocrisia.

O néscio, o ignorante, o inexperto,
Que não elege o bom, nem mau reprova,
Por tudo passa deslumbrado e incerto.

E quando vê talvez na doce trova [1]
Louvado o bem, e o mal vituperado,
A tudo faz focinho, e nada aprova.

Diz logo prudentaço e repousado:
— Fulano é um satírico, é um louco,
De língua má, de coração danado.

Néscio, se disso entendes nada ou pouco,
Como mofas com riso e algazarras
Musas, que estimo ter, quando as invoco.

Se souberas falar, também falaras,
Também satirizaras, se souberas,
E se foras poeta, poetizaras.

A ignorância dos homens destas eras
Sisudos faz ser uns, outros prudentes,
Que a mudez canoniza bestas-feras.

Há bons, por não poder ser insolentes,
Outros há comedidos de medrosos,
Não mordem outros não — por não ter dentes.

Quantos há que os telhados têm vidrosos,
E deixam de atirar sua pedrada,
De sua mesma telha receosos?

Uma só natureza nos foi dada;
Não criou Deus os naturais diversos;
Um só Adão criou, e esse de nada.

---

1. Na ed. da Academia (tomo IV) está "tréva".

Todos somos ruins, todos perversos,
Só nos distingue o vício e a virtude,
De que uns são comensais, outros adversos.

Quem maior a tiver do que eu ter pude,
Esse só me censure, esse me note,
Calem-se os mais, chitom, e haja saúde.

> (*Obras Poéticas de Gregório de Matos Guerra*, precedidas da Vida do Poeta pelo licenciado Manuel Pereira Rebelo, Tomo I, Rio, 1882, págs. 41-44.)

MANUEL BOTELHO DE OLIVEIRA

(1636 — 1711)

Manuel Botelho de Oliveira nasceu na Bahia e era filho do capitão Antônio Álvares de Oliveira. Exerceu os cargos de vereador da Câmara da Bahia e capitão-mor de Jacobina. Como poeta, foi, entre brasileiros, o mais autêntico intérprete conhecido do "estilo culto". Suas rimas portuguesas, castelhanas, italianas e latinas estão reunidas no volume Música do Parnasso, *publicado em Lisboa na oficina de Miguel Menescal, ano de 1705. A nova edição desse livro, incluída pela Academia Brasileira de Letras na coleção "Clássicos Brasileiros", compreende apenas as peças em português.*

VENDO A ANARDA DEPÕE O SENTIMENTO

A Serpe, que adornando várias cores,
Com passos mais oblíquos que serenos,
Entre belos jardins, prados amenos,
É maio errante de torcidas flores;

Se quer matar da sede os desfavores,
Os cristais bebe coa peçonha menos,
Por que não morra cos mortais venenos,
Se acaso gosta dos vitais licores.

Assim também meu coração queixoso,
Na sede ardente do feliz cuidado
Bebe cos olhos teu cristal fermoso;

Pois para não morrer no gosto amado,
Depõe logo o tormento venenoso,
Se acaso gosta o cristalino agrado.

(*Música do Parnasso*, Lisboa, 1705, pág. **4.**)

PONDERAÇÃO DO ROSTO E OLHOS DE ANARDA

Quando vejo de Anarda o rosto amado,
Vejo ao Céu e ao jardim ser parecido;
Porque no assombro do primor luzido
Tem o Sol em seus olhos duplicado.

Nas faces considero equivocado
De açucenas e rosas o vestido;
Porque se vê nas faces reduzido
Todo o Império de Flora venerado.

Nos olhos e nas faces mais galharda
Ao Céu prefere quando inflama os raios,
E prefere ao jardim, se as flores guarda:

Enfim dando ao jardim e ao Céu desmaios,
O Céu ostenta um Sol; dous sóis Anarda,
Um Maio o jardim logra; ela dous Maios.

(*Ibidem*, pág. 6.)

ESPERANÇAS SEM LOGRO

Se contra minha sorte enfim pelejo,
Que quereis, esperança magoada?
Se não vejo de Anarda o bem que agrada,
Não procureis o bem do que não vejo.

Quando frustrar-se o logro vos prevejo,
Sempre a ventura espero dilatada;
Não vejo o bem, não vejo a glória amada,
Mas que muito, se é cego o meu desejo?

Enfermais do temor, e não se alcança
O que sem cura quer vossa loucura;
E morrereis de vossa confiança.

Esperança não sois, porém se apura
Que só nisto sereis certa esperança:
Em ser falsa esperança da ventura.

(*Ibidem*, pág. 10)

ANARDA VENDO-SE A UM ESPELHO

DÉCIMA I

De Anarda o rosto luzia
No vidro que o retratava,
E tão belo se ostentava,
Que animado parecia:
Mas se em asseios do dia
No rosto o quarto farol
Vê seu lustroso arrebol;
Ali pondera meu gosto
O vidro, espelho do rosto,
O rosto, espelho do Sol.

2

É da piedade grandeza
Nesse espelho ver-se Anarda,
Pois ufano o espelho guarda
Duplicada a gentileza:
Considera-se fineza,
Dobrando as belezas suas,
Pois contra as tristezas cruas
Dos amorosos enleios
Me repete dous recreios,
Me oferece Anardas duas.

3

De sorte que sendo amante
Da beleza singular,
Posso outra beleza amar
Sem tropeços de inconstante;
E sendo outra vez triunfante[1]
Amor do peito que adora
Ua Anarda brilhadora,
Em dous rostos satisfeito,
Se em um fogo ardia o peito,
Em dous fogos arde agora.[2]

---

1. Na ed. publicada pela Academia Brasileira das obras de Botelho de Oliveira está, por engano, em lugar deste, o último verso da décima: "Em dous fogos arde agora".

2. Na ed. da Academia está "E sendo outra vez triunfante", que é em realidade o 5.º verso da estrofe.

4

Porém depois, rigorosa,
Deixando o espelho lustroso,
Oh como fica queixoso,
Perdendo a cópia fermosa!
Creio pois que na amorosa
Lei o cego frechador,
Que decreta único ardor,
Não quis a imagem que inflama,
Por extinguir outra chama,
Por estorvar outro amor.

(*Ibidem*, págs. 19-20.).

ANARDA AMEAÇANDO-LHE A MORTE

REDONDILHAS

Ameaças o morrer:
Como morte podes dar,
Se estou morto de um penar,
Se estou morto de um querer?

Mas é tal essa fereza,
Que quer dar a um fino amor
Ũa morte com rigor,
Outra morte coa beleza.

E com razão prevenida
Quis duplicar esta sorte,
Que a pena daquele é morte,
Que a glória daquela é vida.

Da morte já me contento,
Se por nojo de mal tanto
Derrames um belo pranto,
Formes um doce lamento.

Tornarás meu peito ativo
Com tão divino conforto,
Se ao rigor da Parca morto,
Por glória do pranto vivo.

De teu rigor aplaudidas
Serão piedosas grandezas;
Por que te armes mais ferezas,
Por que te entregue mais vidas.

Quando teu desdém se alista,
Impedes o golpe atroz;
Pois quando matas coa voz,
Alentas então coa vista.

Confunde pois a nociva
Impiedade, que te exorta,
A um tempo ũa vida morta,
A um tempo ũa morte viva.

De teu rigor os abrolhos
Se rompem da vida os laços,
Hei de morrer em teus braços,
Hei de enterrar-me em teus olhos.

(*Ibidem*, págs. 26-27.)

A ŨA DAMA, QUE TROPEÇANDO DE NOITE EM ŨA LADEIRA, PERDEU UMA MEMÓRIA DO DEDO

Bela Turca de meus olhos,
Cossária de minha vida,
Galé de meus pensamentos,
Argel de esperanças minhas;[1]

---

1. Argel, lugar de corsários e cativeiro, aparece não raro entre as imagens usadas pelo "estilo culto". Cf. os versos de Góngora:

"las voluntades, cautivas
en el Argel de unos ojos."

Quem te fez tão rigorosa,
Dize, cruel rapariga?
Deixa os triunfos de ingrata,
Busca os troféus de bonita.

Não te queiras pôr da parte
De minha desdita esquiva:
Que a beleza é muito alegre,
Que é muito triste a desdita.

Se ostentas tanto donaire
Com fermosura tão linda,
Segunda beleza formas
Quando a primeira fulminas.

E se cair na ladeira
Manhosamente fingias,
Tudo era queda do garbo,
Tudo em graça te caía.

Não tinha culpa o sapato,
Que o pezinho não podia,
Como era cousa tão pouca,
Com beleza tão altiva.

Botando o cabelo atrás,
(Oh que gala, oh que delícia!)
A bizarria acrescentas,
Desprezando a bizarria.

Toda de vermelho ornada,
Toda de guerra vestida
Fazes do rigor adorno,
Fazes da guerra alegria.

A tantas chamas dos olhos
Teu manto glorioso ardia;
Por sinal que tinha a glória,
Por sinal que o fumo tinha.

Liberalmente o soltaste:
Que era o teu manto, menina,
Pouca sombra a tanto Sol,
Pouca noite a tanto dia.

Se de teu dedo a memória
Perdeste, é bem que o sintas;
Que de meu largo tormento
Tens a memória perdida.

Dar-te-ei por melhores prendas,
Que minha fé te dedica,
Dous anéis de água em meus olhos,
Que de chuveiros te sirvam.

Agradece meus cuidados,
E recebe as prendas minhas;
Se tens da beleza a jóia,
Os brincos de amor estima.

Se cordão de ouro pretendes
Por jactância mais subida,
Aceita a prisão de uma alma,
Que é cordão de mais valia.

A todos estes requebros
Não quis atender Belisa,
Que se é Diamante em dureza,
Só de diamantes se alinda.

(*Ibidem*, págs. 139-141.)

À ILHA DE MARÉ
TERMO DESTA CIDADE DA BAHIA

Silva

Jaz em oblíqua forma e prolongada
A terra de Maré toda cercada
De Netuno, que tendo o amor constante,
Lhe dá muitos abraços por amante,
E botando-lhe os braços dentro dela
A pretende gozar, por ser mui bela.

Nesta assistência tanto a senhoreia,
E tanto a galanteia,
Que, do mar, de Maré tem o apelido,
Como quem preza o amor de seu querido:

E por gosto das prendas amorosas
Fica maré de rosas,
E vivendo nas ânsias sucessivas,
São do amor marés vivas;
E se nas mortas menos a conhece,
Maré de saüdades lhe parece.

Vista por fora é pouco apetecida,
Porque aos olhos por feia é parecida;
Porém dentro habitada
É muito bela, muito desejada,
É como a concha tosca e deslustrosa,
Que dentro cria a pérola fermosa.

Erguem-se nela outeiros
Com soberbas de montes altaneiros,[1]
Que os vales por humildes desprezando,
As presunções do Mundo estão mostrando,
E querendo ser príncipes subidos,
Ficam os vales a seus pés rendidos.

Por um e outro lado,
Vários lenhos se vêem no mar salgado;
Uns vão buscando da Cidade a via,
Outros dela se vão com alegria;
E na desigual ordem
Consiste a fermosura na desordem.

Os pobres pescadores em saveiros,
Em canoas ligeiros,
Fazem com tanto abalo
Do trabalho marítimo regalo;
Uns as redes estendem,
E vários peixes por pequenos prendem;

---

[1]. Na ed. da Academia de Letras está "soberbos" em lugar de "soberbas".

Que até nos peixes, com verdade pura,
Ser pequeno no Mundo é desventura:
Outros no anzol fiados
Têm aos míseros peixes enganados,
Que sempre da vil isca cobiçosos
Perdem a própria vida por gulosos.

Aqui se cria o peixe regalado
Com tal sustância e gosto preparado,
Que sem tempero algum para apetite
Faz gostoso convite,
E se pode dizer em graça rara
Que a mesma natureza os temperara.

Não falta aqui marisco saboroso,
Para tirar fastio ao melindroso;
Os Polvos radiantes,
Os lagostins flamantes,
Camarões excelentes,
Que são dos lagostins pobres parentes;
Retrógrados cranguejos,
Que formam pés das bocas com festejos,
Ostras, que alimentadas
Estão nas pedras, onde são geradas;
Enfim tanto marisco, em que não falo,
Que é vário perrexil para o regalo.

As plantas sempre nela reverdecem,
E nas folhas parecem,
Desterrando do Inverno os desfavores,
Esmeraldas de Abril em seus verdores,
E delas por adorno apetecido
Faz a divina Flora seu vestido.

As truitas se produzem copiosas,
E são tão deleitosas,
Que como junto ao mar o sítio é posto,
Lhes dá salgado o mar o sal do gosto. [1]

---

1. Na ed. da Academia de Letras está "dê" em lugar de "dá".

As canas fertilmente se produzem,
E a tão breve discurso se reduzem,
Que porque crescem muito,
Em doze meses lhe sazona o fruito,
E não quer, quando o fruto se deseja,
Que sendo velha a cana, fértil seja.

As laranjas da terra
Poucas azedas são, antes se encerra
Tal doce nestes pomos,
Que o têm clarificado nos seus gomos;
Mas as de Portugal entre alamedas
São primas dos limões, todas azedas.

Nas que chamam da China
Grande sabor se afina,
Mais que as da Europa doces, e melhores,
E têm sempre aventagem de maiores,
E nesta maioria,
Como maiores são, têm mais valia.

Os limões não se prezam,
Antes por serem muitos se desprezam.
Ah se Holanda os gozara!
Por nenhũa província se trocara.

As cidras amarelas
Caindo estão de belas,
E como são inchadas, presumidas,
É bem que estejam pelo chão caídas:
As uvas moscatéis são tão gostosas,
Tão raras, tão mimosas,
Que se Lisboa as vira, imaginara
Que alguém dos seus pomares as furtara;
Delas a produção, por copiosa,
Parece milagrosa,
Porque dando em um ano duas vezes,
Geram dous partos sempre, em doze meses.

Os Melões celebrados
Aqui tão docemente são gerados,
Que cada qual tanto sabor alenta,
Que são feitos de açúcar, e pimenta,
E como sabem bem com mil agrados,
Bem se pode dizer que são letrados;
Não falo em Valariça, nem Chamusca:
Porque todos ofusca
O gôsto destes, que esta terra abona
Como próprias delícias de Pomona.

As melancias, com igual bondade,
São de tal qualidade,
Que quando docemente nos recreia,
É cada melancia ũa colmeia,
E às que tem Portugal lhe dão de rosto
Por insulsas abóboras no gosto.

Aqui não faltam figos,
E os solicitam pássaros amigos,
Apetitosos de sua doce usura,
Porque cria apetites a doçura;
E quando acaso os matam
Porque os figos maltratam,
Parecem mariposas, que embebidas
Na chama alegre, vão perdendo as vidas.

As Romãs rubicundas quando abertas
À vista agrados são, à língua ofertas,
São tesouro das fruitas entre afagos,
Pois são rubis suaves os seus bagos.

As fruitas quase todas nomeadas
São ao Brasil de Europa trasladadas,
Por que tenha o Brasil por mais façanhas
Além das próprias fruitas, as estranhas.

E tratando das próprias, os coqueiros,
Galhardos, e frondosos,
Criam cocos gostosos;
E andou tão liberal a natureza
Que lhes deu por grandeza,

Não só para bebida, mas sustento,
O néctar doce, o cândido alimento.

De várias cores são os cajus belos,
Uns são vermelhos, outros amarelos,
E como vários são nas várias cores,
Também se mostram vários nos sabores;
E criam a castanha,
Que é melhor que a de França, Itália, Espanha.

As pitangas fecundas
São na cor rubicundas,
E no gosto picante comparadas
São de América ginjas disfarçadas:
As pitombas douradas, se as desejas,
São no gosto melhor do que as cerejas,
E para terem o primor inteiro
A ventagem lhes levam pelo cheiro.

Os Araçases grandes, ou pequenos,
Que na terra se criam mais ou menos,
Como as peras de Europa engrandecidas,
Com elas variamente parecidas,
Também se fazem delas
De várias castas marmeladas belas.

As bananas no Mundo conhecidas
Por fruto e mantimento apetecidas,
Que o Céu para regalo e passatempo
Liberal as concede em todo o tempo,
Competem com maçãs, ou baonesas,
Com peros verdeais, ou camoesas,[1]
Também servem de pão aos moradores,
Se da farinha faltam os favores;
É conduto também que dá sustento,
Como se fosse próprio mantimento;
De sorte que por graça, ou por tributo,
É fruto, é como pão, serve em conduto.

---

1. Na ed. da Academia está "verdeas" no lugar de "verdeais". Na ed. de 1705 lê-se "verdeaes". Tanto o pêro, distinto da pêra, como a camoesa, são variedades de maçã.

A pimenta elegante
É tanta, tão diversa e tão picante,
Para todo o tempero acomodada,
Que é muito avantejada,
Por fresca e por sadia,
À que na Ásia se gera, Europa cria:

O mamão, por freqüente,
Se cria vulgarmente,
E não o preza o Mundo,
Porque é muito vulgar em ser fecundo.

O Marcujá também, gostoso e frio,
Entre as fruitas merece nome e brio;
Tem nas pevides mais gostoso agrado
Do que açúcar rosado;
É belo, cordial, e como é mole,
Qual suave manjar todo se engole.

Vereis os Ananases,
Que para Rei das fruitas são capazes;
Vestem-se de escarlata
Com majestade grata,
Que para ter do Império a gravidade
Logram da croa verde a majestade;
Mas quando têm a croa levantada
De picantes espinhos adornada,
Nos mostram que entre Reis, entre Rainhas
Não há croa no Mundo sem espinhas.
Este pomo celebra tôda a gente,
É muito mais que o pêssego excelente,
Pois lhe leva aventagem gracioso
Por maior, por mais doce e mais cheiroso.

Além das fruitas, que esta terra cria,
Também não faltam outras na Bahia;
A mangava mimosa
Salpicada de tintas por fermosa,
Tem o cheiro famoso,
Como se fora almíscar oloroso;
Produze-se no mato
Sem querer da cultura o duro trato,
Que como em si toda a bondade apura,
Não quer dever aos homens a cultura.
Oh que galharda fruita e soberana
Sem ter indústria humana,

E se Jove as tirara dos pomares,
Por Ambrósia as pusera entre os manjares!

Com a mangava bela a semelhança
 Do Macujê se alcança,
Que também se produz no mato inculto
 Por soberano indulto,
E sem fazer ao mel injusto agravo,
Na boca se desfaz qual doce favo.

Outras fruitas dissera, porém basta
Das que tenho descrito a vária casta,
E vamos aos legumes, que plantados
São do Brasil sustentos duplicados:

Os Mangarás que brancos, ou vermelhos,
São da abundância espelhos;
Os cândidos inhames, se não minto,
Podem tirar a fome ao mais faminto.

As batatas, que assadas, ou cozidas,
 São muito apetecidas;
Delas se faz a rica batatada
Das Bélgicas nações solicitada.

Os carás, que de roxo estão vestidos,
São Lóios dos legumes parecidos,
Dentro são alvos, cuja cor honesta
Se quis cobrir de roxo por modesta.

A Mandioca, que Tomé sagrado
 Deu ao gentio amado,
Tem nas raízes a farinha oculta:
Que sempre o que é feliz se dificulta.

E parece que a terra, de amorosa,
Se abraça com seu fruito deleitosa;
Dela se faz com tanta atividade
A farinha, que, em fácil brevidade,
No mesmo dia, sem trabalho muito,
Se arranca, se desfaz, se coze o fruito;

Dela se faz também com mais cuidado
O beiju regalado,
Que feito tenro por curioso amigo
Grande ventagem leva ao pão de trigo.

Os Aipins se aparentam
Coa mandioca, e tal favor alentam,
Que tem qualquer, cozido, ou seja assado,
Das castanhas da Europa o mesmo agrado.

O milho, que se planta sem fadigas,
Todo o ano nos dá fáceis espigas,
E é tão fecundo em um e em outro filho,
Que são mãos liberais as mãos de milho.

O Arroz semeado
Fèrtilmente se vê multiplicado;
Cale-se de Valença, por estranha,
O que tributa a Espanha,
Cale-se do Oriente
O que come o gentio e a Lísia gente;
Que o do Brasil quando se vê cozido,
Como tem mais substância, é mais crescido.

Tenho explicado as fruitas e legumes,
Que dão a Portugal muitos ciúmes;
Tenho recopilado
O que o Brasil contém para invejado,
E para preferir a toda a terra,
Em si perfeitos quatro A A encerra.
Tem o primeiro A nos arvoredos
Sempre verdes aos olhos, sempre ledos;
Tem o segundo A nos ares puros,[1]
Na tempérie agradáveis e seguros;
Tem o terceiro A nas águas frias,
Que refrescam o peito e são sadias;
O quarto A no açúcar deleitoso,
Que é do Mundo o regalo mais mimoso.

---

1. Na ed. da Academia vem repetido, aqui, por descuido de revisão, o sétimo verso desta estrofe, estando, assim, "primeiro" em lugar de "segundo" e "arvoredos" em lugar de "ares puros".

São pois os quatro A A por singulares
Arvoredos, Açúcar, Águas, Ares.
Nesta Ilha está mui ledo e mui vistoso
Um Engenho famoso,
Que, quando quis o fado antigamente,
Era Rei dos engenhos preminente,
E quando Holanda pérfida e nociva
O queimou, renasceu qual Fênix viva.

Aqui se fabricaram três Capelas
Ditosamente belas,
Ua se esmera em fortaleza tanta,
Que de abóbada forte se levanta;
Da Senhora das Neves se apelida,
Renovando a piedade esclarecida,
Quando em devoto sonho se viu posto
O nevado candor no mês de Agosto.

Outra Capela vemos fabricada,
A Xavier ilustre dedicada,
Que o Maldonado Pároco entendido
Este edifício fez agradecido[1]
A Xavier, que foi em sacro alento
Glória da Igreja, do Japão portento.

Outra Capela aqui se reconhece,
Cujo nome a engrandece,
Pois se dedica à Conceição sagrada
Da Virgem pura sempre imaculada,
Que foi por singular e mais fermosa
Sem manchas Lua, sem espinhos Rosa.

Esta Ilha de Maré, ou de alegria,
Que é têrmo da Bahia,
Tem quase tudo quando o Brasil todo,
Que de todo o Brasil é breve apodo;
E se algum tempo Citeréia a achara,
Por esta, sua Chipre desprezara,
Porém tem com Maria verdadeira
Outra Vênus melhor por padroeira.

(*Ibidem*, págs. 127-136.)

---

1. Na ed. da Academia está "E até" em lugar de "Êste"

ALEXANDRE DE GUSMÃO

(1695 — 1753)

Alexandre de Gusmão, natural de Santos, distinguiu-se sobretudo como diplomata e político, sendo um dos principais responsáveis pelo tratado de Madrid que, em 1750, fixou os limites entre as possessões portuguesas e espanholas na América. Suas obras literárias, entre as quais cabe um lugar de relevo às cartas, acham-se em grande parte inéditas. Várias dessas obras, inclusive algumas poesias, foram publicadas em 1841, no Porto, em um volume intitulado Coleção de Vários Escritos Inéditos, Políticos e Literários, de Alexandre de Gusmão, Conselheiro do Conselho Ultramarino e Secretário Privado d'El-Rei Dom João V.

A JÚPITER SUPREMO DEUS DO OLIMPO

Númen que tens do mundo o regimento,
Se amas o bem, se odeias a maldade,
Como deixas com prêmio a iniqüidade,
E assoçobrado ao são entendimento?

Como hei de crer qu'um imortal tormento,
Castigue a uma mortal leviandade?
Que seja ciência, amor ou piedade
Expor-me ao mal sem meu consentimento?

Guerras cruéis, fanáticos tiranos,
Raios, tremores, e as moléstias tristes,
Enchem o curso de pesados anos;

Se és Deus, s'isto prevês, e assim persistes,
Ou não fazes apreço dos humanos,
Ou qual dizem não és; ou não existes.

(*Coleção de Vários Escritos Inéditos, Políticos
e Literários, de Alexandre de Gusmão*, Porto,
1841, pág. 246.)

A SEUS DOUS FILHOS PERSUADINDO-LHES O CONHECIMENTO PRÓPRIO

Isto não é vaidade; é desengano
A elevação do vosso pensamento:
Dei-vos o ser, e dou-vos documento
Para fugirdes da soberba ao dano.

Esta grandeza, com que ao mundo engano,
Foi da fortuna errado movimento.
Subi; mas tive humilde nascimento:
Assim foi Viriato, assim Trajano.

Quando souberdes ler do mundo a história,
Nos dous heróis, que tomo por empresa,
Contemplareis a vossa e a minha glória.

Humildes quanto ao ser da natureza;
Ilustres nas ações; e esta memória
É só quem pode dar-vos a grandeza.

(*Ibidem*, pág. 247.)

A UMA PASTORA TÃO FORMOSA COMO INGRATA

Pastora a mais formosa, e desumana,
Que fazes de matar-me alarde e gosto:
Como é possível que um tão lindo rosto
Unisse o Céu a uma alma tão tirana?

Cruel! Que te fiz eu, que me aborreces?
Tens duro coração, mais que um rochedo!
Sou tigre, ou sou leão, que meta medo,
Que apenas tu me vês desapareces?

Por ti tão esquecido ando de tudo,
Que o gado no redil deixei faminto;
O sol me fere a prumo, e não o sinto;
A ovelha está a chamar-me, e não lh'acudo.

Lá vai o tempo já que em baile e canto
Eu era no lugar o mais famoso;
Agora, sempre aflito e pesaroso,
Só o que eu sei é desfazer-me em pranto.

Há pouco que encontrei alguns Pastores,
Que iam comigo ao monte após o gado,
Que não me conheceram de mudado.
Que tal me têm parado os teus rigores!

Até o rebanho meu, que um dia viste
Tão nédio antes que eu enlouquecesse,
Não come já, nem medra, e se emagrece
Por dó que tem de ver-me andar tão triste;

Ele me guia a mim, não eu a ele,
Que vou nos meus pesares enlevado;
Bem pode o lobo vir, levar-me o gado[1]
À minha vista, sem que eu dê fé dele.

---

1. No *Parnaso Brasileiro*, de Pereira da Silva, está "matar-me" em lugar de "levar-me".

Não sei que nuvem trago neste peito,
Que tudo quanto vejo me entristece;[1]
A flor do campo parda me parece;
Até ao mesmo sol acho imperfeito.

Do alegre prado fujo para o escuro[2]
Encontro mais triste dos rochedos;[3]
Ali pergunto às feras e aos penedos
Se alguém é mais que tu cruel e duro?

Ali ouço soar, rompendo o mato,
Do ribeirinho as saúdosas águas:[4]
E em competência vão as minhas mágoas
Dos olhos despedindo outro regato.

Este mal, que hoje sofro, eu o mereço,[5]
Que ingrato desprezei quem me queria;
Agora se me vê, faz zombaria[6]
Que bem vingada está no que padeço.[7]

Então não conhecia o que amor era:
Também me ria do tormento alheio;
Oh! quão cedo (inda mal) o tempo veio[8]
Que o conheço já mais do que quisera.[9]

---

1. No *Parnaso*, de Pereira da Silva, está "escurece" em lugar de "entristece".

2. Em Pereira da Silva está "e só no escuro" em lugar de "para o escuro".

3. Em Pereira da Silva está: "Da serra me retiro entre os rochedos".

4. Em Pereira da Silva está: "Dos ribeirinhos as saudosas águas".

5. Em Pereira da Silva está: "O mal, que me sucede, eu o mereço".

6. Adotou-se aqui a lição de Pereira da Silva. Na *Coleção de Vários Escritos Inéditos* está: "Agora que me vê, faz zombaria".

7. Em Pereira da Silva está: "no que eu padeço".

8. Em Pereira da Silva está: "Quão cedo (ainda mal!) o tempo veio".

9. Em Pereira da Silva está: "Que já conheço mais do que quisera!"

Não me desprezes não, gentil Pastora,
Que igual castigo Amor talvez te guarda;[1]
Não sejas à piedade avessa e tarda,
Tem dó de maltratar a quem te adora.

> (*Ibidem*, págs. 249-250, e *Parnaso Brasileiro
> ou Seleção de Poesias dos Melhores Poetas
> Brasileiros*, por J. M. P. da Silva, Rio, 1843,
> págs. 114-116.)

A LIBERDADE A NIZE

(TRADUZIDA DE METASTASIO)

Bem hajam os teus enganos,
Já respiro sossegado,
Já o Céu a um desgraçado
Compassivo se mostrou.

As cadeias, que a prendiam,
Sacudiu minha alma fora,
Eu não sonho, Nize, agora,
Não sonho, que livre estou.

Acabou-se o ardor antigo,
Tenho o peito sossegado;
Nem para fingir-me irado
Acha Amor em mim paixão.

Se o teu nome escuto, o rosto
Não se cora nesse instante:
Quando vejo o teu semblante,
Não me bate o Coração.

Sonho sim, mas não te vejo
Em sonhos uma só vez;
Eu desperto, e já não és
Quem logo desejo ver.

---

[1]. Novamente se preferiu a lição de Pereira da Silva. Na *Coleção* está: "Que igual castigo, amor, talvez te aguarda".

Quando estou de ti ausente,
Já por ver-te não suspiro;
Se te encontro, não deliro,
De desgosto, ou de prazer.

Da tua beleza falo,
Não me sinto enternecido;
Considero-me ofendido,
E já me não sei irar.

Bem que estejas de mim junto,
Ninguém me vê perturbado;
Co meu rival ao teu lado
Bem posso de ti falar.

Mostra-me severo o rosto,
Fala-me com doce agrado;
É o teu rigor baldado,
É o teu favor em vão.

Tuas vozes já não têm
Sobre mim a força usada;
Teus olhos erram a estrada,
Que me vai ao coração.

Se me vejo alegre ou triste,
Se inquieto, ou sossegado,
Já não é por ti causado,
Não o devo ao teu favor.

Sem ti me agrada a campina,
Verde relva, ou fonte pura,
A caverna, a brenha escura,
Contigo me causa horror.

Olha como eu sou sincero,
Ainda te julgo bela,
Mas já não te acho aquela
Que não tem comparação.

Não te ofenda esta verdade:
Nesse teu rosto perfeito,
Descubro hoje algum defeito,
Que julguei beleza então.

Quando quebrei as cadeias,
Confesso a fraqueza minha,
Julguei que jamais não tinha
Um instante que viver.

Mas para fugir de penas,
Para oprimido não ver-se,
Para a si próprio vencer-se,
Tudo se deve sofrer.

Em o visco, em que se enlaça,
O passarinho inocente,
Deixa as penas, mas contente,
Vai liberto da prisão.

Mas depois que em breve espaço
Se renovam as peninhas,
Canta em roda das varinhas,
Brinca em outra ocasião.

Eu sei que extinto não julgas
O voraz incêndio antigo;
Porque a todo o instante o digo,
Porque não o sei calar.

Natural instinto, ó Nize,
A que fale me convida,
Porque da passada lida
Costuma qualquer falar.

Seus perigos o Soldado
Depois da batalha conta,
E para os sinais aponta
Das feridas, que apanhou.

O cativo, que nos ferros
Entre trabalhos gemia,
Mostra cheio de alegria
As cadeias, que arrastou.

Falo, e só por desabafo
Do meu gosto me entretenho:
Falo, porém não me empenho
Em saber se fé me dás.

Falo, porém não procuro
Se a minha expressão te agrada,
Ou se ficas sossegada
Quando em mim falando estás.

Eu desprezo uma inconstante,
Tu um peito verdadeiro;
Eu não sei de nós primeiro
Quem se há de consolar.

Sei que, Nize, achar não podes
Outro tão fiel amante,
Como tu, outra inconstante,
É mui fácil de encontrar.

(*O Patriota*, n.º 1, julho de 1813, Rio,
págs. 42-46.)

ODE

Move incessante as asas incansáveis
    O tempo fugitivo,
Atrás não volta, e aquele que aos amáveis
Prazeres se não dá, sem lenitivos
    Depois amargamente
Chora o bem que perdeu e o mal que sente.
Voa de flor em flor na Primavera
    A abelha cuidadosa;
Fabrica o doce mel, a branda cera,

Da suave estação os mimos goza,
    Antes que o seco Estio
Abrase o verde campo e sorva o rio.
Dos fechados garnéis das loiras eiras
    As próvidas formigas
Vão levando em solícitas fileiras
O loiro trigo, e formam com fadigas
    Subterrâneo celeiro,
Antes que as prive o frígido Janeiro.
Em tudo nos descobre a Natureza,
    Ó Marília formosa,
Que é preciso do tempo a ligeireza
Fazê-la ao nosso gosto proveitosa;
    Para o prazer nascemos,
Em prazeres o tempo aproveitemos.
A fera, inda a mais fera, entre os rochedos
    Da fragosa montanha,
E às aves nos copados arvoredos
A paixão não lhes é de amor estranha:
    Em doce companhia
Passam o tempo sem perder um dia.
As ternas pombas, em que amor pintando-se [1]
    Está perfeitamente,
Ora beijando-se estão, ora catando-se [2]
Ora entregues ao seu desejo ardente
    Fazem... mas quem ignora?
O que Amor fazer manda quem se adora.
Vê que nos ternos brincos destas aves
    Te deu, Marília bela,
De amoroso prazer lições suaves
A branda Humanidade: Amor é aquela
    Paixão que ela mais preza.
Quem não ama desmente a Natureza.
Tu sabes, ó Marília, que eu te amo,
    Que vives no meu peito,
Que é teu nome o nome por quem chamo,
Tu só por quem a Amor vivo sujeito;
    Vem unir-te comigo,

---

1. No texto lê-se "pintando", que não rima normalmente com "catando-se", que vem no segundo verso depois deste. Além disso, *pintar*, aqui, significa "revelar-se, manifestar-se", acepção em que só se usa pronominalmente.

2. O verso não está perfeito. Talvez o poeta haja escrito: "Ora se estão beijando, ora catando-se".

Faremos ao Amor um doce abrigo.
Vem, que ele aqui te espera, aqui o temos,
    Aqui entre os meus braços:
Olha que o tempo foge, e não podemos
O seu curso deter; vem, move os passos,
    E aqui, em prazer grato,
Das pombinhas seremos o retrato.

> (*Parnaso Brasileiro*, por J. M. P. da Silva, cit., I, págs. 112-114.)

MANUEL DE SANTA MARIA ITAPARICA

(1704 — ?)

Manuel de Santa Maria Itaparica professou no convento de Paraguaçu, da ordem de S. Francisco, em 1720, aos 16 anos de idade. Deve ter nascido em 1704. Toda a sua obra poética conhecida acha-se compendiada no volume publicado em Lisboa no ano de 1769 sob o título de Eustáquidos, poema sacro e trágico-cômico, em que se contém a vida de Santo Eustáquio, mártir, chamado antes Plácido, e de sua mulher e filhos, *por um anônimo, natural de Itaparica, termo da cidade e da Bahia. Em apêndice a esse volume figura o poema intitulado "Descripção da Ilha de Itaparica". Fr. Manuel vivia ainda no ano de 1768.*

FRAGMENTOS DE "EUSTÁQUIDOS"

DO CANTO SEGUNDO

I

Já a nadadora e côncava carina
Partia espumas nítidas de argento,
Vangloriando em Aula Netunina[1]
Ave de pinho, airoso movimento;
E profanando a pompa cristalina,
De linho as asas lhe assoprava o vento,
Fazendo no vigor com que respira
Voar um tronco em campos de Zafira.

II

O nauta rude, o passageiro triste,
Este saudoso, aquele de contente,
Lassa a cabeça no convés persiste,
Sobe ligeiro o áspero rudente:
Tudo sem ordem e confuso assiste,
Quando o Piloto na arte diligente
Convoca a todos, porque ver queria
Quantas pessoas em a Nau trazia.

---

[1]. Na ed. original está, por engano, "Neptunica" em vez de "Netunina".

III

Enquanto isto se passa no Navio,
Lúcifer infernal, Plutão horrendo,
Que desque se banhou no sacro rio
Eustáquio estava de furor ardendo,
Opondo todo o seu veneno, e brio,
E com aulidos fúnebres gemendo,
Quer estorvar aos pobres Peregrinos,
Que não prossigam seus santos destinos.

IV

Jaz no centro da Terra uma caverna
De áspero, tosco e lúgubre edifício,
Onde nunca do Sol entrou lucerna,
Nem de pequena luz se viu indício.
Ali o horror e a sombra é sempiterna[1]
Por um pungente e fúnebre artifício,
 Cujas fenestras, que tu Monstro inflamas,
Respiradouros são de negras chamas.

V

Rodeiam este Alcáçar desditoso[2]
Lagos imundos de palustres águas,
Onde um tremor e horror caliginoso
Penas descobre, desentranha mágoas:
Fontes heladas, fumo tenebroso,
Congelam ondas, e maquinam fráguas,
 Mesclando em um confuso de crueldades
Chamas a neve, o fogo frieldades.

---

1. Na ed. original está "assombra" por "a sombra".
2. No *Florilégio da Poesia Brasileira*, de Varnhagen, e no *Parnaso Brasileiro*, de Melo Morais Filho, está "alcançar" em lugar de "Alcáçar".

VI

Ardente serpe de sulfúreas chamas
Os centros gira deste Alvergue umbroso,
São as faíscas hórridas escamas,
E o fumo negro dente venenoso:
As lavaredas das volantes flamas
Asas compõem ao Monstro tenebroso,
Que quanto queima, despedaça e come,
Isso mesmo alimenta, que consome.

VII

Um negro arroio em pálida corrente
Irado ali se troce tão furioso,[1]
Que é no que morde horrífica serpente,
E no que inficiona Áspide horroroso:
Fétido vapor, negro e pestilente
Exala de seu seio tão raivoso,
Que lá no centro sempre agonizado
De peste e sombras mostra ser formado.

VIII

As densas névoas, as opacas sombras
Tanto encapotam a aspereza inculta,
Que em negra tumba, fúnebres alfombras
Parece a mesma noite se sepulta:
Fantasmas tristes, que tu Erebo assombras,
Terrores causam onde mais avulta
O rouco som de aulidos estridentes,
O triste estrondo do ranger dos dentes.

---

[1]. Na edição original está "troce". No *Florilégio*, de Varnhagen, e *Parnaso*, de M. Morais Filho, mudou-se para "torce".

IX

Angústias, dores, pena e sentimento,
Suspiros, ânsias e penalidades,
Gemidos tristes e cruel tormento,
Furores, raivas, iras e crueldades,[1]
Em um continuado movimento,
Por todo o tempo e todas as idades
Tanto a matéria, que criam, destroçam,
Quanto a matéria, que destroem, remoçam.

X

Revolcando-se em chamas crepitantes
Ali está Judas numa cama ardente,
No coração tem víboras flamantes,
Na língua um Áspid feio e pestilente:
Geme e suspira todos os instantes,[2]
Blasfema irado, ruge impaciente,
Tendo a seu lado Herodes e Pilatos,
Anás, Caifás e outros mentecatos.

XI

Jaz em um lago graviolente e imundo,
O Arqui-sectário Arábigo e Agareno,
Que perdição quis ser de quase um Mundo,
Patrocinando o vício vil terreno:
De uma parte submerso no profundo,
De si mesmo furor, peste e veneno,
Está Calvino, e de outra, agonizando,
Lutero em fogo e água ardendo e helando.

XII

Preso num Calabouce tenebroso
Está Alexandre em um nevado rio,
Que ainda agora por muito cobiçoso
Temem queira do inferno o senhorio:

---

1. No *Parnaso Brasileiro*, de Melo Morais Filho, está "iras, crueldades", no lugar de "iras e crueldades".
2. No *Parnaso*, de Melo Morais Filho, está "a todos" em lugar de "todos".

Em um vulcão de chamas horroroso
Estão Besso, Xerxes, Cévola e Dario,
Aurélio, César e Domiciano,
Augusto, Nero, Tito e Juliano.

XIII

Enfim ali de todas as idades,
De todas as Nações em desatinos
Se vêem penar à força de crueldades
Homens, mulheres, velhos e meninos:
Uns entre as neves e as voracidades
Do fogo ardente, e alguns entre os malinos
Áspides, Butres, Víboras, Serpentes,
Que os tragam e consomem com seus dentes.

XIV

Mas quanto pode a humana fantasia
Cuidar desta masmorra horrenda e escura,
E quanto pode a livre Poesia
Fingir em vã e apócrifa pintura,
É uma boa e própria alegoria,
Com uma Metafórica escultura,
Que o inferno só consiste, e o vil gusano,
Nas penas dos sentidos e do dano.

XV

Em o mais alto deste sólio infando,
Em um trono de chamas sempre ardentes
Jaz Lúcifer, a quem estão tragando
Áspides negros, serpes pestilentes;
Ele com ira e com furor bramando
Se despedaça com agudos dentes,
Sendo para seu dano e eterno fado
De si próprio Fiscal e Algoz irado.

XVI

Víboras por cabelos cento a cento,
Por olhos tem dous Etnas denegridos,[2]
Por boca um Cocodrilo truculento,
Por mãos dous Basiliscos retrocidos,

---

1. Na ed. original está "solido" em lugar de "sólio".
2. Na ed. original está "Ethenas" por "Etnas".

Por cérebro a soberba, e o tormento
Por coração, por membros os latidos,
Por pernas duas cobras sibilantes,
Por pés dous Mongibelos tem flamantes.

XVII

Aquilo mesmo crê de que duvida,
Tem fastio do mesmo, que apetece,
O que não quer para isso se convida,
E afeta aquilo tudo, que aborrece:
Quando quer repousar então mais lida,
Quando abrandar-se muito se enfurece,
Ânsias são gostos, penas desafogo,
Por fogo a neve tem, por neve o fogo.

....
....

>   (*Eustáquidos,* por um anônimo natural da
>   Ilha de Itaparica, Termo da Cidade da Bahia,
>   páginas 18-20.)

DO CANTO QUINTO

XIII

Em um vasto me achei, e novo Mundo,
De nós desconhecido e ignorado,
Em cujas praias bate um mar profundo,
Nunca ategora de algum lenho arado:
O clima alegre, fértil e jucundo,
E o chão de árvores muitas povoado,
E no verdor das folhas julguei que era
Ali sempre contínua a Primavera.

XIV

Delas estavam pomos pendurados
Diversos na fragância e na pintura,
Nem dos homens carecem ser plantados,
Mas agrestes se dão, e sem cultura;

E entre os troncos muitos levantados,
Que ainda a fantasia me figura,
Havia um pau de tinta mui fecunda,
Transparente na cor, e rubicunda.

XV

Pássaros muitos de diversas cores
Se viam várias ondas transformando,
E dos troncos suavíssimos licores
Em cópia grande estavam dimanando:
Peixes vi na grandeza superiores,
E animais quadrúpedes saltando,
A Terra tem do metal louro as veias,
Que de alguns rios se acha nas areias.

XVI

E quando a vista estava apascentando[1]
Destas cousas na alegre formosura,
Um velho vi, que andava passeando,
De desmarcada e incógnita estatura:
Com sobressalto os olhos fui firmando
Naquela sempre móvel criatura,
E pareceu-me, se bem reparava,
Que vários rostos sempre me mostrava.

XVII

Tinha os cabelos brancos como a neve
Pela velhice muita carcomidos,
E só com penas se trajava ao leve,
Porque lhe eram pesados mais vestidos:
Andava sempre, mas com passo breve,
Posto que os pés trazia envelhecidos,
Um báculo em as mãos acomodava,
Do qual para o passeio se ajudava.

---

1. Vide nota no fim do volume: *Itaparica*.

XVIII

Fiquei desta visão maravilhado,
Como quem de tais Monstros não sabia,
E logo perguntei sobressaltado
Quem era, que buscava, e que queria?
Ele virando o rosto remendado,
De cor da escura noute e claro dia,
Que eu era, respondeu, quem procurava,
E que Póstero, disse, se chamava.

XIX

Esta que vês (continuou dizendo)
Terra aos teus escondida e ocultada,
Quando eu velho fôr mais envelhecendo
De um Rei grande há de ser avassalada:
Não te posso dizer o como, e sendo
Esta notícia a outros reservada:
Basta saberes que sem romper muros
Será, passados séculos futuros.

XX

Porém isso não foi o que a buscar-te
Me moveu, e a falar-te desta moda,
Mas de outra cousa venho a informar-te,
Que muito mais do que isto te acomoda:
Bem podes começar dela a gozar-te,
Que para isso vou andando em roda,
E para que não estejas cuidadoso.
Quero dar-te a notícia pressagioso.

XXI

Naquela (e me mostrou uma grande Ilha,
Formosa, fresca, fértil e aprazível,
A quem Netuno o seu Tridente humilha,
Quando o rigor do Austro é mais sensível)
Há de vestir a pueril mantilha,
Depois de nela ter a aura visível,
Um que para que a ti versos ordene,
Há de beber da fonte de Hipocrene.

XXII

Este pois lá num século futuro,
Posto que dela ausente e apartado,
Porque cos filhos sempre foi perjuro
O pátrio chão, e os trata sem agrado,
Por devoção intrínseca, e amor puro,
Talvez do Deus, que adoras, inspirado,
De ti e desses dous dessa pousada
Há de cantar com lira temperada.

XXIII

Aqui fez termo o velho, sufocando
A voz dentro do escuro e oculto peito,
Nunca do seu passeio descansando,
Nem quando me explicava o alto conceito:
Eu do letargo atônito despertando
Me alegrei de ver cousas deste jeito,
E vêde que julgais, ó companheiros,
Que os sonhos são às vezes verdadeiros.

....

(*Ibidem*, págs. 75-78.)

DESCRIÇÃO DA ILHA DE ITAPARICA

TERMO DA CIDADE DA BAHIA

Canto Heróico

I

Cantar procuro, descrever intento.
Em um Heróico verso, e sonoroso,
Aquela que me deu o nascimento,
Pátria feliz, que tive por ditoso:
Ao menos co'este humilde rendimento
Quero mostrar lhe sou afetuoso,
Porque é de ânimo vil e fementido
O que à Pátria não é agradecido.

II

Se nasceste no Ponto, ou Líbia ardente,
Se no Píndaro viste a aura primeira,[1]
Se nos Alpes, ou Etna comburente,
Princípio houveste na vital carreira,
Nunca queiras, Leitor, ser delinqüente,
Negando a tua Pátria verdadeira,
Que assim mostras herdaste venturoso
Ânimo heróico, peito generoso.

III

Musa, que no florido de meus anos
Teu furor tantas vezes me inspiraste,
E na idade em que vêm os desenganos
Também sempre fiel me acompanhaste,
Tu, que influxos repartes soberanos
Dêsse monte Helicon, que já pisaste,
Agora me concede o que te peço,
Para seguir seguro o que começo.

IV

Em o Brasil, Província desejada
Pelo metal luzente, que em si cria,
Que antigamente descoberta e achada
Foi de Cabral, que os mares discorria,
Perto donde está hoje situada[2]
A opulenta e ilustríssima Bahia,[3]
Jaz a ilha chamada *Itaparica*,
A qual no nome tem também ser rica.

---

1. Na edição original e no *Florilégio* está "Pindaso" no lugar de 'Píndaro".
2. No *Florilégio* de Varnhagen, e no *Parnaso*, de Melo Morais Filho, está "Porto" em lugar de "Perto".
3. No *Florilégio*, de Varnhagen, e no *Parnaso*, de Melo Morais Filho, está "illustrada" em lugar de "ilustríssima".

V

Está posta bem defronte da Cidade,
Só três léguas distante, e os moradores [1]
Daquela a esta vêm com brevidade,
Se não faltam do Zéfiro os favores;
E ainda quando com ferocidade
Éolo está mostrando os seus rigores,
 Para a Corte navegam, sem que cessem,
E parece que os ventos lhe obedecem.

VI

Por uma e outra parte rodeada
De Netuno se vê tão arrogante,
Que algumas vêzes com porcela irada
Enfia o melancólico semblante;
E como a tem por sua, e tão amada,
Por lhe pagar fiel foros de amante,
 Muitas vezes também serenamente
Tem encostado nela o seu Tridente.

VII

Se a Deusa Citeréia conhecera
Desta Ilha celebrada a formosura,
Eu fico que a Netuno prometera
O que a outros negou cruel e dura:
Então de boa mente lhe oferecera
Entre incêndios de fogo a neve pura,
 E se de alguma sorte a alcançara,
Por esta a sua Chipre desprezara.

VIII

Pela costa do mar a branca areia
É para a vista objeto delicioso,
Onde passeia a Ninfa Galatéia
 Com acompanhamento numeroso;
E quando mais galante se recreia
Com aspecto gentil, donaire airoso,
 Começa a semear das roupas belas
Conchinhas brancas, ruivas e amarelas.

---

[1]. No *Florilégio* está "defronte" em lugar de "distante".

IX

Aqui se cria o peixe copioso,
E os vastos pescadores em saveiros
Não receando o Elemento undoso,
Neste exercício estão dias inteiros;
E quando Áquilo e Bóreas proceloso
Com fúria os acomete, eles ligeiros
Colhendo as velas brancas, ou vermelhas,
Se acomodam cos remos em parelhas.

X

Neste porém marítimo regalo
Uns as redes estendem diligentes,
Outros com força, indústria e intervalo
Estão batendo as ondas transparentes:
Outros noutro baixel sem muito abalo
Levantam cobiçosos e contentes
Uma rede, que chamam Zangareia,
Para os saltantes peixes forte teia.

XI

Qual aranha sagaz e ardilosa
Nos ares forma com sutil fio
Um labirinto tal, que a cautelosa
Mosca nele ficou sem alvedrio,[1]
E assim com esta manha industriosa[2]
Da mísera vem ter o senhorio,
Tais são com esta rede os pescadores
Para prender os mudos nadadores.

XII

Outros também por modo diferente,
Tendo as redes lançadas em seu seio,
Nas coroas estão postos firmemente,
Sem que tenham do pélago receio:
Cada qual puxa as cordas diligente,
E os peixes vão fugindo para o meio,
Té que aos impulsos do robusto braço
Vêm a colhêr os míseros no laço.

---

1. V. nota no fim do volume: *Santa Maria Itaparica*, II.
2. Na ed. original está "mancha" em lugar de "manha", certamente por erro de impressão. A emenda é de Varnhagen, no *Florilégio*.

XIII

Nos baixos do mar outros tarrafando,
Alerta a vista, e os passos vagarosos,
Vão uns pequenos peixes apanhando,
Que para o gosto são deliciosos:
Em canoas também de quando em quando
Fisgam no anzol alguns, que por gulosos
Ficam perdendo aqui as próprias vidas,
Sem o exemplo quererem ter de Midas.

XIV

Aqui se acha o marisco saboroso,
Em grande cópia, e de casta vária,
Que para saciar ao apetitoso,
Não se duvida é cousa necessária:
Também se cria o lagostim gostoso,
Junto coa ostra, que por ordinária
Não é muito estimada, porém antes
Em tudo cede aos polvos radiantes.

XV

Os camarões não fiquem esquecidos,
Que tendo crus a cor pouco vistosa,
Logo vestem depois que são cozidos
A cor do nácar, ou da Tíria rosa:
Os cranguejos nos mangues escondidos
Se mariscam sem arte industriosa,
Búzios também se vêem, de musgo sujos,[1]
Cernambis, mexilhões e caramujos.

XVI

Também pertence aqui dizer ousado
Daquele peixe, que entre a fauce escura
O Profeta tragou Jonas sagrado,
Fazendo-lhe no ventre a sepultura;
Porém sendo do Altíssimo mandado,
O tornou a lançar são sem lesura
 (Conforme nos afirma a Antiguidade)
Em as praias de Nínive Cidade.

---

1. Na ed. original está "cujos" em lugar de "sujos". Varnhagen corrigiu o lapso no *Florilégio*.

XVII

Monstro do mar, Gigante do profundo,
Uma torre nas ondas soçobrada,
Que parece em todo o âmbito rotundo
Jamais besta tão grande foi criada:
Os mares despedaça furibundo
Coa barbatana às vezes levantada,
Cujos membros tetérrimos e broncos
Fazem a Tétis dar gemidos roncos.

XVIII

Baleia vulgarmente lhe chamamos,
Que como só a esta Ilha se sujeita,
Por isso de direito a não deixamos,
Por ser em tudo a descrição perfeita;
E para que bem claro precebamos
O como a pescaria dela é feita,
Quero dar com estudo não ocioso
Esta breve notícia ao curioso.

XIX

Tanto que chega o tempo decretado,
Que este peixe do vento Austro é movido,
Estando à vista de Terra já chegado,
Cujos sinais Netuno dá ferido,
Em um porto desta Ilha assinalado,
E de todo o preciso prevenido,[1]
Estão umas lanchas leves e veleiras,
Que se fazem cos remos mais ligeiras.

XX

Os Nautas são Etíopes robustos,
E outros mais do sangue misturado,
Alguns Mestiços em a cor adustos,
Cada qual pelo esforço assinalado:
Outro ali vai também, que sem ter sustos
Leva o arpão da corda pendurado,
Também um, que no ofício a Glauco ofusca,
E para isto Brásilo se busca.

---

1. No *Florilégio* está "precioso" em lugar de "preciso".

XXI

Assim partem intrépidos sulcando
Os palácios da linda Panopéia,
Com cuidado solícito vigiando
Onde ressurge a sólida Baleia.
Ó gente, que furor tão execrando
A um perigo tal te sentenceia?
Como, pequeno bicho, és atrevido
Contra o monstro do mar mais desmedido?

XXII

Como não temes ser despedaçado
De um animal tão feio e tão imundo?
Por que queres ir ser precipitado
Nas íntimas entranhas do profundo?
Não temes, se é que vives em pecado,
Que o Criador do Céu e deste Mundo,
Que tem dos mares todos o governo,
Desse lago te mande ao lago Averno?

XXIII

Lá intentaram fortes os Gigantes
Subir soberbos ao Olimpo puro,
Acometeram outros de ignorantes
O Reino de Plutão horrendo e escuro;
E se estes atrevidos e arrogantes
O castigo tiveram grave e duro,
Como não temes tu ser castigado
Pelos monstros também do mar salgado?

XXIV

Mas enquanto com isto me detenho,
O temerário risco admoestando,
Eles de cima do ligeiro lenho
Vão a Baleia horrível avistando:
Pegam nos remos com forçoso empenho,
E todos juntos com furor remando
A seguem por detrás com tal cautela,
Que imperceptíveis chegam junto dela.

XXV

O arpão farpado tem nas mãos suspenso
Um, que da proa o vai arremessando,[1]
Todos os mais deixando o remo extenso
Se vão na lancha súbito deitando;
E depois que ferido o peixe imenso
O veloz curso vai continuando,
Surge cad'um com fúria e força tanta,
Que como um Anteu forte se levanta.

XXVI

Corre o monstro com tal ferocidade,
Que vai partindo o úmido Elemento,
E lá do pego na concavidade
Parece mostra Tétis sentimento:
Leva a lancha com tal velocidade,
E com tão apressado movimento,
Que cá de longe apenas aparece,
Sem que em alguma parte se escondesse.

XXVII

Qual o ligeiro pássaro amarrado
Com um fio sutil, em cuja ponta
Vai um papel pequeno pendurado,
Voa veloz sentindo aquela afronta,
E apenas o papel, que vai atado,
Se vê pela presteza, com que monta,
Tal o peixe afrontado vai correndo
Em seus membros atada a lancha tendo.

XXVIII

Depois que com o curso dilatado
Algum tanto já vai desfalecendo,
Eles então com força e com cuidado
A corda pouco a pouco vão colhendo;
E tanto que se sente mais chegado,
Ainda com fúria os mares combatendo,
Nos membros moles lhe abre uma rotura
Um novo Aquiles c' ũa lança dura.

---

1. No *Florilégio* vem "na proa" em lugar de "da proa".

XXIX

Do golpe sai de sangue uma espadana,
Que vai tingindo o Oceano ambiente,
Com o qual se quebranta a fúria insana[1]
Daquele horrível peixe, ou besta ingente;
E sem que pela plaga Americana
Passado tenha de Israel a gente,
A experiência e vista certifica
Que é o mar vermelho o mar de Itaparica.

XXX

Aos repetidos rasgos desta lança
A vital aura vai desamparando,
Té que fenece o monstro sem tardança,
Que antes andava os mares açoutando:
Eles puxando a corda com pujança
O vão da lancha mais perto arrastando,
Que se lhe fiou Cloto o longo fio,
Agora o colhe Láquesis com brio.

XXXI

Eis agora também no mar saltando
O que de Glauco tem a habilidade,
Com um agudo ferro vai furando
Dos queixos a voraz monstruosidade:
Com um cordel depois, grosso e não brando,
Da boca cerra-lhe a concavidade,
Que se o mar sorve no gasnate fundo
Busca logo as entranhas do profundo.

XXXII

Tanto que a presa tem bem sojugada
Um sinal branco lançam vitoriosos,
E outra lancha para isto decretada
Vem socorrer com cabos mais forçosos:
Uma e outra se parte emparelhada,
Indo à vela, ou cos remos furiosos,
E pelo mar serenas navegando
Para terra se vão endireitando.

---

1. Na ed. original, por erro de impressão, vem "insania" em lugar de "insana". Varnhagen corrige o erro no *Florilégio*.

XXXIII

Cada um se mostra no remar constante,
Se lhe não tem o Zéfiro assoprado,
E com fadigas e suor bastante
Vem a tomar o porto desejado.
Deste em espaço não muito distante,
Em o terreno mais acomodado
Uma Trusátil máquina está posta
Só para esta função aqui deposta.

XXXIV

O pé surge da terra para fora
Uma versátil roda sustentando,
Em cujo âmbito longo se encoscora
Uma amarra, que a vai arrodeando:
A esta mesma roda cá de fora
Homens dez vezes cinco estão virando,
E quanto mais a corda se repuxa,
Tanto mais para a terra o peixe puxa.

XXXV

Assim com esta indústria vão fazendo
Que se chegue ao lugar determinado,
E as enchentes Netuno recolhendo,
Vão subindo por um e outro lado:
Outros em borbotão já vêm trazendo
Facas luzidas, e o braçal machado,
E cada qual ligeiro se aparelha
Para o que seu ofício lhe aconselha.

XXXVI

Assim dispostos uns, que África cria,
Dos membros nus, o couro denegrido,
Os quais queimou Faeton, quando descia
Do terrífico raio submergido,
Com algazarra muita, e gritaria,
Fazendo os instrumentos grão ruído,
Uns aos outros em ordem vão seguindo,
E os adiposos lombos dividindo.

XXXVII

O povo que se ajunta é infinito,
E ali têm muitos sua dignidade,
Os outros vêm do Comarcão distrito,
E despovoam parte da Cidade:
Retumba o ar com o contínuo grito,
Soa das penhas a concavidade,
E entre eles todos tal furor se acende,
Que às vezes um ao outro não se entende.

XXXVIII

Qual em Babel o povo, que atrevido
Tentou subir ao Olimpo transparente,
Cujo idioma próprio pervertido
Foi numa confusão balbuciente,
Tal nesta torre, ou monstro desmedido,
Levanta as vozes a confusa gente,
Que seguindo cad'um diverso dogma
Falar parece então noutro idioma.

XXXIX

Desta maneira o peixe se reparte
Por toda aquela cobiçosa gente,
Cabendo a cada qual aquela parte,
Que lhe foi consignada do regente:[1]
As banhas todas se depõem à parte,
Que juntas formam um acervo ingente,
Das quais se faz azeite em grande cópia,
Do que esta Terra não padece inópia.

XL

Em vasos de metal largos e fundos
O estão com fortes chamas derretendo
De uns pedaços pequenos, e fecundos,
Que o fluido licor vão escorrendo:
São uns feios Etíopes, e imundos,
Os que estão este ofício vil fazendo,
Cujos membros de azeite andam untados,
Daquelas cirandagens salpicados.

---

1. No *Florilégio* vem "no regente" em lugar de "do regente".

XLI

Este peixe, este monstro agigantado
Por ser tão grande tem valia tanta,
Que o valor a que chega costumado
Até quase mil áureos se levanta.
Quem de ouvir tanto não sai admirado?
Quem de um peixe tão grande não se espanta?
Mas enquanto o Leitor fica pasmando,
Eu vou diversas cousas relatando.

XLII

Em um extremo desta mesma Terra
Está um forte soberbo fabricado,
Cuja bombarda, ou máquina de guerra,
Abala a Ilha de um e outro lado:
Tão grande fortaleza em si encerra
De artilharia, e esforço tão sobrado,
Que retumbando o bronze furibundo
Faz ameaço à terra, ao mar, ao Mundo.

XLIII

Não há nesta Ilha engenho fabricado
Dos que o açúcar fazem saboroso,
Porque um, que ainda estava levantado,
Fez nele o seu ofício o tempo iroso:
Outros houve também, que o duro fado
Por terra pôs, cruel e rigoroso,
E ainda hoje um, que foi mais soberano,
Pendura as cinzas por painel Troiano.

XLIV

Claras as águas são, e transparentes,
Que de si manam copiosas fontes,
Umas regam os vales adjacentes,
Outras descendo vêm dos altos montes;
E quando com seus raios refulgentes,
As doura Febo abrindo os Horizontes,
Tão cristalinas são, que aqui difusa
Parece nasce a fonte da Aretusa.

XLV

Pela relva do campo mais viçoso
O gado junto e pingue anda pastando,
O roubador de Europa furioso,
E o que deu o véu de ouro em outro bando,
O bruto de Netuno generoso
Vai as areias soltas levantando,
E nos bosques as feras Ateonéias
A República trilham das Napéias.

XLVI

Aqui o campo florido se semeia
De brancas açucenas e boninas,
Ali no prado a rosa mais franqueia
Olorizando as horas matutinas:
E quando Clóris mais se galanteia,
Dando da face exalações divinas,
Dos ramos no regaço vai colhendo
O clavel, e o jasmim, que está pendendo.

XLVII

As frutas se produzem copiosas,
De várias castas e de várias cores,
Umas se estimam muito por cheirosas,
Outras levam ventagem nos sabores:
São tão belas, tão lindas e formosas,
Que estão causando à vista mil amôres,
E se nos prados Flora mais blasona,
São os pomares glória de Pomona.

XLVIII

Entre elas todas têm lugar subido
As uvas doces, que esta Terra cria,
De tal sorte, que em número crescido
Participa de muitas a Bahia:
Este fruto se gera apetecido
Duas vezes no ano sem profia,
E por isso é do povo celebrado,
E em toda a parte sempre nomeado.

XLIX

Os coqueiros compridos e vistosos
Estão por reta série ali plantados,[1]
Criam cocos galhardos, e formosos,
E por maiores são mais estimados:
Produzem-se nas praias copiosos,
E por isso os daqui mais procurados,
Cedem na vastidão à bananeira,
A qual cresce e produz desta maneira.

L

De uma lança ao tamanho se levanta,
Estúpeo e roliço o tronco tendo,
As lisas folhas têm grandeza tanta,
Que até mais de onze palmos vão crescendo:
Da raiz se lhe erige nova planta,
Que está o parto futuro prometendo,
E assim que o fruto lhe sazona e cresce,[2]
Como das plantas víbora fenece.

LI

Os limões doces muito apetecidos
Estão Virgíneas têtas imitando,[3]
E quando se vêem crespos e crescidos,
Vão as mãos curiosas incitando:
Em árvores copadas, que estendidos
Os galhos têm, e as ramas arrastando,
Se produzem as cidras amarelas,
Sendo tão presumidas como belas.

LII

A laranjeira tem no fruto louro
A imitação dos pomos de Atalanta,
E pela cor, que em si conserva de ouro,
Por isso estimação merece tanta:

---

1. No *Florilégio* está "per recta" em lugar de "por reta".

2. Na ed. original está, por evidente lapso, "sanosa" em lugar de "sazona".

3. Ronald de Carvalho (*Pequena História da Literatura Brasileira*) aproxima este verso e o anterior dos seguintes de *Os Lusíadas* (IX, 56):

> "Os fermosos limões ali cheirando
> Estão virgíneas tetas imitando."

Abre a romã da casca o seu tesouro,
Que do rubi a cor flamante espanta,
E quanto mais os bagos vai fendendo,
Tanto vai mais formosa parecendo.

LIII

Os melões excelentes e olorosos
Fazem dos próprios ramos galaria:[1]
Também estende os seus muito viçosos
A pevidosa e doce melancia:
Os figos de cor roxa graciosos
Poucos se logram, salvo se à profia
Se defendem de que com os biquinhos
Os vão picando os leves passarinhos.

LIV

No ananás se vê como formada
Uma coroa de espinhos graciosa,
A superfície tendo matizada
Da côr, que Citeréia deu à rosa;
E sustentando a croa levantada
Junto coa vestidura decorosa,
Está mostrando tanta gravidade,
Que as frutas lhe tributam Majestade.

LV

Também entre as mais frutas as jaqueiras
Dão pelo tronco a jaca adocicada,
Que vindo lá de partes estrangeiras
Nesta Província é fruta desejada:
Não fiquem esquecidas as mangueiras,
Que dão a manga muito celebrada,
Pomo não só ao gosto delicioso,
Mas para o cheiro almíscar oloroso.

---

1. No *Florilégio* está "galeria" em vez de "galaria"

LVI

Inumeráveis são os cajus belos,
Que estão dando prazer por rubicundos,
Na cor também há muitos amarelos,
E uns e outros ao gosto são jucundos;[1]
E só bastava para apetecê-los
Serem além de doces tão fecundos,
Que em si têm a Brasílica castanha
Mais saborosa que a que cria Espanha.

LVII

Os araçás diversos e silvestres,
Uns são pequenos, outros são maiores:
Oitis, cajás, pitangas, por agrestes,
Estimadas não são dos moradores:
Aos marcujás chamar quero celestes,[2]
Porque contêm no gosto tais primores,
Que se os Antigos na Ásia os encontraram,
Que era o néctar de Jove imaginaram.[3]

LVIII

Outras frutas dissera, mas agora
Têm lugar os legumes saborosos,
Porém por não fazer nisto demora
Deixo esta explicação aos curiosos;
Mas contudo dizer quero por ora
Que produz esta Terra copiosos
Mandioca, inhames, favas e carás,
Batatas, milho, arroz e mangarás.

LIX

O arvoredo desta Ilha rica e bela
Em circuito toda a vai ornando,
De tal maneira, que só basta vê-la
Quando já está alegrias convidando:

---

1. No *Florilégio* foi omitida a palavra "são".
2. Na ed. original está "marcuiás".
3. Ronald de Carvalho aproxima essa descrição do maracujá à das mangabas, feita por Botelho de Oliveira:
    "E se Jove as tirara dos pomares,
    Por Ambrósia as pusera entre os manjares!"

Os passarinhos que se criam nela
De raminho em raminho andam cantando,
E nos bosques e brenhas não se engana
Quem exercita o ofício de Diana.

LX

Tem duas Freguesias muito extensas,
Das quais uma Matriz mais soberana
Se dedica ao Redentor, que a expensas
De seu Sangue remiu a prole humana;
E ainda que do tempo sinta ofensas
A devoção com ela não se engana,
Porque tem uma Imagem milagrosa
Da Santa Vera-Cruz para ditosa.

LXI

A Santo Amaro a outra se dedica,
A quem venerações o povo rende,
Sendo tão grande a Ilha *Itaparica,*
Que a uma só Paróquia não se estende:
Mas com estas Igrejas só não fica,
Porque Capelas muitas compreende,
E nisto mostram seus habitadores
Como dos Santos são veneradores.

LXII

Dedica-se a primeira àquele Santo
Mártir, que em vivas chamas foi aflito,
E ao Tirano causou terror e espanto,
Quando por Cristo foi assado e frito.
Também não fique fora de meu canto
Uma, que se consagra a João bendito,
E outra (correndo a Costa para baixo)
Que à Senhora se dá do Bom Despacho.

LXIII

Outra a Antônio Santo e glorioso
Tem por seu Padroeiro e Advogado,
Está fundada num sítio delicioso,
Que por esta Capela é mais amado.

Em um terreno alegre e gracioso
Outra se fabricou de muito agrado,
Das Mercês à Senhora verdadeira
É desta Capelinha a Padroeira.

LXIV

Também outra se vê, que é dedicada
À Senhora da penha milagrosa,
A qual airosamente situada[1]
Está numa planície especiosa.
Uma também de São José chamada
Há nesta Ilha, por certo gloriosa,
Junta com outra de João, que sendo
Duas, se vai de todo engrandecendo.

LXV

Até aqui, Musa; não me é permitido
Que passe mais avante a veloz pena,
A minha Pátria tenho definido
Com esta descrição breve, e pequena;
E se o tê-la tão pouco engrandecido
Não me louva, mas antes me condena,
Não usei termos de Poeta esperto,
Fui historiador em tudo certo.

(*Ibidem*, págs. 107-128.)

---

1. No *Florilégio* está "Aqui" em lugar de "A qual".

FR. JOSÉ DE SANTA RITA DURÃO

(1722 (?) — 1784)

José de Santa Rita Durão, nascido na Cata Preta, arraial da antiga freguesia do Inficionado, Minas Gerais, professou a regra de Santo Agostinho no Convento da Graça, de Lisboa, a 12 de outubro de 1738. Depois de viajar longamente em Portugal, Espanha e Itália, achava-se em Coimbra em 1778, tendo pronunciado por essa ocasião a oração de sapiência na abertura do curso. Sua obra mais conhecida é o poema épico Caramuru, *composto em oitavas, ao gosto camoniano. Impresso pela primeira vez em 1781, êsse poema teve, desde então, numerosas reedições.*

FRAGMENTOS DO "CARAMURU"

CANTO I

I

De um Varão em mil casos agitado,
Que as praias discorrendo do Ocidente,
Descobriu o Recôncavo afamado
Da Capital Brasílica potente;
Do Filho do Trovão denominado,
Que o peito domar soube à fera gente,
O valor cantarei na adversa sorte,
Pois só conheço Herói quem nela é forte.

II

Santo Esplendor, que do grão Padre manas
Ao seio intacto de uma Virgem bela;
Se da enchente de luzes Soberanas
Tudo dispensas pela Mãe Donzela;
Rompendo as sombras de ilusões humanas,
Tu do grão caso a pura luz revela;
Faze que em ti comece e em ti conclua
Esta grande Obra, que por fim foi tua.

III

E vós, Príncipe excelso, do Céu dado
Para base imortal do Luso Trono;
Vós, que do áureo Brasil no Principado
Da Real sucessão sois alto abono:
Enquanto o Império tendes descansado
Sobre o seio da paz com doce sono,
Não queirais dedignar-vos no meu metro
De pôr os olhos e admiti-lo ao cetro.

IV

Nele vereis Nações desconhecidas,
Que em meio dos Sertões a Fé não doma,
E que puderam ser-vos convertidas
Maior Império que houve em Grécia, ou Roma;
Gente vereis, e Terras escondidas,
Onde se um raio da verdade assoma,
Amansando-as, tereis na turba imensa
Outro Reino maior que a Europa extensa.

V

Devora-se a infeliz mísera Gente,
E sempre reduzida a menos terra,
Virá toda a extinguir-se infelizmente,
Sendo em campo menor maior a guerra.
Olhai, Senhor, com reflexão clemente,
Para tantos Mortais, que a brenha encerra,
E que, livrando desse abismo fundo,
Vireis a ser Monarca de outro Mundo.

VI

Príncipe do Brasil, futuro dono,
À Mãe da Pátria, que administra o mando,
Ponde, excelso Senhor, aos pés do Trono
As desgraças do Povo miserando:

Para tanta esperança é o justo abono
Vosso título, e nome, que invocando,
Chamará, como a outro o Egípcio Povo,
D. José, Salvador de um Mundo novo.

VII

Nem podereis temer, que ao santo intento
Não se nutram Heróis no Luso povo,
Que o antigo Portugal vos apresento
No Brasil renascido, como em novo.
Vereis do domador do Índico assento
Nas guerras do Brasil alto renovo,
E que os seguem nas bélicas idéias
Os Vieiras, Barretos, e os Correias.

VIII

Dai portanto, Senhor, potente impulso,
Com que possa entoar sonoro o metro
Da Brasílica gente o invicto pulso,
Que aumenta tanto Império ao vosso Cetro:
E enquanto o Povo do Brasil convulso
Em nova lira canto, em novo pletro,[1]
Fazei que fidelíssimo se veja
O vosso Trono em propagar-se a Igreja.

(*Caramuru*, Lisboa, 1781, págs. 9-11.)

---

1. Na ed. original está "pletro" que forma rima perfeita com "metro" "Cetro". A grafia oficial é "plectro".

CANTO II

LVIII

No Recôncavo ameno um posto havia
De troncos imortais cercado à roda,
Trincheira natural, com que impedia,
A quem quer penetrá-lo, a entrada toda:
Um plano vasto no seu centro abria,
Aonde edificando à pátria moda,
De troncos, varas, ramos, vimes, canas,
Formaram, como em quadro, oito cabanas.

LIX

Qualquer delas com mole volumosa
Corre direita em linhas paralelas;
E mais comprida aos lados que espaçosa,
Não tem paredes, ou colunas belas;
Um ângulo no cume a faz vistosa,
E coberta de palmas amarelas,
Sobre árvores se estriba, altas e boas,
De seiscentas capaz ou mil pessoas.

LX

Qual o velho Noé na imensa barca,
Que a bárbara cabana em tudo imita,
Ferozes animais próvido embarca,
Onde a turba brutal tranqüila habita:
Tal o rude Tapuia na grand' arca;
Ali dorme, ali come, ali medita;
Ali se faz humano, e de amor mole,
Alimenta a mulher e afaga a prole.

LXI

Dentro da grã choupana a cada passo
Pende de lenho a lenho a rede extensa;
Ali descanso toma o corpo lasso;
Ali se esconde a marital licença:

Repousa a filha no materno abraço
Em rede especial, que tem suspensa:
Nenhum se vê (que é raro) em tal vivenda,
Que a mulher de outrem nem que à filha ofenda.

LXII

Ali chegando a Esposa fecundada
A termo já feliz, nunca se omite
De pôr na rede o Pai a prole amada,
Onde o amigo e parente o felicite:
E como se a mulher sofrera nada,
Tudo ao Pai reclinado então se admite,
Qual fora, tendo sido em modo sério,
Seu próprio, e não das Mães, o puerpério.

LXIII

Quando na rede encosta o tenro infante,
Pinta-o de negro todo, e de vermelho;
Um pequeno arco põe, frecha volante,
E um bom cutelo ao lado; e em tom de velho,
Com discurso patético, e zelante,
Vai-lhe inspirando o paternal conselho;
Que seja forte, diz, (como se o ouvisse)
Que se saiba vingar, que não fugisse.

LXIV

Dá-lhe depois o nome, que apropria
Por semelhança que ao Infante iguala,
Ou com que o espera célebre algum dia,
Se não é por defeito que o assinala:
A algum na fronte o nome se imprimia,
Ou pintam no verniz, que têm por gala,
E segundo a figura se lhe observa,
Dão-lhe o nome de fera, fruto ou erva.

LXV

Trabalha entanto a Mãe sem nova cura,
Quando o parto conclui, e em tempo breve,
Sem mais arte que a próvida natura,
Sente-se lesta e sã, robusta e leve:
**Feliz gente, se unisse com fé pura
A sóbria educação, que simples teve!**
Que o que a nós nos faz fracos, sempre estimo
Qu'é mais que pena, ou dor, melindre e mimo.

LXVI

Vai com o adulto filho à caça ou pesca
O solícito Pai pelo alimento:
O peixe à mulher traz e a carne fresca,
E à tenra prole a fruta por sustento:
A nova provisão sempre refresca,
E dá nesta fadiga um documento,
Que quem nega o sustento a quem deu vida,
Quis ser Pai, por fazer-se um parricida.

LXVII

Que se acontece que a enfermar se venha,
Concorre com piedade a turba amiga,
E por dar-lhe um remédio, que convenha,
Consultam-no entre si com gente antiga:
Buscam quem de erva saiba, ou cura tenha,
Que possa dar alívio ao que periga,
Ou talvez sangram, numa febre ardente,
Servindo de lanceta um fino dente.

LXVIII

Mas vendo-se o mortal já na agonia,
Sem ter para o remédio outra esperança,
Estima a bruta gente ação mui pia
Tirar-lhe a vida com a maça, ou lança:
Se morre o tenro filho, a Mãe seria
Estimada cruel, quando a criança,
Que pouco antes ao Mundo dela veio,
Não torna ao seu lugar no próprio seio.

(*Ibidem*, págs. 61-64.)

CANTO IV

I

Era o Invasor noturno um Chefe errante,
Terror do Sertão vasto e da marinha,
Príncipe dos Caetés, Nação possante,
Que do Grão Jararaca o nome tinha:
Este de Paraguaçu perdido amante,[1]
Com ciúmes da donzela, ardendo vinha:
Ímpeto que à razão, batendo as asas,
Apaga o claro lume e acende as brasas.

II

Dormindo estava Praguaçu formosa
Onde um claro ribeiro à sombra corre;
Lânguida está, como ela, a branca rosa,
E nas plantas com calma o vigor morre:
Mas buscando a frescura deleitosa
De um grão maracujá, que ali discorre,
Recostava-se a bela sobre um posto,
Que encobrindo-lhe o mais, descobre o rosto.

---

1. "Paraguaçu" (no texto, "Paraguassú") talvez esteja em lugar de "Praguaçu", forma esta que convém melhor ao verso e que se vê logo na estrofe II e na X.

III

Respira tão tranqüila, tão serena,
E em langor tão suave adormecida,
Como quem livre de temor ou pena
Repousa, dando pausa à doce vida:
Ali passar a ardente sesta ordena
O bravo Jararaca a quem convida
A frescura do sítio, e sombra amada,
E dentro d'água a imagem da latada.

IV

No diáfano reflexo da onda pura
Avistou dentro d'água buliçosa,
Tremulando a belíssima figura,
Pasma, nem crê que imagem tão formosa
Seja cópia de humana Criatura;
E remirando a face prodigiosa,
Olha de um lado, e d'outro, e busca atento
Quem seja Original deste portento.

V

Enquanto tudo explora com cuidado,
Vai dar cos olhos na gentil donzela;
Fica sem uso d'alma arrebatado,
Que toda quanta tem se ocupa em vê-la:
Ambos fora de si, desacordado
Ele mais, de observar cousa tão bela,
Ela absorta no sono, em que pegara,
Ele encantado a contemplar-lhe a cara.

VI

Quisera bem falar, mas não acerta,
Por mais que dentro em si fazia estudo:
Ela de um seu suspiro olhou, desperta;
Ele daquele olhar ficou mais mudo:
Levanta-se a donzela mal coberta,
Tomando a rama por modesto escudo;
Pôs-lhe os olhos então, porém tão fera
Como nunca a beleza ser pudera.

VII

Voa, não corre pelo denso mato
A buscar na cabana o seu retiro;
E indo ele a suspirar, vê que num ato,
Em meio ela fugiu do seu suspiro:
Nem torna o triste a si por longo trato,
Até que dando à mágoa algum respiro,
Por saber donde habite ou quem seja ela,
Seguiu, voando, os passos da donzela.

VIII

De Taparica um Príncipe possante,
Que domina e dá nome à fértil Ilha,
Veio em breve a saber o cego amante
Ter nascido a formosa maravilha:
Pediu-lha Jararaca, vendo diante,
Ao lado de seus Pais, a bela filha:
Convêm todos; mas ela não consente,
Porque a mais a guardava o Céu potente.[1]

IX

Ardendo, parte o bravo Jararaca
D'ânsia, de dor, de raiva, de despeito;
E quanto encontra, embravecido ataca
Com sombras na razão, fúrias no peito:
E vendo a chama, o Pai, que não se aplaca,
Por dar-lhe Esposo de maior conceito,
Por Consorte Gupeva lhe destina,
Com quem no sangue e estado mais confina.

X

Logo que por cem bocas vaga a fama
Do Esposo eleito a condição divulga,
Irado o Caeté, raivando brama;
Arma todo o Sertão, guerra promulga,
Tudo acendendo em belicosa chama,
Investir por surpresa astuto julga,
Com que a causa da guerra se conclua,
Ficando Praguaçu ou morta ou sua.

---

1. No texto está "aguardava" em lugar de "a guardava".

XI

Mas sendo de improviso em terror posto,
E ouvindo do arcabuz a fama e efeito,
Não permite que o susto assome ao rosto,
Mas reprime o temor dentro em seu peito:
Convoca um campo das Nações composto,
Com quem tinha aliança em guerra feito;
E excitando na plebe a voraz sanha,
Cobre de Legiões toda a campanha.

XII

Em seis brigadas da vanguarda armados,
Trinta mil Caetés vinham raivosos,
Com mil talhos horrendos deformados,
No nariz, face e boca monstruosos:
Cuidava a bruta gente que espantados
Todos de vê-los, fugirão medrosos;
Feios como Demônios nos acenos,
Que certo se o não são, são pouco menos.

XIII

Da gente fera e do brutal comando
Capitão Jararaca eleito veio,
Porque na catadura e gesto infando
Entre outros mil horrendos é o mais feio:
Que uma horrível figura pelejando
É nos seus bravos militar asseio;
E traz entre eles gala de valente
Quem só coa cara faz fugir a gente.

XIV

Dez mil a negra cor trazem no aspecto,
Tinta de escura noite a fronte impura;
Negreja-lhe na testa um cinto preto,
Negras as armas são, negra a figura.
São os feros Margates, em que Alecto
O Averno pinta sobre a sombra escura;
Por timbre nacional cada pessoa
Rapa no meio do cabelo a coroa.

(*Ibidem*, págs. 111-115.)

. . . .

LI

Já se avistava o bárbaro tumulto
Das inimigas Tropas em redondo;
E antes que emprendam o primeiro insulto,
Levanta-se o infernal medonho estrondo:
Os marraques, uapis, e o brado inculto,
Todos um só rumor, juntos, compondo,
Fazem tamanha bulha na esplanada,
Como faz na tormenta uma trovoada.

LII

Tu, rápido Pajé, foste o primeiro
De quem o negro sangue o campo inunda;
Que com seres no salto o mais ligeiro,
Mais ligeira te colhe a cruel funda:
Paraguaçu lh'atira desde o outeiro;
Chovem as pedras, de que o monte abunda:
E do lado e de cima do cabeço,
Tudo abatem com tiros de arremesso.

LIII

Não ficou no combate entanto ociosa
A frecha do inimigo, que o ar encobre;
Começa Jararaca a ação furiosa,
Dando estímulo ousado ao valor nobre:
E a turba de Diogo receosa
Foge do Grão Tacape, onde o descobre:
Que tanto estrago faz, que qualquer fera
Maior entre cordeiros não fizera.

LIV

Mas quando tudo com terror fugia,
O bravo Jacaré se lhe põe diante:
Jacaré, que se os Tigres combatia,
Tigre não há que lhe estivesse avante.
Treme de Jararaca a companhia,
Vendo a forma do bárbaro arrogante,
Que com pele coberto de pantera,
Ruge com mais furor que a própria fera.

LV

Avista-se um co'outro: a maça ardente
Deixam cair com bárbaro alarido;
Corresponde o clamor da bruta gente,
E treme a terra em roda do mugido:
Aparou Jacaré no escudo ingente
Um duro golpe, que o deixou partido;
E enquanto Jararaca se desvia,
Quebra a maça no chão, com que o batia.

LVI

Nem mais espera o Caeté furioso,
E qual Onça no ar, quando destaca,
Arroja-se ao contrário impetuoso,
E um sobr'outro coas mãos peleja, ataca:
Não pode discernir-se o mais forçoso;
E sem mover-se em torno a gente fraca,
Olham lutando os dous no fero abraço,
Pé com pé, mão com mão, braço com braço.

LVII

Porém enquanto a luta persistia,
No sangue em terra lúbrico escorrega
O infeliz Jacaré; mas na porfia
Nem assim do adversário se despega·
Sobre o chão um com outro às voltas ia,
E qual o dente, qual o punho emprega,
Até que Jararaca um golpe atira,
Com que rota a cabeça o triste expira.

(*Ibidem*, págs. 128-130.)

CANTO VI

XXXIV

Dizendo assim, com calma vê lutando
Formosa nau de Gálica bandeira,
Que a terra ao parecer vinha buscando,
E a proa mete sobre a própria esteira:

Vem seguindo a canoa, e sinais dando,
Até que aborda a embarcação veleira;
E de paz dando a mostra conhecida,
Às praias de Bahia a nau convida.

XXXV

A Gupeva entretanto e Taparica,
Dava o último abraço, e à forte Esposa
A intenção de levá-la significa,
A ver de Europa a Região famosa;
Suspensa entre alvoroço e pena fica
Paraguaçu contente, mas saudosa;
E quando o pranto na sentida fuga
Começava a saudade, amor lho enxuga.

XXXVI

É fama então que a multidão formosa
Das Damas, que Diogo pertendiam,
Vendo avançar-se a nau na via undosa,
E que a esperança de o alcançar perdiam,
Entre as ondas com ânsia furiosa
Nadando o Esposo pelo mar seguiam,
E nem tanta água que flutua vaga,
O ardor que o peito tem, banhando apaga.

XXXVII

Copiosa multidão da nau Francesa
Corre a ver o espetáculo assombrada;
E ignorando a ocasião da estranha empresa,
Pasma da turba feminil, que nada:
Uma, que às mais precede em gentileza,
Não vinha menos bela do que irada:
Era Moema, que de inveja geme,
E já vizinha à nau se apega ao leme.

XXXVIII

"Bárbaro (a bela diz), tigre, e não homem...
Porém o tigre por cruel que brame,
Acha forças amor, que enfim o domem;
Só a ti não domou, por mais que eu te ame:

Fúrias, raios, coriscos, que o ar consomem,
Como não consumis aquele infame?
Mas pagar tanto amor com tédio e asco...
Ah! que o corisco és tu... raio... penhasco.

XXXIX

Bem puderas, cruel, ter sido esquivo,
Quando eu a fé rendia ao teu engano;
Nem me ofenderas a escutar-me altivo,
Que é favor, dado a tempo, um desengano:
Porém deixando o coração cativo
Com fazer-te a meus rogos sempre humano,
Fugiste-me, traidor, e desta sorte
Paga meu fino amor tão crua morte?

XL

Tão dura ingratidão menos sentira,
E esse fado cruel doce me fora,
Se a meu despeito triunfar não vira
Essa indigna, essa infame, essa traidora:
Por serva, por escrava te seguira,
Se não temera de chamar Senhora
A vil Paraguaçu, que sem que o creia,
Sôbre ser-me infrior, é néscia e feia.

XLI

Enfim, tens coração de ver-me aflita
Flutuar moribunda entre estas ondas;
Nem o passado amor teu peito incita
A um ai somente, com que aos meus respondas:
Bárbaro, se esta fé teu peito irrita,
(Disse, vendo-o fugir) ah não te escondas;
Dispara sobre mim teu cruel raio..."
E indo a dizer o mais, cai num desmaio.

XLII

Perde o lume dos olhos, pasma e treme,
Pálida a cor, o aspecto moribundo,
Com mão já sem vigor, soltando o leme,
Entre as falsas escumas desce ao fundo:

Mas na onda do mar, que irado freme,
Tornando a aparecer desde o profundo:
Ah! Diogo cruel! disse com mágoa,
E sem mais vista ser, sorveu-se n'água.

XLIII

Choraram da Bahia as Ninfas belas,
Que nadando a Moema acompanhavam;
E vendo que sem dor navegam delas,
À branca praia com furor tornavam:
Nem pode o claro Herói sem pena vê-las,
Com tantas provas que de amor lhe davam;
Nem mais lhe lembra o nome de Moema
Sem que ou amante a chore ou grato gema.

(Ibidem, págs. 178-181.)

. . . .

LXXI

Dá princípio na América opulenta
Às Províncias do Império Lusitano,
O Grã-Pará, que um mar nos representa,
Êmulo, em meio à terra, do Oceano:
Foi descoberto já (como se intenta)
Por ordem de Pizarro, de Arelhano;
País, que a linha Equinocial tem dentro,
Onde a Tórrida Zona estende o centro.

LXXII

Em nove léguas só de comprimento,
Vinte seis de circúito se espraia
No vasto Maranhão d'água opulento,
Uma Ilha bela, que se estende à praia:
Regam-lhe quinze rios o áureo assento,
E um breve estreito, que lhe forma a raia,
Pode passar por Istmo, que a encadeia
À terra firme por mui breve areia.

LXXIII

O Ceará depois, Província vasta,
Sem portos e comércio jaz inculta;
Gentio imenso, que em seus campos pasta,
Mais fero que outros o Estrangeiro insulta:
Com violento curso ao mar se arrasta
De um lago do Sertão, de que resulta,
Rio, onde pescam nas profundas minas
As brasílicas pérolas mais finas.

LXXIV

Da fértil Paraíba não ocorre
Que informe a gente vossa, sendo empresa
Do comércio Francês, que ali concorre
A lenhos carregar, que a Europa preza:
Não mui longe da costa, que ali corre.
Uma Ilha vedes de menor grandeza,
Que amena, fértil, rica e povoada
É d'Itamaracá de nós chamada.

LXXV

A oito graus do Equinócio se dilata
Pernambuco, Província deliciosa,
A pingue caça, a pesca, a fruta grata,
A madeira entre as outras mais preciosa:
O prospeto, que os olhos arrebata
Na verdura das árvores frondosa,
Faz que o erro se escuse a meu aviso,
De crer que fora um dia o Paraíso.

LXXVI

Serzipe então d'El-Rei: logo o terreno
De que viste a beleza e perspectiva;
Nem cuido que outro visses mais ameno,
Nem donde com mais gosto a gente viva:
Clima saudável, Céu sempre sereno,
Mitigada na névoa a calma ativa;
Palmas, mangues, mil plantas na espessura,
Não há depois do Céu mais formosura.

LXXVII

A quinze graus do Sul, na foz extensa
De um vasto rio, por ilhéus cortado,
Outra Província de cultura imensa,
Tem dos próprios ilhéus nome tomado:
Depois Porto Seguro, a quem compensa
O espaço da Província limitado,
Outra de âmbito vasto, que se assoma,
E do Espírito Santo o nome toma.

LXXVIII

Nhiterói dos Tamoios habitada,
Por largas terras seu domínio estende,
Famosa região pela enseada,
Que uma grã barra dentro em si comprende:
Esta praia dos vossos freqüentada,
Que pomo de discórdia entre nós pende,
Custará, se pressago não me engano,
Muito sangue ao Francês e ao Lusitano.

LXXIX

S. Vicente e S. Paulo os nomes deram
Às extremas Províncias que ocupamos;
Bem que ao Rio da Prata se estenderam
As que com próprio marco assinalamos:
E por memória de que nossas eram,
De *Marco* o nome no lugar deixamos,
Povoação, que aos vindouros significa
Onde o termo Espanhol e o Luso fica.

(*Ibidem*, págs. 190-193.)

CANTO VII

XXIII

Mil e cinqüenta e seis léguas de Costa,
De vales e arvoredos revestida,
Tem a terra Brasílica composta
De montes de grandeza desmedida:

Os Guararapes, Borborema posta
Sobre as nuvens na cima recrescida,
A serra de Aimorés, que ao pólo é raia,
As de Iboticatu e Itatiaia.

XXIV

Nos vastos rios e altas alagoas
Mares dentro das terras representa;
Coberto o Grão-Pará de mil canoas
Tem na espantosa foz léguas oitenta.
Por dezessete se deságua boas
O vasto Maranhão; léguas quarenta
O Jaguaribe dista; outro se engrossa
De S. Francisco, com que o mar se adoça.

XXV

O Serzipe, o Real de licor puro,
Que com vinte o Sertão regando correm,
Santa Cruz, que no Porto entra seguro,
Depois de trinta, que no mar concorrem:
Logo o das Contas, o Taigipe impuro,
Que abrindo a vasta foz no Oceano morrem,
O Rio Doce, a Cananéia, a Prata,
E outros cinqüenta mais, com que arremata.

XXVI

O mais rico e importante vegetável
É a doce cana, donde o açúcar brota,
Em pouco às nossas canas comparável,
Mas nas do milho proporção se nota:
Com manobra expedita e praticável,
Espremido em moenda o suco bota,
Que acaso a antiguidade imaginava,
Quando o néctar e ambrósia celebrava.

XXVII

Outra planta de muitos desejada,
Por fragrância que o olfato ativa sente,
Erva-santa dos nossos foi chamada,
Mas tabaco depois da Hispana gente.

Pelo Franco Nicot manipulada
Expele a bile, e o cérebro cadente
Socorre em modo tal, que em quem o tome,
Parece o impulso de o tomar que é fome.

XXVIII

É sustento comum, raiz prezada,
Donde se extrai, com arte, útil farinha.
Que saudável ao corpo, ao gosto agrada,
E por delícia dos Brasis se tinha.
Depois que em *bolandeiras* foi ralada,
No *Tapiti* se espreme, e se convinha,
Fazem a *puba* então, e a *tapioca*,
Que é todo o mimo e flor da mandioca.

XXIX

Chama o Agricultor raiz gostosa
Aipi por nome; e em gosto se parece
Com a mole castanha saborosa,
De que tira o País vário interesse.
Ótimo arroz em cópia prodigiosa,
Sem cultura nos campos aparece,
No Pará, Cuiabá, por modo feito,
Que iguala na bondade o mais perfeito.

XXX

Ervilhas, feijão, favas, milho e trigo,
Tudo a Terra produz, se se transplanta;
Fruta também, o pomo, a pera, o figo
Com bífera colheita, e em cópia tanta:
Que mais que no país que a dera antigo,[1]
No Brasil frutifica qualquer planta;
Assim nos deu a Pérsia, e Líbia ardente,
Os que a nós transplantamos de outra gente.

---

1. Na ed. original está "que o dera" em lugar de "que a dera".

XXXI

Nas comestíveis ervas é louvada
O Quiabo, o Jiló, os Maxixeres,
A Maniçoba peitoral prezada,
A Taioba agradável nos comeres:
O palmito de folha delicada,
E outras mil ervas, que se usar quiseres,
Acharás na opulenta natureza
Sempre com mimo preparada a mesa.

XXXII

Sensível chama-se erva pudibunda,
Que quando a mão chegando alguém lhe ponha,
Parece que do tato se confunda,
E que fuja o que o toca por vergonha.
Nem torna a si da confusão profunda,
Quando ausente o agressor se lhe não ponha,
Documento à alma casta, que lhe indica
Que quem cauta não foi, nunca é pudica.

XXXIII

D'ervas medicinais cópia tão rara
Tem no mato o Brasil, e na campina,
Que quem toda a virtude lhe explorara,
Por demais recorrera à Medicina.
Nasce a Jelapa ali, a sene amara,
O Filopódio, a malva, o pau da China,
A Caroba, a Capeba, e mil que agora
Conhece a bruta gente, e a nossa ignora.

XXXIV

Tem mimosos legumes, que não cedem
Aos que usamos na Europa mais prezados,
Gengibre, Gergelim, que os mais excedem
Mendubim, Mangaló, que usam guisados:
Alguns medicinais, com que despedem
Do peito estilicídios radicados;
Tem o Cará, o Inhame, e em cópia grata
Mangarás, mangaritos e batata.

XXXV

Das flores naturais pelo ar brilhante
É com causa entre as mais rainha a Rosa,
Branca saindo a Aurora rutilante,
E ao meio-dia tinta em cor lustrosa:
Porém crescendo a chama rutilante,
É purpúrea de tarde a cor formosa;
Maravilha que a Clicie competira,
Vendo que muda a cor, quando o Sol gira.

XXXVI

Outra engraçada flor, que em ramos pende
(Chamam de S. João) por bela passa
Mais que quantas o prado ali comprende,
Seja na bela cor, seja na graça:
Entre a copada rama, que se estende
Em vistosa aparência, a flor se enlaça,
Dando a ver por diante, e nas espaldas,
Cachos de ouro com verdes esmeraldas.

XXXVII

Nem tu me esquecerás, flor admirada,
Em quem não sei se a graça, se a natura
Fez da Paixão do Redentor Sagrada
Uma formosa e natural pintura:
Pende com pomos mil sobre a latada,
Áureos na cor, redondos na figura,
O âmago fresco, doce e rubicundo,
Que o sangue indica que salvara o Mundo.

XXXVIII

Com densa cópia a folha se derrama,
Que muito à vulgar Hera é parecida,
Entressachando pela verde rama
Mil quadros da Paixão do Autor da vida:
Milagre natural, que a mente chama
Com impulsos da graça, que a convida,
A pintar sobre a flor aos nossos olhos
A Cruz de Cristo, as Chagas e os abrolhos.

XXXIX

É na forma redonda, qual diadema,
De pontas, como espinhos, rodeada,
A coluna no meio, e um claro emblema
Das Chagas santas e da Cruz sagrada:
Vêem-se os três cravos e, na parte extrema,
Com arte a cruel lança figurada,
A cor é branca, mas de um roxo exsangue,
Salpicada recorda o pio sangue.

XL

Prodígio raro, estranha maravilha,
Com que tanto mistério se retrata!
Onde em meio das trevas a fé brilha,
Que tanto desconhece a gente ingrata:
Assim do lado seu nascendo filha
A humana espécie, Deus piedoso trata,
E faz que quando a Graça em si despreza,
Lhe pregue co'esta flor a natureza.

XLI

Outras flores suaves e admiráveis
Bordam com vária cor campinas belas,
E em vária multidão, por agradáveis,
A vista encantam, transportada em vê-las:
Jasmins vermelhos há, que inumeráveis
Cobrem paredes, tetos e janelas,
E sendo por miúdos mal distintos,
Entretecem purpúreos labirintos.

XLII

As açucenas são talvez fragrantes,
Como as nossas na folha organizadas;
Algumas no candor lustram brilhantes,
Outras na cor reluzem nacaradas.
Os bredos namorados rutilantes,
As flores de Courana celebradas;
E outras sem conto pelo prado imenso,
Que deixam quem as vê, como suspenso.

XLIII

Das frutas do País a mais louvada
É o Régio Ananás, fruta tão boa,
Que a mesma Natureza namorada
Quis como a Rei cingi-la da coroa:
Tão grato cheiro dá, que uma talhada
Surprende o olfato de qualquer pessoa;
Que a não ter do Ananás distinto aviso,
Fragrância a cuidará do Paraíso.

XLIV

As fragantes Pitombas delicadas
São como gemas d'ovos na figura;
As Pitangas com cores golpeadas
Dão refrigério na febril secura:
As formosas Guaiabas nacaradas,
As Bananas famosas na doçura,
Fruta, que em cachos pende, e cuida a gente
Que fora o figo da cruel Serpente.

XLV

Distingue-se entre as mais na forma, e gosto,
Pendente de alto ramo o coco duro,
Que em grande casca no extrior composto,
Enche o vaso intrior de um licor puro:[1]
Licor, que à competência sendo posto,
Do antigo néctar fora o nome escuro;
Dentro tem carne branca, como a amêndoa,
Que a alguns enfermos foi vital, comendo-a.

XLVI

Não são menos que as outras saborosas
As várias frutas do Brasil campestres,
Com gala de ouro e púrpura vistosas,
Brilha a Mangaba e os Mucujês silvestres:[2]
Os Mamões, Muricis, e outras famosas,
De que os rudes Caboclos foram Mestres,
Que ensinaram os nomes, que se estilam,
Janipapo e Caju vinhos destilam.

---

1. "intrior" é como está na edição de 1781.
2. Na ed. de 1781 está "Mangabá" em lugar de "Mangaba" e "Mocujes" em lugar de "Mucujês".

XLVII

Nas preciosas árvores se conta
O cacau, droga em Espanha tão comua,
Pouco n'altura mais que arbusto monta,
E rende novo fruto em cada Lua:
A Baínilha nos cipós desponta,
Que tem no chocolate a parte sua,
Nasce em bainhas, como paus de lacre,
De um suco oleoso, grato o cheiro, e acre.

XLVIII

Ótimo anil de planta pequenina
Entre as brenhas incultas se recolhe;
Tece-se a roupa do algodão mais fina,
Que em cópia abundantíssima se colhe:
Que se a abundância à indústria se combina,
Cessando a inércia, que mil lucros tolhe,
Houvera no Algodão, que ali se topa,
Roupa, com que vestir-se toda a Europa.

XLIX

O urucu, fruto d'árvore pequena,[1]
Como lima, em pirâmide elevada,
De que um extrato a diligência ordena,
Que a escarlata produz mais nacarada:
De imortal tronco a Tarajaba amena
Rende a áurea cor dos Belgas desejada,
O pau Brasil, de que o engenhoso Norte
Costuma extrair cor de toda a sorte.

L

Há de bálsamos árvores copadas,
Que por léguas e léguas se dilatam;
Folhas cinzentas, como a murta, obradas,
E em grato aroma os troncos se desatam,
Se neles pelas Luas são sangradas:
E uso vário fazendo os que contratam,
Lavram remédios mil e obras lustrosas,
Contas de cheiro e caixas preciosas.

---

1. Na ed. de 1781 está "uruçú" em lugar de "urucu".

LI

A Copaíba em curas aplaudida,
Que a Médica Ciência estima tanto,
A Bicuíba no óleo conhecida,
A Almécega, que se usa no quebranto,
A preciosa madeira apetecida,
Que o nome nos merece de Pau-santo,
O Salsafrás cheiroso, de que as Praças
Se vêem cobertas com formosas taças.

LII

Quais ricas vegetáveis ametistas
As águas do Violete em vária casta,
O áureo Pequiá com claras vistas,
Que noutros lenhos por matiz se engasta:
O vinhático pau, que quando avistas,
Massa de ouro parece extensa e vasta;
O duro pau, que ao ferro competira,
O Angelim, Tataipeva, o Supopira.

LIII

Troncos vários em cor e qualidade,
Que inteiriças nos fazem as canoas,
Dando a grossura tal capacidade,
Que andam remos quarenta, e cem pessoas:
E há por todo o Brasil em quantidade
Madeiras para fábricas tão boas,
Que trazendo-as ao mar por vastos rios,
Pode encher toda a Europa de navios.

LIV

Nutre a vasta Região raros viventes
Em número sem conto, e em natureza
Dos nossos animais tão diferentes,
Que enchem a vista da maior surpresa:
Os que têm mais comuns as nossas gentes,
Ignora esta porção da redondeza;
O boi, cavalo, a ovelha, a cabra, e o cão;
Mas levados ali sem conto são.

LV

Todo o animal é fero ali; levado
Donde tinha o seu pasto competente;
Nem era lugar próprio ao nosso gado,
Que fora o bruto manso e fera a gente:
Como entre nós é o Tigre arrebatado,
Cruel a Onça, o Javali fremente,
Feras as Antas são Americanas,
E próprias do Brasil as Suraranas.

LVI

Vêem-se Cobras terríveis monstruosas,
Que afugentam coa vista a gente fraca;
As Jibóias, que cingem volumosas
Na cauda um touro, quando o dente o ataca:
Voa entre outras com forças horrorosas,
Batendo a aguda cauda a Jararaca,
Com veneno, a quem fere tão presente,
Que logo em convulsão morrer se sente.

LVII

Entre outros bichos, de que o bosque abunda,
Vê-se o espelho da gente, que é remissa,
No animal torpe de figura imunda,
A que o nome pusemos da Preguiça:
Mostra no aspecto a lentidão profunda;
E quando mais se bate e mais se atiça,
Conserva o tardo impulso por tal modo,
Que em poucos passos mete um dia todo.

LVIII

Vê-se o Camaleão, que não se observa
Que tenha, como os mais, por alimento,
Ou folha, ou fruto, ou nota carne, ou erva,
Donde a plebe afirmou que pasta em vento:
Mas sendo certo que o ambiente ferva
De infinitos insetos, por sustento
Creio bem que se nutra na Campanha
De quantos deles, respirando, apanha.

LIX

Gira o Sareüé, como pirata,[1]
Da criação doméstica inimigo;
À canção da Guariba sempre ingrata
Responde o Guassinim, que o segue amigo:
Da vária caça, que o Caboclo mata,
A Narração por longa não prossigo,
Veados, Capivaras e Quatiás,[2]
Pacas, Teiús, Pereás, Tatus, Cutias.[3]

LX

O mono, que a espessura habita astuto,
De um ramo noutro buliçoso salta;
E para não se crer que nasceu bruto,
Parece que o falar somente falta;
O riso imita, e contrafaz o luto;
E a tanto sobre os mais o instinto exalta,
Que onde a espécie brutal chegar lhe veda,
Tem arte natural, com que o arremeda.

LXI

Entre as voláteis caças mais mimosa,
A Zabelé, que os Francolins imita,
É de carne suave e deliciosa,
Que ao Tapuia voraz a gula incita:
Logo a Enhapopé, carne preciosa,[4]
De que a titela mais o gosto irrita,
Pombas verás também nestes países,
Que em sabor, forma e gosto são perdizes.

---

1. Na ed. de 1781 está "Sarehué". As formas de uso atual são *saruê*, *sarigüê* ou *sarigué*, e *sarigücia* ou *sariguéia*.
2. Durão escreve aqui "Coatiás", com a significação de "quatis".
3. Na edição de 1781 está "Teús" em lugar de "teiús" ou "tejus", e "Periás" em lugar de "pereás" ou "preás".
4. "Enhá-popé" é como está na ed. de 1781. Nas Cartas de Vilhena ocorre a forma "Inhapopês", que é a designação indígena da nossa "perdiz". Já Simão de Vasconcelos se referia à "Nenapupé".

LXII

Juritis, Pararis, tenras e gordas,
A Iraponga no gôsto regalada,[1]
As Marrecas, que ao rio enchem as bordas,
As Jacutingas e a Aracã prezada:[2]
E se do lago na ribeira abordas
De Galeirões e patos habitada,
Verás, correndo as águas na canoa,
A turba aquátil, que nadando voa.

LXIII

Negou às aves do ar a Natureza,
Na maior parte a Música harmonia;
Mas compensa-se a vista na beleza,
Do que pode faltar na melodia:
A pena do Tucano mais se preza,
Que feita de ouro fino se diria,
Os Guarases pelo ostro tão luzidos,
Que parecem de púrpura vestidos.

LXIV

Vão pelo ar loquazes papagaios,
Como nuvens voando em cópia ingente,
Iguais na formosura aos verdes Maios,
Proferindo palavras, como a gente:
Os Periquitos com iguais ensaios,
O Canindé, qual Íris reluzente;
Mas falam menos da pronúncia avaras,
Gritando as formosíssimas Araras.

LXV

Como melros são negros os bicudos,
Mais destros e agradáveis no seu canto;
Na terra os Sabiás sempre são mudos;
Mas junto d'água têm a voz, que é encanto:
Os Coleirinhos no entoar agudos,
As Patatibas, que o saudoso pranto
Imitam, requebrando com sons vários,
Os Colibris, e harmônicos Canários.[3]

1. "Hiraponga" é como está na ed. de 1781. Seria araponga?
2. Na ed. de 1781 está "Aracan" em lugar de "aracuã" ou, pelo sistema ortográfico de 1943, "araquã".

3. Na ed. de 1781 está "Colibres" em lugar de "Colibris".

LXVI

Das espécies marítimas de preço
Temos pérolas netas preciosas,
Nem melhores aljôfares conheço,
Que os das ostras Brasílicas famosas:
Âmbar-Gris do melhor, mais denso e espesso,
Nas costas do Ceará se vê espaçosas,
Madres-pérolas, conchas delicadas,
Umas parecem de ouro, outras prateadas.

LXVII

Piscoso o mar de peixes mais mimosos,
Entre nós conhecidos, rico abunda,
Linguados, Sáveis, Meros preciosos,
A Agulha, de que o mar todo se inunda:
Robalos, Salmonetes deliciosos,
O Cherne, o Voador, que n'água afunda,
Pescadas, Galo, Arraias e Tainhas,
Carapaus, Enxarrocos e Sardinhas.

LXVIII

Outros peixes, que próprios são do clima,
Berupirás, Vermelhos, e o Garopa,[1]
Pâmpanos, Curimás, que o vulgo estima,[2]
Os Dourados que preza a nossa Europa:
Carepebas, Parus, nem desestima[3]
A grande cópia, que nos mares topa,
A multidão vulgar do Xaréu vasto,
Que às pobres gentes subministra o pasto.

LXIX

De Junho a Outubro para o mar se alarga,
Qual gigante marítimo, a Baleia,
Que palmos vinte seis conta de larga,
Setenta de comprido, horrenda e feia:
Oprime as águas com a horrível carga,
E de oleosa gordura em roda cheia,
Convida o pescador, que ao mar se deite,
Por fazer, derretendo-a, útil azeite.

---

1. Na ed. de 1781 está "Berupirás" em lugar de "Beijupirás" ou "Bijupirás".
2. Na ed. de 1781 está "Corimás", em lugar de "Curimás", nome que nos Estados do Norte ainda se dá à tainha.
3. Na ed. de 1781 está "Carepeba" em lugar de "Carapeba".

LXX

Tem por espinhas ossos desmarcados,
O ferro as duras peles representam,
Donde pendem mil búzios apegados,
Que de quanto lhe chupam se sustentam:
Não parecem da fronte separados
Os vastos corpos, que na areia assentam,
Entre os olhos medonhos se ergue a tromba,
Que ondas vomita, como aquátil bomba.

LXXI

Na boca horrível, como vasta gruta,
Doze palmos comprida a língua pende,
Sem dentes; mas da boca imensa e bruta
Barbatanas quarenta ao longo estende:
Com elas para o estômago transmuta
Quanto por alimento n'água prende,
O peixe, ou talvez carne, e do elemento
A fez imunda, que lhe dá sustento.

LXXII

Duas asas nos ombros tem por braços,
Que aos lados vinte palmos se difundem,
Com asa e cauda os líquidos espaços
Batendo remam, quando o mar confundem:
E excitando no pélago fracassos,
Chorros d'água nas naus de longe infundem;
E andando o monstro sobre o mar boiante,
Crê que é Ilha o inexperto navegante.

LXXIII

Brilha o materno amor no monstro horrendo,
Que, vendo prevenida a gente armada,
Matar se deixa n'água combatendo,
Por dar fuga, morrendo, à prole amada:
Onde no filho o arpão caçam metendo,
Com que atraindo a mãe dentro à Enseada.
Desde a longa canoa se alanceia,
Ao lado de seus filhos, a baleia.

LXXIV

Sobre a costa o marisco apetecido
No arrecife se colhe, e nas ribeiras
As Lagostas, e o Polvo retorcido,
Os Lagostins, Santolas, Sapateiras:
Ostras famosas, Camarão crescido,
Caranguejos também de mil maneiras,
Por entre os Mangues, donde o tino perde
A humana vista em labirinto verde.

(*Ibidem*, págs. 202-219.)

CANTO X

I

Cheia de assombro a turba a Dama admira
Tornada a si da suspensão pasmosa;
E da nova visão, que ali sentira,
Prossegue a ouvir-lhe a narração gostosa:
Mais bela que esse Sol, que o Mundo gira,
E com cor (disse) de purpúrea rosa,
Vi formar-se no Céu nuvem serena,
Qual nasce a Aurora em madrugada amena.

II

Vi luzeiros de chama rutilante
Sôbre a esfera tecer claro diadema,
De matéria mais pura que o diamante,
Que obra parece de invenção Suprema.
Luzia cada estrela tão brilhante,
Que parecia um Sol, precioso emblema
De admirável belíssima pessoa,
Que à roda da cabeça cinge a coroa.

III

De ouro fino os cabelos pareciam,
Que uma aura branda aos ares espalhava,
E uns dos outros talvez se dividiam,
E outra vez um com outro se enredava:
Frechas voando, mais não feririam
Do que um só deles n'alma penetrava;
Cabelos tão gentis, que o Esposo amado
Se queixa que de um deles foi chagado.

IV

A frente bela, cândida, espaçosa,
Cheia de celestial serenidade,
Vislumbres dava pela luz formosa
Da imortal soberana claridade:
Vê-se ali mansidão reinar piedosa,
E envolta na modéstia a suavidade,
Com graça, a quem a olhava tão serena,
Que excitando prazer, desterra a pena.

V

Dos dous olhos não há na terra idéia,
Que astros, flores, diamantes escurecem;
Ou na beleza de mil graças cheia,
Ou nos agrados, que brilhando ofrecem:
Num olhar seu toda alma se encadeia,
E mil votos à roda lhe aparecem,
Dos que a seu culto glorioso alista,
Outorgando o remédio numa vista.

VI

Das faces belas, se na terra houvera
Imagem competente que a pintara,
Às flores mais gentis da Primavera
Pelo encarnado e branco eu comparara:
Mas flor não nasce na terrena esfera;
Não há estrela no Céu tão bela e clara,
Que não seja, se a opor-se-lhe se arrisca,
Menos que à luz do Sol breve faísca.

VII

Da boca formosíssima pendente
Pasma em silêncio todo o Céu, profundo:
Boca, que um *Fiat* pronunciou potente,
Com mais efeito que se criasse um Mundo:
Odorífero cheiro em todo o ambiente
Do labro se espalhava rubicundo;
Fragrância celestial, que amante e pia
No Filho com mil ósculos bebia.

VIII

Todos suspende em pasmo respeitoso
O amável formosíssimo semblante;
E mais nele se ostenta poderoso
O Soberano Autor do Céu brilhante:
Pois quanto tem o Empíreo de formoso,
Quanto a angélica luz de rutilante,
Quanto dos Serafins o ardente incêndio,
De tudo aquele rosto era um compêndio.

IX

Nas brancas mãos, que angélicas se estendem,
Um desmaiado azul nas veias tinto,
Faz parecer aos olhos, quando o atendem,
Alabastros com fundos de jacinto:
Ambas com doce abraço ao seio prendem
Formosura maior, que aqui não pinto;
Porque para pincel me não bastara
Quanto Deus já criou, quanto criara.

X

Mas se não se dedigna o Verbo Santo,
Por nosso amor, de um símbolo rasteiro,
Dentro parece do Virgíneo Manto,
Pascendo em brancos lírios um Cordeiro:
Os olhos com suavíssimo quebranto
Lhe ocupa um doce sono lisonjeiro,
À roda os Serafins, que o estrondo impedem,
Para o não despertar silêncio pedem.

XI

Aos pés da Mãe piedosa superada
Vê-se a antiga Serpente insidiosa,
De que a fronte, na culpa levantada,
Quebra a planta Virgínea gloriosa:
E enroscando os mortais já quebrantada,
Ao eco só da Virgem poderosa,
No mais fundo do abismo se submerge,
E o feral antro do veneno asperge.

(*Ibidem*, págs. 281-284.)

CLÁUDIO MANUEL DA COSTA

(1729 — 1789)

Cláudio Manuel da Costa nasceu na vila do Ribeirão do Carmo, hoje cidade de Mariana. Depois dos primeiros estudos, feitos em Vila Rica, transferiu-se para o Rio de Janeiro, onde, no colégio da Companhia de Jesus, tirou o título de mestre em artes. Em 1749 partia para Coimbra e em 1753 graduava-se em cânones na Universidade. Durante o período universitário publicou suas primeiras obras poéticas. Achava-se provavelmente no Brasil quando, em 1768, se imprimiu na oficina de Luís Sêco Ferreira, em Coimbra, uma coleção de suas poesias, compreendendo sonetos, éclogas, romances, cantatas, epístolas, epicédios, cançonetas e fábulas. Das obras que não se acham incluídas nessa coleção a mais conhecida é o poema Vila Rica, escrito em 1765 e publicado pela primeira vez na revista O Patriota, em 1813. Envolvido na conjuração mineira e recolhido ao cárcere em Vila Rica, Cláudio Manuel da Costa suicidou-se na prisão.

SONETOS

II

Leia a posteridade, ó pátrio Rio,
Em meus versos teu nome celebrado,
Por que vejas uma hora despertado
O sono vil do esquecimento frio:

Não vês nas tuas margens o sombrio,
Fresco assento de um álamo copado;
Não vês Ninfa cantar, pastar o gado
Na tarde clara do calmoso estio.

Turvo banhando as pálidas areias
Nas porções do riquíssimo tesouro
O vasto campo da ambição recreias.

Que de seus raios o Planeta louro,
Enriquecendo o influxo em tuas veias,
Quanto em chamas fecunda, brota em ouro.

(*Obras de Cláudio Manuel da Costa,* Coimbra, 1768, pág. 2.)

III

Pastores, que levais ao monte o gado,
Vêde lá como andais por essa serra,
Que para dar contágio a toda a terra,
Basta ver-se o meu rosto magoado:

Eu ando (vós me vêdes) tão pesado;
E a Pastora infiel, que me faz guerra,
É a mesma, que em seu semblante encerra
A causa de um martírio tão cansado.

Se a quereis conhecer, vinde comigo,
Vereis a formosura, que eu adoro;
Mas não; tanto não sou vosso inimigo:

Deixai, não a vejais; eu vo-lo imploro;
Que se seguir quiserdes o que eu sigo,
Chorareis, ó Pastores, o que eu choro.

(Ibidem, pág. 2.)

VI

Brandas ribeiras, quanto estou contente
De ver-vos outra vez, se isto é verdade!
Quanto me alegra ouvir a suavidade,
Com que Fílis entoa a voz cadente!

Os rebanhos, o gado, o campo, a gente,
Tudo me está causando novidade:
Oh como é certo que a cruel saudade
Faz tudo, do que foi, mui diferente!

Recebei (eu vos peço) um desgraçado,
Que andou té agora por incerto giro
Correndo sempre atrás do seu cuidado:

Este pranto, estes ais, com que respiro,
Podendo comover o vosso agrado,
Façam digno de vós o meu suspiro.

(Ibidem, pág. 4.)

VII

Onde estou! Este sítio desconheço:
Quem fêz tão diferente aquele prado!
Tudo outra natureza tem tomado;
E em contemplá-lo tímido esmoreço.

Uma fonte aqui houve; eu não me esqueço
De estar a ela um dia reclinado:
Ali em vale um monte está mudado:
Quanto pode dos anos o progresso!

Árvores aqui vi tão florescentes,
Que faziam perpétua a primavera:
Nem troncos vejo agora decadentes.

Eu me engano: a região esta não era:
Mas que venho a estranhar, se estão presentes
Meus males, com que tudo degenera!

(*Ibidem*, pág. 4.)

VIII

Este é o rio, a montanha é esta,
Estes os troncos, êstes os rochedos;
São estes inda os mesmos arvoredos;
Esta é a mesma rústica floresta.

Tudo cheio de horror se manifesta,
Rio, montanha, troncos e penedos;
Que de amor nos suavíssimos enredos
Foi Cena alegre, e urna é já funesta.

Oh quão lembrado estou de haver subido
Aquele monte, e as vezes que baixando
Deixei do pranto o vale umedecido!

Tudo me está a memória retratando;
Que da mesma saudade o infame ruído
Vem as mortas espécies despertando.

(*Ibidem*, pág. 5.)

XIII

Nize? Nize? onde estás? Aonde espera
Achar-te uma alma, que por ti suspira;
Se quanto a vista se dilata, e gira,
Tanto mais de encontrar-te desespera!

Ah se ao menos teu nome ouvir pudera
Entre esta aura suave, que respira!
Nize, cuido que diz; mas é mentira.
Nize, cuidei que ouvia; e tal não era.

Grutas, troncos, penhascos da espessura,
Se o meu bem, se a minha alma em vós se esconde,
Mostrai, mostrai-me a sua formosura.

Nem ao menos o eco me responde!
Ah como é certa a minha desventura!
Nize? Nize? onde estás? aonde? aonde?

(Ibidem, pág. 7.)

XIV

Quem deixa o trato pastoril, amado
Pela ingrata, civil correspondência,
Ou desconhece o rosto da violência,
Ou do retiro a paz não tem provado.

Que bem é ver nos campos trasladado
No gênio do Pastor, o da inocência!
E que mal é no trato e na aparência
Ver sempre o cortesão dissimulado!

Ali respira Amor sinceridade;
Aqui sempre a traição seu rosto encobre;
Um só trata a mentira, outro a verdade.

Ali não há fortuna, que soçobre;
Aqui quanto se observa, é variedade:
Oh ventura do rico! Oh bem do pobre!

(Ibidem pág. 8.)

XVIII

Aquela cinta azul, que o Céu estende
À nossa mão esquerda, aquele grito,
Com que está toda a noite o corvo aflito
Dizendo um não sei quê, que não se entende;

Levantar-me de um sonho, quando atende
O meu ouvido um mísero conflito,
A tempo que o voraz lobo maldito
A minha ovelha mais mimosa ofende;

Encontrar a dormir tão preguiçoso
Melampo, o meu fiel, que na manada
Sempre desperto está, sempre ansioso;

Ah! queira Deus que minta a sorte irada:
Mas de tão triste agouro cuidadoso
Só me lembro de Nize, e de mais nada.

(*Ibidem*, pág. 10.)

XXII

Neste álamo sombrio, aonde a escura
Noite produz a imagem do segredo;
Em que apenas distingue o próprio medo
Do feio assombro a hórrida figura;

Aqui, onde não geme nem murmura
Zéfiro brando em fúnebre arvoredo,
Sentado sobre o tosco de um penedo
Chorava Fido a sua desventura.

Às lágrimas a penha enternecida
Um rio fecundou, donde manava
D'ânsia mortal a cópia derretida:

A natureza em ambos se mudava;
Abalava-se a penha comovida;
Fido, estátua da dor, se congelava.

(*Ibidem*, pág. 12.)

XXIV

Sonha em torrentes d'água o que abrasado
Na sede ardente está; sonha em riqueza
Aquele, que no horror de uma pobreza
Anda sempre infeliz, sempre vexado:

Assim na agitação de meu cuidado,
De um contínuo delírio esta alma presa,[1]
Quando é tudo rigor, tudo aspereza,
Me finjo no prazer de um doce estado.

Ao despertar a louca fantasia
Do enfermo, do mendigo, se descobre
Do torpe engano seu a imagem fria;

Que importa pois, que a idéia alívios cobre,
Se apesar desta ingrata aleivosia,
Quanto mais rico estou, estou mais pobre.

(Ibidem, pág. 13.)

XXVIII

Faz a imaginação de um bem amado
Que nele se transforme o peito amante;
Daqui vem que a minha alma delirante
Se não distingue já do meu cuidado.

Nesta doce loucura arrebatado
Anarda cuido ver, bem que distante;
Mas ao passo que a busco, neste instante
Me vejo no meu mal desenganado.

Pois se Anarda em mim vive, e eu nela vivo,
E por força da idéia me converto
Na bela causa de meu fogo ativo;

Como nas tristes lágrimas, que verto,
Ao querer contrastar seu gênio esquivo,
Tão longe dela estou, e estou tão perto!

(Ibidem, pág. 15.)

---

1. Na primeira edição das obras de Cláudio Manuel da Costa lê-se, por engano, "desta" no lugar de "esta". O lapso vem corrigido na edição Garnier, de 1903.

XXXII

Se os poucos dias, que vivi contente,
Foram bastantes para o meu cuidado,
Que pode vir a um pobre desgraçado,
Que a idéia de seu mal não acrescente!

Aquele mesmo bem, que me consente,
Talvez propício, meu tirano fado,
Esse mesmo me diz que o meu estado
Se há de mudar em outro diferente.

Leve pois a fortuna os seus favores;
Eu os desprezo já; porque é loucura
Comprar a tanto preço as minhas dores:

Se quer que me não queixe a sorte escura,
Ou saiba ser mais firme nos rigores,
Ou saiba ser constante na brandura.

(*Ibidem*, pág. 17.)

XXXVIII

Quando, formosa Nize, dividido
De teus olhos estou nesta distância,
Pinta a saudade, à força de minha ânsia,
Toda a memória do prazer perdido.

Lamenta o pensamento amortecido
A tua ingrata, pérfida inconstância;
E quanto observa, é só a vil jactância
Do fado, que os troféus têm conseguido.

Aonde a dita está? aonde o gosto?
Onde o contentamento? onde a alegria,
Que fecundava esse teu lindo rosto?

Tudo deixei, ó Nize, aquele dia,
Em que deixando tudo, o meu desgosto
Somente me seguiu por companhia.

(*Ibidem*, pág. 20.)

LVII

Bela imagem, emprego idolatrado,
Que sempre na memória repetido,
Estás, doce ocasião de meu gemido,
Assegurando a fé de meu cuidado.

Tem-te a minha saudade retratado;
Não para dar alívio a meu sentido;
Antes cuido que a mágua do perdido
Quer aumentar coa pena de lembrado.

Não julgues que me alento com trazer-te
Sempre viva na idéia; que a vingança
De minha sorte todo o bem perverte.

Que alívio em te lembrar minha alma alcança,
Se do mesmo tormento de não ver-te
Se forma o desafogo da lembrança?

(Ibidem, pág. 29.)

LX

Valha-te Deus, cansada fantasia!
Que mais queres de mim? que mais pertendes?
Se quando na esperança mais te acendes,
Se desengana mais tua porfia!

Vagando regiões de dia em dia,
Novas conquistas e troféus emprendes:
Ah que conheces mal, que mal entendes,
Onde chega do fado a tirania!

Trata de acomodar-te ao movimento
Dessa roda volúvel, e descansa
Sobre tão fatigado pensamento.

E se inda crês no rosto da esperança,
Examina por dentro o fingimento;
E verás tempestade o que é bonança.

(Ibidem, pág. 31.)

LXI

Deixemos-nos, Algano, de porfia;
Que eu sei o que tu és, contra a verdade
Sempre hás de sustentar que a Divindade
Destes campos é Brites, não Maria:

Ora eu te mostrarei inda algum dia
Em que está teu engano: a novidade,
Que agora te direi, é que a Cidade
Por melhor do que todas a avalia.

Há pouco que encontrei lá junto ao monte
Dous Pastores, que estavam conversando,
Quando passaram ambas para a fonte;

Nem falaram em Brites: mas tomando
Para um cedro, que fica bem defronte,
O nome de Maria vão gravando.

(*Ibidem*, pág. **31.**)

LXII

Torno a ver-vos, ó montes; o destino
Aqui me torna a pôr nestes oiteiros,
Onde um tempo os gabões deixei grosseiros
Pelo traje da Corte rico e fino.

Aqui estou entre Almendro, entre Corino,
Os meus fiéis, meus doces companheiros,
Vendo correr os míseros vaqueiros
Atrás de seu cansado desatino.

Se o bem desta choupana pode tanto,
Que chega a ter mais preço, e mais valia,
Que da Cidade o lisonjeiro encanto;

Aqui descanse a louca fantasia;
E o que té agora se tornava em pranto,
Se converta em afetos de alegria.

(Ibidem, pág. 32.)

LXIV

Que tarde nasce o Sol, que vagaroso!
Parece que se cansa de que a um triste
Haja de aparecer: quanto resiste
A seu raio este sítio tenebroso!

Não pode ser que o giro luminoso
Tanto tempo detenha: se persiste
Acaso o meu delírio! se me assiste
Ainda aquele humor tão venenoso!

Aquela porta ali se está cerrando;
Dela sai um Pastor: outro assobia,
E o gado para o monte vai chamando.

Ora não há mais louca fantasia!
Mas quem anda, como eu, assim penando,
Não sabe quando é noite, ou quando é dia.

(Ibidem, pág. 33.)

LXVII

Não te cases com Gil, bela Serrana;
Que é um vil, um infame, um desestrado;
Bem que ele tenha mais devesa, e gado,
A minha condição é mais humana.

Que mais te pode dar sua cabana,
Que eu aqui te não tenha aparelhado?
O leite, a fruta, o queijo, o mel dourado,
Tudo aqui acharás nesta choupana.

Bem que ele tange o seu rabil grosseiro,
Bem que te louve assim, bem que te adore,
Eu sou mais extremoso e verdadeiro.

Eu tenho mais razão, que te enamore;
E se não, diga o mesmo Gil vaqueiro:
Se é mais que ele te cante, ou que eu te chore.

(*Ibidem*, pág. 34.)

LXIX

Se à memória trouxeres algum dia,
Belíssima tirana, Ídolo amado,
Os ternos ais, o pranto magoado,
Com que por ti de amor Alfeu gemia;

Confunda-te a soberba tirania,
O ódio injusto, o violento desagrado,
Com que atrás de teus olhos arrastado
Teu ingrato rigor o conduzia.

E já que enfim tão mísero o fizeste,
Vê-lo-ás, cruel, em premio de adorar-te,
Vê-lo-ás, cruel, morrer; que assim quiseste.

Dirás, lisonjeando a dor em parte:
Fui-te ingrata, Pastor; por mim morreste;
Triste remédio a quem não pode amar-te!

(*Ibidem*, pág. 35.)

LXXII

Já rompe, Nize, a matutina Aurora
O negro manto, com que a noite escura,
Sufocando do Sol a face pura,
Tinha escondido a chama brilhadora.

Que alegre, que suave, que sonora,
Aquela fontezinha aqui murmura!
E nestes campos cheios de verdura
Que avultado o prazer tanto melhora?

Só minha alma em fatal melancolia,
Por te não poder ver, Nize adorada,
Não sabe inda que coisa é alegria;

E a suavidade do prazer trocada,
Tanto mais aborrece a luz do dia,
Quanto a sombra da noite mais lhe agrada.

(Ibidem, pág. 37.)

LXXV

Clara fonte, teu passo lisonjeiro
Pára, e ouve-me agora um breve instante;
Que em paga da piedade o peito amante
Te será no teu curso companheiro.

Eu o primeiro fui, fui o primeiro,
Que nos braços da Ninfa mais constante
Pude ver da fortuna a face errante
Jazer por glória de um triunfo inteiro.

Dura mão, inflexível crueldade
Divide o laço, com que a glória, a dita
Atara o gosto ao carro da vaidade:

E para sempre a dor ter n'alma escrita,
De um breve bem nasce imortal saudade,
De um caduco prazer mágoa infinita.

(Ibidem, pág. 38.)

LXXIX

Entre este álamo, ó Lize, e essa corrente,
Que agora estão meus olhos contemplando,
Parece que hoje o Céu me vem pintando
A mágoa triste, que meu peito sente.

Firmeza a nenhum deles se consente
Ao doce respirar do vento brando;
O tronco a cada instante meneando,
A fonte nunca firme ou permanente.

Na líquida porção, na vegetante
Cópia daquelas ramas se figura
Outro rosto, outra imagem semelhante:

Quem não sabe que a tua formosura
Sempre imóvel está, sempre inconstante,
Nunca fixa se viu, nunca segura?

(Ibidem, pág. 40.)

XCVIII

Destes penhascos fez a natureza
O berço, em que nasci: oh quem cuidara
Que entre penhas tão duras se criara
Uma alma terna, um peito sem dureza!

Amor, que vence os Tigres, por empresa
Tomou logo render-me; ele declara
Contra o meu coração guerra tão rara,
Que não me foi bastante a fortaleza.

Por mais que eu mesmo conhecesse o dano,
A que dava ocasião minha brandura,
Nunca pude fugir ao cego engano:

Vós, que ostentais a condição mais dura,
Temei, penhas, temei; que Amor tirano,
Onde há mais resistência, mais se apura.

(Ibidem, pág. 50.)

C

Musas, canoras Musas, este canto
Vós me inspirastes, vós meu tenro alento
Erguestes brandamente à aquele assento,
Que tanto, ó Musas, prezo, adoro tanto.

Lágrimas tristes são, mágoas e pranto,
Tudo o que entoa o músico instrumento;
Mas se o favor me dais, ao mundo atento
Em assunto maior farei espanto.

Se em campos não pisados algum dia
Entra a Ninfa, o Pastor, a ovelha, o touro,
Efeitos são da vossa melodia;

Que muito, ó Musas, pois, que em fausto agouro
Cresçam do pátrio rio à margem fria
A imarcescível hera, o verde louro!

(*Ibidem*, pág. 51.)

À MORTE DE SALÍCIO

EPICÉDIO II

Espírito imortal, tu que rasgando
Essa esfera de luzes, vais pisando
Do fresco Elísio a região bendita,
Se nesses campos, onde a glória habita,

Centro do gosto, do prazer estância,
Entrada se permite à mortal ânsia
De uma dor, de um suspiro descontente,
Se lá relíquia alguma se consente
Desta cansada, humana desventura,
Não te ofendas, que a vítima tão pura,
Que em meus ternos soluços te ofereço,
Busque seguir-te, por lograr o preço
Daquela fé, que há muito consagrada
Nas aras da amizade foi jurada.

Bem sabes que o suavíssimo perfume,
Que arder pode do amor no casto lume,
Os suores não são deste terreno,
Que odorífero sempre, e sempre ameno,
Em coalhadas porções Chipre desata:
Mais que os tesouros, que feliz recata
A Arábica região, amor estima
Os incensos, que a fé, que a dor anima,
Abrasados no fogo da lembrança.
Esta pois a discreta segurança,
 Com que chega meu peito saudoso,
A acompanhar teu passo venturoso,
Oh sempre suspirado, sempre belo,
Espírito feliz: a meu desvelo
Não negues, eu te rogo, que constante
Viva a teu lado sombra vigilante.

Inda que estejas de esplendor cercada,
Alma feliz, na lúcida morada,
Que na pompa dos raios luminosa
Pises aquela esfera venturosa,

Que a teu merecimento o Céu destina;
Nada impede que a chama peregrina
De uma saudade aflita, e descontente,
Te assista acompanhando juntamente.
Antes razão será que debuxada
Em meu tormento aquela flor prostrada,
Sol em teus resplendores te eternizes,
E Clície em minha mágoa me divises;
Entre raios crescendo, entre lamentos,
Em mim a dor, em ti os luzimentos.

Se porém a infestar da Elísia esfera
A contínua, brilhante primavera
Chegar só pode o lastimoso rosto
Deste meu triste, fúnebre desgôsto,
Eu desisto do empenho, em que deliro;
E as asas encurtando a meu suspiro,
Já não consinto que seu voo ardente
A acompanhar-te suba diligente:
Antes no mesmo horror, na sombra escura
Da minha inconsolável desventura
Eu quero lastimar meu fado tanto,

Que sufocado em urnas de meu pranto,
A tão funesto, líquido dispêndio,
A chama apague dêste ardente incêndio.

Indigno sacrifício de uma pena,
Que chega a perturbar a paz serena
De umas almas, que em campos de alegria
Gozam perpétua luz, perpétuo dia;
Que adorando a concórdia, desconhecem
Os sustos, que da inveja os braços tecem;
Que ignoram o rigor do frio inverno;
E que em brando concêrto, em jôgo alterno
Gozam toda a suavíssima carreira
De uma sorte risonha e lisonjeira.

Ali, entre os favônios mais suaves,
A consonância ofenderei das aves,
Que arrebatando alegres os ouvidos,
Discorrem entre os círculos luzidos
De toda a vegetante, amena estância.
Ali pois as memórias de minha ânsia
Não entrarão, Salício: que não quero
Ser contigo tão bárbaro, e tão fero,
Que um bem, em cuja posse estás ditoso,
Triste magoe, infeste lastimoso.

Cá viverá comigo a minha pena,
Penhor inextinguível, que me ordena
A sempre viva e imortal lembrança.
Ela me está propondo na vingança
Do meu fado inflexível, ó Salício,
Aquele infausto, trágico exercício,
Que os humanos progressos acompanha.
Quem cuidara que fosse tão estranha,
Tão pérfida, tão ímpia a força sua,
Que maltratar pudesse a idade tua.
Adornada não só daquele raio,
Que anima a flor, que se produz em Maio,
Mas inda de frutíferos abonos,
Que antecipa a cultura dos outonos!

Cinco lustros o Sol tinha dourado
(Breves lustros enfim, Salício amado,)
Quando o fio dos anos encolhendo,
Foi Átropos a teia desfazendo:
Um golpe, e outro golpe preparava:
Para empregá-lo a força lhe faltava;
Que mil vezes a mão, ou de respeito,
De mágoa, ou de temor, não pôs o efeito.
Desatou finalmente o peregrino
Fio, que já tecera. Ah se ao destino
Pudera embaraçar nossa piedade!
Não te gloreies, trágica Deidade,
De um triunfo, que levas tão precioso:
Desar é de teu braço indecoroso;
Que inda que a fúria tua o tem roubado,
A nossa dor o guarda restaurado.

Vive entre nós ainda na memória
A que ele nos deixou, eterna glória;
Dispêndios preciosos de um engenho,
Ou já da natureza desempenho,
Ou para a nossa dor só concedido.
Salício, o Pastor nosso, tão querido,
Prodígio foi no raro do talento,
Sobre todo o mortal merecimento;
E prodígio também com ele agora
Se faz a mágoa, que o lastima e chora.

A lutuosa vítima do pranto,
Melhor que o imarcescível amaranto,
Te cerca, ó alma grande, a urna triste;
O nosso sentimento aqui te assiste,
Em nênias entoando magoadas
Hinos saudosos e canções pesadas.

Quiséramos na campa, que te cobre,
Bem que o tormento ainda mais se dobre,
Gravar um epitáfio, que declare
Quem o túmulo esconde; e bem que apare
Qualquer engenho a pena, em nada atina.
Vive outra vez: das cinzas da ruína
Ressuscita, ó Salício; dita; escreve:
Seja o epitáfio teu: a cifra breve

Mostrará no discreto, e no polido,
Que é Salício o que aqui vive escondido.

(*Ibidem,* págs. 65-69.)

FÁBULA DO RIBEIRÃO DO CARMO

SONETO

A vós, canoras Ninfas, que no amado
Berço viveis do plácido Mondego,
Que sois da minha lira doce emprego,
Inda quando de vós mais apartado;

A vós do pátrio Rio em vão cantado
O sucesso infeliz eu vos entrego;
E a vítima estrangeira, com que chego,
Em seus braços acolha o vosso agrado.

Vede a história infeliz, que Amor ordena,
Jamais de Fauno ou de Pastor ouvida,
Jamais cantada na silvestre avena.

Se ela vos desagrada, por sentida,
Sabei que outra mais feia em minha pena
Se vê entre estas serras escondida.

Aonde levantado
Gigante, a quem tocara,
Por decreto fatal de Jove irado,
A parte extrema e rara
Dessa inculta região, vive Itamonte,
Parto da terra, transformado em monte;

De uma penha, que esposa
Foi do invicto Gigante,
Apagando Lucina a luminosa,
Alâmpada brilhante,
Nasci; tendo em meu mal logo tão dura,
Como em meu nascimento, a desventura.

Fui da florente idade
Pela cândida estrada
Os pés movendo com gentil vaidade;
E a pompa imaginada
De toda a minha glória num só dia
Trocou de meu destino a aleivosia.

Pela floresta e prado,
Bem polido mancebo,
Girava em meu poder tão confiado,
Que até do mesmo Febo
Imaginava o trono peregrino
Ajoelhado aos pés do meu destino.

Não ficou tronco, ou penha,
Que não desse tributo
A meu braço feliz, que já desdenha,
Despótico, absoluto,
As tenras flores, as mimosas plantas,
Em rendimentos mil, em glórias tantas.

Mas ah! Que Amor tirano
No tempo, em que a alegria
Se aproveitava mais do meu engano,
Por aleivosa via
Introduziu cruel a desventura,
Que houve de ser mortal, por não ter cura.

Vizinho ao berço caro,
Aonde a Pátria tive,
Vivia Eulina, esse prodígio raro,
Que não sei se inda vive,
Para brasão eterno da beleza,
Para injúria fatal da natureza.

Era Eulina de Aucolo
A mais prezada filha;
Aucolo tão feliz, que o mesmo Apolo
Se lhe prostra, se humilha
Na cópia da riqueza florescente,
Destro na lira, no cantar ciente.

De seus primeiros anos
Na beleza nativa,
Humilde Aucolo, em ritos não profanos,

A bela Ninfa esquiva
Em voto ao sacro Apolo consagrara;
E dele em prêmio tantos dons herdara.

Três lustros, todos d'ouro,
A gentil formosura
Vinha tocando apenas, quando o louro,
Brilhante Deus procura
Acreditar do Pai o culto atento,
Na grata aceitação do rendimento.

Mais formosa de Eulina
Respirava a beleza;
De ouro a madeixa rica e peregrina
Dos corações faz presa;
A cândida porção da neve bela
Entre as rosadas faces se congela.

Mas inda que a ventura
Lhe foi tão generosa,
Permite o meu destino que uma dura
Condição rigorosa
Ou mais aumente enfim, ou mais ateie
Tanto esplendor; para que mais me enleie.

Não sabe o culto ardente
De tantos sacrifícios
Abrandar o seu Nume: a dor veemente,
Tecendo precipícios,
Já quase me chegava a extremo tanto,
Que o menor mal era o mortal quebranto.

Vendo inútil o empenho
De render-lhe a fereza,
Busquei na minha indústria o meu despenho:
Com ingrata destreza
Fiei de um roubo (ó mísero delito!)
A ventura de um bem, que era infinito.

Sabia eu como tinha
Eulina por costume,
(Quando o maior Planeta quase vinha
Já desmaiando o lume,
Para dourar de luz outro horizonte)
Banhar-se nas correntes de uma fonte.

A fugir destinado
Com o furto precioso,

Desde a Pátria, onde tive o berço amado,
Recolhi numeroso
Tesouro, que roubara diligente
A meu Pai, que de nada era ciente.

Assim pois prevenido,
De um bosque à fonte perto,
Esperava o portento apetecido
Da Ninfa; e descoberto
Me foi apenas, quando (ó dura empresa!)
Chego; abraço a mais rara gentileza.

Quis gritar; oprimida
A voz entre a garganta,
Apolo? diz, Apol... a voz partida
Lhe nega força tanta:
Mas ah! Eu não sei como, de repente
Densa nuvem me põe do bem ausente.

Inutilmente ao vento
Vou estendendo os braços:
Buscar nas sombras o meu bem intento:
Onde a meus ternos laços...!
Onde te escondes, digo, amada Eulina?
Quem tanto estrago contra mim fulmina?

Mais ia por diante;
Quando entre a nuvem densa
Aparecendo o corpo mais brilhante,
Eu vejo (ó dor imensa!)
Passar a bela Ninfa, já roubada
Do Númen, a quem fôra consagrada.

Em seus braços a tinha
O louro Apolo presa;
E já ludíbrio da fadiga minha,
Por amorosa empresa,
Era despojo da Deidade ingrata
O bem, que de meus olhos me arrebata.

Então já da paciência
As rédeas desatadas,
Toco de meus delírios a inclemência:
E de todo apagadas
Do acerto as luzes, busco a morte impia,
De um agudo punhal na ponta fria.

As entranhas rasgando,
E sobre mim caindo,
Na funesta lembrança soluçando,
De todo confundindo
Vou a verde campina; e quase exangue
Entro a banhar as flores de meu sangue.

Inda não satisfeito
O Númen soberano,
Quer vingar ultrajado o seu respeito,
Permitindo, em meu dano,
Que em pequena corrente convertido
Corra por estes campos estendido.

E para que a lembrança
De minha desventura
Triunfe sobre a trágica mudança
Dos anos, sempre pura,
Do sangue, que exalei, ó bela Eulina,
A cor inda conservo peregrina.

Porém o ódio triste
De Apolo mais se acende;
E sobre o mesmo estrago, que me assiste,
Maior ruína emprende:
Que chegando a ser ímpia uma Deidade,
Excede toda a humana crueldade.

Por mais desgraça minha,
Dos tesouros preciosos
Chegou notícia que eu roubado tinha
Aos homens ambiciosos;
E crendo em mim riquezas tão estranhas,
Me estão rasgando as míseras entranhas.

Polido o ferro duro
Na abrasadora chama,
Sobre os meus ombros bate tão seguro,
Que nem a dor, que clama,
Nem o estéril desvelo da porfia
Desengana a ambiciosa tirania.

Ah Mortais! Até quando
Vos cega o pensamento!
Que máquinas estais edificando
Sobre tão louco intento?

Como nem inda no seu Reino imundo
Vive seguro o Báratro profundo!

Idolatrando a ruína
Lá penetrais o centro,
Que Apolo não banhou, nem viu Lucina;
E das entranhas dentro
Da profanada terra,
Buscais o desconcerto, a fúria, a guerra.

Que exemplos vos não dita
Do ambicioso empenho
De Polidoro a mísera desdita!
Que perigos o lenho,
Que entregastes primeiro ao mar salgado,
Que desenganos vos não tem custado!

Enfim sem esperança,
Que alívios me permita,
Aqui chorando estou minha mudança;
E a enganadora dita,
Para que eu viva sempre descontente,
Na muda fantasia está presente.

Um murmurar sonoro
Apenas se me escuta;
Que até das mesmas lágrimas, que choro,
A Deidade absoluta
Não consente ao clamor se esforce tanto,
Que mova à compaixão meu terno pranto.

Daqui vou descobrindo
A fábrica eminente
De uma grande Cidade; aqui polindo
A desgrenhada frente,
Maior espaço ocupo dilatado,
Por dar mais desafogo a meu cuidado.

Competir não pertendo
Contigo, ó cristalino
Tejo, que mansamente vais correndo:
Meu ingrato destino
Me nega a prateada majestade,
Que os muros banha da maior Cidade.

As Ninfas generosas,
Que em tuas praias giram,

Ó plácido Mondego, rigorosas
De ouvir-me se retiram;
Que de sangue a corrente turva e feia
Teme Ericina, Aglaura, e Deiopéia.

Não se escuta a harmonia
Da temperada avena
Nas margens minhas; que a fatal porfia
Da humana sede ordena
Se atenda apenas o ruído horrendo
Do tosco ferro, que me vai rompendo.

Porém se Apolo ingrato
Foi causa deste enleio,
Que muito que da Musa o belo trato
Se ausente de meu seio,
Se o Deus, que o temperado coro tece,
Me foge, me castiga, e me aborrece!

Enfim sou, qual te digo,
O Ribeirão prezado,
De meus Engenhos a fortuna sigo:
Comigo sepultado
Eu choro o meu despenho; eles sem cura
Choram também a sua desventura.

(*Ibidem*, págs. 80-88.)

LÍSIA

ÉCLOGA IV

Se é certo que inda vive a doce avena,
Que chorou Coridon, chorou Amintas,
Tu me tens de escutar, ó Selva amena.

Eu por entre estas sombras mal distintas,
Ao resplendor da Lua, que aparece,
Quero que tu comigo o meu mal sintas.

Agora pois que o vento se enfraquece,
Que o sussurro do mar está mais brando,
Que o ar se acalma, o campo se entristece,

Inclina o teu ouvido: eu entoando
A minha fraca voz, agreste e triste,
Estarei minhas mágoas recitando.

Dura consolação! A quem assiste
Um fado tão cruel, outra esperança
Não tem mais do que a queixa, em que persiste.

Como posso apagar esta lembrança
Daquele grande bem, que eu discorria
Que jamais poderia ter mudança!

Quem, fortuna, (ai de mim!) quem me diria
Que havia de vir tempo, em que faltasse
Aquela doce união, em que eu vivia!

Quando Lísia cuidou que lhe roubasse
A sorte desigual a Sílvio amado,
Sílvio, que outro não há, que mais amasse!

Que ditoso não via o meu cuidado
Na posse de um tesouro, onde segura
Tinha a sorte o meu bem depositado!

Aqui sobre esta penha, onde murmura
A onda mais quebrada, quantas vêzes
Me não pus a cantar minha ventura!

Sacrifício lhe fiz das minhas reses;
Para êle colhi somente o fruto,
Que o Sol sazona nos dourados meses.

Tudo o que leva o campo, eu em tributo
Mil vezes lhe rendi; ah como agora
O meu rosto não posso ver enxuto!

Deixou-me Sílvio; sim, Sílvio, que fora
Distinto Maioral destas campinas,
Glória de Lísia, por quem Lísia chora.

Deixou-me: mas por quem! Se é que inda atinas,
Saudoso coração, nesta tormenta,
Explica de meu pranto as ânsias finas.

Deixou-me por aquela, que se ostenta
Com o nome de Rica; a que sepulta
Em seu seio os tesouros, que sustenta.

Deixou-me por aquela, que se oculta
Na parte mais distante; por que eu tenha
Inda mais que sentir na dor, que avulta.

Ah! E como é possível que me venha
Uma constância tal, que, instando a mágoa,
A formar minhas queixas me detenha!

Os olhos de saudade rasos d'água
Que mais hão de fazer que estar chorando
A sem-razão de tão penosa frágua!

Vós, campos, que me vistes já gozando
A delícia do meu contentamento,
Ide-vos pouco a pouco desmaiando.

Não espereis jamais o luzimento,
Que Sílvio aqui vos deu: Sílvio vos falta:
De Sílvio não há mais que o sentimento.

Buscou outra campina: outra se exalta
Na glória de o gozar: ah que em vão geme
Dentro em meu coração mágoa tão alta!

Mas que debalde agora a boca treme!
Que debalde se agrava a ânsia minha!
De que contra o meu fado a voz blasfema!

Se a glória me roubaram, que eu mantinha,
Contra o fado, contra essa, que hoje invejo,
A queixa, a acusação só me convinha.

Infeliz seja sempre o teu desejo,
Ó ingrata inimiga; e a ventura
Não encontres jamais sem mágoa, ou pejo.

Teus campos não se cubram de verdura:
O dia te amanheça carregado,
A noite sempre feia, sempre escura!

Consuma a peste vil teu nédio gado;
Nunca tenhas Pastor, que o guarde ou zele[1]
Do lobo, que o procura esfameado.

Pise o chuvoso inverno e atropele
As tuas sementeiras; leve o rio
Quantas herdades tens à margem dele.

Nunca te ampare o álamo sombrio
Com suas verdes folhas: tudo seja
Contágio na Pastora e no armentio.

Caia... porém que digo! A minha inveja
Aonde me arrebata! E não conheço
Que há mais alto preceito, que me reja!

Acaso, quando Sílvio não mereço,
Não sei que ele se ausenta: porque manda
Sobre a vontade sua um alto excesso!

Acaso outra rival ele demanda,
Sem que o destine a lei da obediência,
A lei que o dividiu de Lísia branda?

Pois Sílvio falte enfim: ache a influência
Da estrela mais propícia essa, que agora
Se alenta de meu bem na dura ausência.

Risonha lhe amanheça sempre a aurora,
Serena a noite, o gado não lamente
Sem cura o mal, o dano sem melhora.

Jamais chegue a levar a grossa enchente
Seus frutos carregados; noite e dia
Vele o cão sobre a ovelha: ande contente.

No monte se ouçam bailes de alegria;
Não perturbe o sossego dos Pastores
Algum agouro mau de ave sombria.

---

1. Na edição Garnier, de 1903, das *Obras Poéticas* de Cláudio Manuel da Costa, está, por engano, "zelo", em lugar de "zele".

Tudo, Sílvio, será: que entre os horrores
Da pena, do martírio, da tristeza,
Perdidos chorarei teus resplendores.

Que será de meus campos na pobreza,
Em que me deixas, Sílvio? Tu me davas
Todos os meus haveres e riqueza.

Tu só os mais Pastores consolavas,
Distinto Maioral, com arte e modo
Tudo compunhas, tudo moderavas.

Por ti vivia alegre o campo todo.
Ah! E com quanta dor nesta lembrança
A calar minhas penas me acomodo!

Esperar já não posso outra bonança;
Que tudo já me falta, ó Sílvio amado;
Pois que me faltas tu nesta mudança.

De meu pranto no mísero traslado
Vive, Sílvio, meu bem: minha saudade
Te dá um testemunho do cuidado
Nesta inscrição, que deixa à eternidade.

SONETO

Guarda, ó tronco, este fúnebre letreiro,
Que em ti descreve Lísia: saiba a idade
Que todo o coração, toda a vontade
Dei a Sílvio em afeto verdadeiro.

Oh nunca se te atreva o horror grosseiro
De raio algum! Mas com feliz vaidade
Ostenta sempre a fresca amenidade;
E em todo o tempo, ó tronco, vive inteiro.

Crescer em tuas ramas veja um dia
De Sílvio o nome: Sílvio se remonte
Dos Cantores na doce melodia.

Assim dizia Lísia: eis que uma fonte,
Que no seio do tronco se escondia,
De repente saltou, banhando o monte.

(*Ibidem*, págs. 128-132.)

A LIRA

DESPREZO

I

Que busco, infausta Lira,
Que busco no teu canto,
Se ao mal, que cresce tanto,
Alívio me não dás?
A alma, que suspira,
Já foge de escutar-te:
Que tu também és parte
De meu saudoso mal.

II

Tu foste (eu não o nego)
Tu foste em outra idade
Aquela suavidade,
Que Amor soube adorar;
De meu perdido emprego
Tu foste o engano amado:
Deixou-me o meu cuidado;
Também te hei de deixar.

III

Ah! De minha ânsia ardente
Perdeste o caro império.
Que já noutro hemisfério
Me vejo respirar.
O peito já não sente
Aquele ardor antigo:
Porque outro norte sigo,
Que fino Amor me dá.

IV

Amei-te (eu o confesso)
E fosse noite, ou dia,
Jámais tua harmonia
Me viste abandonar.

Qualquer penoso excesso,
Que atormentasse esta alma,
A teu obséquio em calma
Eu pude serenar.

V

Ar! Quantas vezes, quantas,
Do sono despertando,
Doce instrumento brando,
Te pude temperar!
Só tu (disse) me encantas;
Tu só, belo instrumento,
Tu és o meu alento;
Tu o meu bem serás.

VI

Vai-te; que já não quero
Que devas a meu peito
Aquele doce efeito,
Que me deveste já.
Contigo jamais fero,
Só trato de quebrar-te:
Também hás de ter parte
No estrago de meu mal.

VII

Não saberás desta alma
Segredos, que sabias,
Naqueles doces dias,
Que Amor soube alentar.
Se aquela ingrata calma
Foi só tormenta escura,
Na minha desventura
Também naufragarás.

VIII

Nize, que a cada instante
Teus números ouvia,
Ou fosse noite, ou dia,
Jamais não te ouvirá.

Cansado o peito amante
Somente ao desengano
O culto soberano
Pertende tributar.

IX

De todo enfim deixada
No horror deste arvoredo,
Em ti seu tosco enredo
Aracne tecerá.
   Em paz se fique a amada,
Por quem teu canto inspiras;
E tu, que a paz me tiras,
Também te fica em paz.

(*Ibidem*, págs. 262, 264, 266 e 268.)

À LIRA

PALINÓDIA

I

Vem, adorada Lira,
Inspira-me o teu canto:
Só tu a impulso tanto
Todo o prazer me dás.
   Já a alma não suspira;
Pois chega a escutar-te:
De todo, ou já em parte,
Vai-se ausentando o mal.

II

Não cuides que te nego
Tributos de outra idade:
A tua suavidade
Eu sei inda adorar;
   Desse perdido emprego
Eu busco o encanto amado;
Amando o meu cuidado,
Jamais te hei de deixar.

III

Vê, de meu fogo ardente,
Qual é o ativo império:
Que em todo este hemisfério
Se atende respirar.
  O coração, que sente
Aquêle incendio antigo,
No mesmo mal, que sigo,
Todo o favor me dá.

IV

Se tanto bem confesso,
Ou seja noite, ou dia,
Jamais essa harmonia
Espero abandonar.
  Não há de a tanto excesso,
Não há de, não, minha alma
Desta amorosa calma
Meus olhos serenar.

V

Ah! Quantas ânsias, quantas,
Agora despertando,
A teu impulso brando
Eu venho a temperar!
  No gosto, em que me encantas,
Suavíssimo instrumento,
Em ti só busco o alento;
Que eterno me serás.

VI

Contigo partir quero
As mágoas de meu peito;
Quanto diverso efeito,
Do que provaste já!
  Não cuides que sou fero,
Porque já quis quebrar-te:
No meu delírio, em parte,
Desculpa tem meu mal.

VII

   Se tu só de minha alma
O caro amor sabias,
Contigo só meus dias
Eterno hei de alentar.
   Bem que ameace a calma
Fatal tormenta escura,
Na minha desventura
Jamais naufragarás.

VIII

   Clamar a cada instante
O nome, que me ouvia,
Ou seja noite, ou dia,
O bosque me ouvirá.
   Bem que a meu culto amante
Resista o desengano,
O voto soberano
Te espero tributar.

IX

   Não temas que deixada
Te ocupe este arvoredo,
Onde meu triste enrêdo
O fado tecerá;
   Conhece, ó Lira amada,
O afeto, que me inspiras;
Na mesma paz, que tiras,
Me dás a melhor paz.

(*Ibidem,* págs. 263, 265, 267, 269.)

DOMINGOS CALDAS BARBOSA

(1738 — 1800)

Mestiço e natural do Rio de Janeiro, foi Domingos Caldas Barbosa, entre os poetas de seu tempo, quem mais vivamente exprimiu a "meiguice brasileira". Por essa qualidade, entre algumas outras, que o faz um antepassado dos atuais cantores populares, seu nome merece ser lembrado. Depois de ter sido soldado na Colônia do Sacramento, durante alguns anos, seguiu para Portugal, onde logo encontrou protetores fidalgos e prestigiosos. Conseguiu rápida celebridade, como introdutor da "modinha" brasileira nos salões lisboetas. Entre as várias publicações de sua autoria distingue-se a Viola de Lereno, *cujo primeiro volume se publicou em 1798 e o segundo em 1826. Teve essa obra algumas edições. A mais recente é de 1944 e foi lançada por iniciativa do Instituto Nacional do Livro.*

VOU MORRENDO DEVAGAR

CANTIGAS

Eu sei, cruel, que tu gostas,
Sim gostas de me matar;
Morro, e por dar-te mais gosto,
Vou morrendo devagar:

Eu gosto morrer por ti;
Tu gostas ver-me expirar;
Como isto é morte de gosto,
Vou morrendo devagar:

Amor nos uniu em vida,
Na morte nos quer juntar;
Eu, para ver como morres,
Vou morrendo devagar:

Perder a vida é perder-te;
Não tenho que me apressar;
Como te perco morrendo,
Vou morrendo devagar:

O veneno do ciúme
Já principia á lavrar;
Entre pungentes suspeitas
Vou morrendo devagar:

Já me vai calando as veias
Teu veneno de agradar;
E gostando eu de morrer,
Vou morrendo devagar:

Quando não vejo os teus olhos.
Sinto-me então expirar;
Sustentado d'esperanças,
Vou morrendo devagar:

Os Ciúmes e as Saudades
Cruel morte me vêm dar;
Eu vou morrendo aos pedaços,
Vou morrendo devagar:

É feliz entre as desgraças,
Quem logo pode acabar;
Eu, por ser mais desgraçado,
Vou morrendo devagar:

A morte, enfim, vem prender-me,
Já lhe não posso escapar;
Mas abrigado a teu Nome,
Vou morrendo devagar.

(*Viola de Lereno*, volume 1, Lisboa, 1
págs. 24-26.)

A UNS LINDOS OLHOS

CANTIGAS

Olhos, que Amor anima
Com um suave encanto,
Ah! Suspendei meu pranto,
Que eu já não posso mais.

Compadecei-vos ternos
Da minha saüdade,
Lede nos meus verdade
De Amor que não negais.

Olhos que Amor acende,
Duma suave chama,
Que o peito que não ama
Fazeis depressa amar.

Pois me acendestes tanto
Em doce e vivo fogo,
Ardei nesta alma eu rogo
Que a chama há de durar.

(*Ibidem*, vol. I, n.º 2, págs. 4-5.)

O NOME DO TEU PASTOR

CANTIGAS

No tronco de um verde Loiro
Me manda escrever Amor,
Misturado com teu nome,
O nome do teu Pastor:

Mil abelhas curiosas,
Revoando derredor,
Chupam teu nome, deixando
    O nome, etc.

De um raminho pendurado,
Novo emplumado Cantor,
Suspirava ali defronte
    O nome, etc.

Ah! Lília, soberba Lília,
Donde vem tanto rancor?
Tu bem viste, mas não leste
    O nome, etc.

Já não se via o teu nome,
Bando o levou roubador;
E ficou só, desgraçado,
    O nome, etc.

O teu nome que roubaram
A novo mel dá sabor
Sem o misto d'amargura
Do nome do teu Pastor.

(*Ibidem*, vol. I, n.º 2, págs. 20-21.)

BATEU AS ASAS, VOOU

CANTIGAS

Dos Olhos de Ulina bela
O Deus de Amor me espreitou;

A um volver de olhos feriu-me,
Bateu as asas, voou.

Tinha medo da Razão,
Que sempre me acompanhou;
Feriu-me, mas foi a medo,
    Bateu, etc.

Já tinha tentado o golpe,
E nunca o golpe acertou;
Agora feito o seu tiro,
    Bateu, etc.

Nas leves asas librado
De longe me vigiou;
Depois de haver-me rendido,
    Bateu, etc.

A prender-me os pés e os pulsos
Com os seus ferros tornou;
Depois de cingir-me os ferros
    Bateu, etc.

Riu-se de ver-me cativo,
Dos seus estragos gostou;
E cantando o seu triunfo,
    Bateu, etc.

Não contente inda com isto,
Escarneceu, e zombou;
Entre os meus tristes suspiros
    Bateu, etc.

Lisonjeiras esperanças
Nas lindas mãos me mostrou,
Quando eu ia a segurá-las
    Bateu, etc.

Riu-se Amor do meu Engano,
E dos meus ais motejou,
Das minhas mágoas zombando
    Bateu, etc.

Que sempre me maltratasse
Muito a Ulina encomendou;
Decretando os meus tormentos
    Bateu, etc.

A razão que me guiava
Contra ele em vão clamou;
Porque Amor sem atendê-la
    Bateu, etc.

Inda assim a meus gemidos
Um pouco Amor se inclinou;
E temendo condoer-se
    Bateu as asas, voou.

(Ibidem, vol. I, n.º 4, págs. 8-11.)

UM TERNO AMADOR

CANTIGAS

Escuta, Cupido,
Meus ais magoados,
Que vão desgraçados
Pedir-te favor.
    Tem dó de um aflito,
    Que triste assim morre;
    Escuta, socorre
    Um terno amador.

Vê como revoam
Meus ternos suspiros,
Que a longos retiros
Os faço transpor.
    Nas pálidas faces
    O pranto já corre;
    Escuta, socorre
    Um terno amador.

Amor, vem salvar-me
Das mãos da Ventura;
Que a minha ternura
Tem ódio e rancor.
    Ouve um desgraçado,
    Que a ti só recorre;
    Escuta, socorre
    Um terno amador.

Lereno não vive
Se tu não lhe acodes:
Ah! salva, que podes,
A aflito Pastor.
      Mortal frio gelo
      Nas veias discorre;
      Escuta, socorre
      Um terno amador.

(*Ibidem,* vol. I, n.º 4, págs. 14-16.)

LERENO MELANCÓLICO

CANTIGAS

Pastoras, não me chameis
Para vossa companhia,
Que onde eu vou comigo levo
A mortal melancolia.

Coube-me por triste sorte
Eclipsada estrela impia,
Que em meus dias sempre influi
A mortal melancolia.

Logo ao dia de eu nascer,
Nesse mesmo infausto dia,
Veio bafejar-me o berço
A mortal melancolia.

Por cima da infeliz choça
Gralha agoureira se ouvia,
Que a meus dias agourava
A mortal melancolia.

No meu inocente rosto
Quem o notava bem via
Que em triste cor se marcava
A mortal melancolia.

Que fiz eu à Natureza,
À fortuna eu que faria,
Para inspirar-me tão cedo
A mortal melancolia!

De alegria ouço eu falar,
Não sei o que é alegria,
Nunca me deixou sabê-lo
A mortal melancolia.

Se um ano triste se acaba,
Triste o outro principia;
Marca as horas, dias, meses,
A mortal melancolia.

Sou forçado a alegre canto;
Faço esforços de alegria,
E oculto no fundo d'alma
A mortal melancolia.

Enxugo o pranto nos olhos,
Obrigo a que a boca ria,
Para disfarçar convosco
A mortal melancolia.

Não quero com meus pesares
Funestar a companhia;
Que é uma peste que lavra
A mortal melancolia.

Se os seus bens me mostra a sorte
Mostra-mos por zombaria;
Porque para mim só guarda
A mortal melancolia.

Sonhei que uma Augusta mão
Venturoso me fazia;
Foi sonho, e fica em verdade
A mortal melancolia.

Fui abranger as venturas
Que o sonho me oferecia;
E despertei abraçando
A mortal melancolia.

Se um prazer se me dirige
Oculta força o desvia;
Só de mim se não separa
A mortal melancolia.

Ela me vai consumindo
De hora a hora, dia a dia;
Sinto-me ir desfalecendo
Da mortal melancolia.

O sangue vai-se gelando,
O coração se me esfria;
Fica em paz, Armênia, eu morro
Da mortal melancolia.

Inda quando o frio corpo
Se envolver na terra fria,
Há de corroer meus ossos
A mortal melancolia.

Se acaso dura a tristeza
Dos Numes na companhia,
Ali mesmo hei de ter na alma
A mortal melancolia.

Sôbre a minha sepultura
Que escrevessem queria
Um Epitáfio em triunfo
À mortal melancolia.

Lereno alegrou os outros,
E nunca teve alegria;
Viveu e morreu nos braços
Da mortal melancolia.

(*Ibidem*, vol. I, n.º 5, págs. 17-22.)

DECLARAÇÃO DE LERENO

Queres que eu diga,
Cara, o meu nome,
Cara inimiga,
Eu to direi.

Eu sou Lereno,
De baixo estado,
Choça nem gado
Dar poderei.

Mas se tu queres
Melhor morada,
Vem, minha amada,
Que eu ta darei.

Entra em minha alma,
Entra em segredo,
Contente e ledo
Te adorarei.

(*Ibidem,* vol. I, n.º 8, págs. 9-10.)

SEM ACABAR DE MORRER

CANTIGAS

É a minha triste vida
Sempre penar, e sofrer;
Vou morrendo a todo o instante
Sem acabar de morrer.

Sabes meu bem o que eu sofro
Quando não te posso ver?
É morrer de saudades
Sem acabar de morrer.

Prometeu-me Amor doçuras,
Contentou-se em prometer;
E me faz viver morrendo
Sem acabar de morrer.

Lisonjeiras esperanças
Vêm minha morte empecer;
Vão-me sustentando a vida
Sem acabar de morrer.

Em mim tome um triste exemplo
Quem amando quer viver;
Saiba que é viver morrendo
Sem acabar de morrer.

Quando ponho a mão no peito
Sinto um lânguido bater;
É o coração que expira
Sem acabar de morrer.

(*Ibidem,* volume II, Lisboa, 1826, págs. 5-6.)

LUNDUM DE CANTIGAS VAGAS

Xarapim, eu bem estava
Alegre nest'aleluia,
Mas para fazer-me triste
Veio Amor dar-me na cuia.

Não sabe, meu Xarapim,
O que amor me faz passar,
Anda por dentro de mim
De noite e dia a ralar.

Meu Xarapim, já não posso
Aturar mais tanta arenga,
O meu gênio deu à casca
Metido nesta moenga.

Amor comigo é tirano,
Mostra-me um modo bem cru,
Tem-me mexido as entranhas
Qu' estou todo feito angu.

Se visse o meu coração
Por força havia ter dó,
Porque o Amor o tem posto
Mais mole que quingombó.

Tem nhanhá certo nhonhó,
Não temo que me desbanque,
Porque eu sou calda de açúcar
E ele apenas mel do tanque.

Nhanhá cheia de chulices,
Que tantos quindins afeta,
Queima tanto a quem adora
Como queima a malagueta.

Xarapim, tome o exemplo
Dos casos que vê em mim,
Que se amar há de lembrar-se
Do que diz seu Xarapim.

ESTRIBILHO

Tenha compaixão,
Tenha dó de mim,
Porqu' eu lho mereço,
Sou seu Xarapim.

(*Ibidem*, vol. II, págs. 15-17.)

DOÇURA DE AMOR

Cuidei que o gosto de Amor
Sempre o mesmo gosto fosse,
Mas um Amor Brasileiro
Eu não sei porque é mais doce.

Gentes, como isto
Cá é temperado,
Que sempre o favor
Me sabe a salgado;
Nós lá no Brasil
A nossa ternura
A açúcar nos sabe,
Tem muita doçura,
Oh! se tem! tem.
Tem um mel mui saboroso,
É bem bom, é bem gostoso.

As ternuras desta terra
Sabem sempre a pão e queijo,
Não são como no Brasil
Que até é doce o desejo.

  Gentes etc.

Ah nhanhá, venha escutar
Amor puro e verdadeiro,
Com preguiçosa doçura
Que é Amor de Brasileiro.

  Gentes etc.

Os respeitos cá do Reino
Dão a Amor muita nobreza,
Porém tiram-lhe a doçura
Que lhe deu a Natureza.

  Gentes etc.

Quando a gente tem nhanhá
Que lhe seja bem fiel,
É como no Reino dizem
Caiu a sopa no mel.

  Gentes etc.

Se tu queres qu' eu te adore,
À Brasileira hei de amar-te,
Eu sou teu, e tu és minha,
Não há mais tir-te nem guar-te.

  Gentes etc.

(*Ibidem*, vol. II, n.º 2, págs. 5-7.)

PARA O MESMO ESTRIBILHO

O amor que é cá do Reino
É um Amor caprichoso,
O do Brasil todo é doce,
É bem bom, é bem gostoso.

  Gentes etc.

Eu tremo se o meu bem vejo
Enfadadinho e raivoso;
Mas o momento das pazes
É bem bom, é bem gostoso.

    Gentes etc.

Um certo volver dos olhos,
Inda um tanto desdenhoso,
No meio disto um suspiro
É bem bom, é bem gostoso.

    Gentes etc.

Um dizer-me vá-se embora
Com um adeus cicioso
E um apertinho de mão
É bem bom, é bem gostoso.

    Gentes etc.

Um ir ver-me da janela
Com um modo curioso
E então assoar-se a tempo
É bem bom, é bem gostoso.

    Gentes etc.

Um temer um ladrãozinho
Que me assaltasse aleivoso,
Bater-lhe por isso o peito,
É bem bom, é bem gostoso.

    Gentes etc.

Ao moço que me acompanha
Um perguntar cuidadoso,
Um ai de desassustar-se,
É bem bom, é bem gostoso.

    Gentes etc.

Quando triste estou em casa
A recordar-me saudoso,
Um recadinho que chega
É bem bom, é bem gostoso.

    Gentes etc.

Um escrito em duas regras
Dum modo mui amoroso,
Um misturado de letras
É bem bom, é bem gostoso.

Gentes etc.

Vir a gente rebulindo
Ao chamado imperioso,
Ouvir-lhe *apre inda não chega!*
É bem bom, é bem gostoso.

Gentes etc.

Chegar aos pés de nhanhá,
Ouvir chamar preguiçoso,
Levar um bofetãozinho
É bem bom, é bem gostoso.

Gentes etc.

(*Ibidem*, vol. II, n.º 2, págs. 7-10.)

LUNDUM

Eu nasci sem coração,
Sendo com ele gerado,
Porqu' inda antes de nascer
Amor mo tinha roubado.

RESPOSTA

Meu bem, o meu nascimento
Não foi como ele nasceu;
Qu' eu nasci com coração,
Aqui 'stá que todo é teu.

Apenas a minha vista
De ti notícia lhe deu,
Logo ele quis pertencer-te,
Aqui 'stá que todo é teu.

Bebendo a luz dos teus olhos
Nela um veneno bebeu;
É veneno que cativa,
Aqui 'stá que todo é teu.

Ele em sinal do seu gôsto
Pulou no peito, e bateu;
Vem vê-lo como palpita,
Aqui 'stá que todo é teu.

Para ser teu, Nhanhazinha,
Não deixei nada de meu,
Té o próprio coração
Aqui 'stá que todo é teu.

Se não tens mais quem te sirva
O teu moleque sou eu,
Chegadinho do Brasil,
Aqui 'stá que todo é teu.

Eu era da Natureza,
Ela o Amor me vendeu;
Foi para dar-te um escravo,
Aqui 'stá que todo é teu.

Quando Amor me viu rendido
Logo o coração te deu;
Disse: menina, recebe,
Aqui 'stá que todo é teu.

Unidos os corações
Deve andar o meu co teu;
Dá-me o teu, o meu 'stá pronto,
Aqui 'stá que todo é teu.

(*Ibidem*, vol. II, n.º 2, págs. 18-20.)

LUNDUM EM LOUVOR DE UMA BRASILEIRA ADOTIVA

CANTIGAS

Eu vi correndo hoje o Tejo,
Vinha soberbo e vaidoso,
Só por ter nas suas margens
O meigo Lundum gostoso.

> Que lindas voltas que fez,
> Estendido pela praia
> Queria beijar-lhe os pés.

Se o Lundum bem conhecera
Quem o havia cá dançar;
De gosto mesmo morrera
Sem poder nunca chegar.

> Ai rum rum
> Vence fandangos e jigas
> A chulice do Lundum.

Quem me havia de dizer,
Mas a cousa é verdadeira,
Que Lisboa produziu
Uma linda Brasileira:

> Ai beleza
> As outras são pela pátria,
> Esta pela Natureza.

Tomara que visse a gente
Como nhanhá dança aqui;
Talvez que o seu coração
Tivesse mestre dali.

> Ai companheiro
> Não será ou sim será,
> O jeitinho é Brasileiro.

Uns olhos assim voltados,
Cabeça inclinada assim,
Os passinhos assim dados
Que vêm entender com mim.

    Ai afeto
    Lundum entendeu com eu,
    A gente está bem quieto.

Um lavar em seco a roupa,
Um saltinho cai-não-cai;
O coração Brasileiro
A seus pés caindo vai.

    Ai esperanças
    E' nas chulices di lá,
    Mas é de cá nas mudanças.

Este Lundum me dá vida
Quando o vejo assim dançar;
Mas temo se continua
Que Lundum me há de matar.

    Ai lembrança
    Amor me trouxe o Lundum
    Para meter-me na dança

Nhanhá faz um pé de banco
Com seus quindins, seus popôs,
Tinha lançado os seus laços,
Aperta assim mais os nós.

    Oh! doçura
    As lobedas de nhanhá
    Apertam minha ternura.

Logo que nhanhá saiu,
Logo que nhanhá dançou,
O cravo que tinha ao peito
Envergonhado murchou.

Ai que peito
Se quiser flores bem novas
Aqui tem Amor perfeito.

Pois segue as danças di lá,
Os di lá deve querer;
E se tem di lá melindres
Nunca tenha malmequer.

Ai delírio
Ela semeia saudades
De enxerto no meu martírio.

(*Ibidem*, vol. II, n.º 2, págs. 29-32.)

A TERNURA BRASILEIRA

CANTIGAS

Não posso negar, não posso,
Não posso por mais que queira,
Que o meu coração se abrasa
De ternura Brasileira.

Uma alma singela e rude
Sempre foi mais verdadeira,
A minha por isso é própria
De ternura Brasileira.

Lembra na última idade
A paixão lá da primeira,
Tenho nos últimos dias
A ternura Brasileira.

Vejo a carrancuda morte
Ameigar sua viseira,
Por ver que ao matar-me estraga
A ternura Brasileira.

Caronte, que chega a barca,
E que me chama à carreira,
Vê que o batel vai curvando
Coa ternura Brasileira.

Mal piso sobre os Elísios,
Outra sombra companheira
Chega, pasma, e não conhece
A ternura Brasileira.

Eu vejo a infeliz Rainha
Que morre em ampla fogueira,
Por não achar em Enéias
A ternura Brasileira.

Do mundo a última parte
Não tem frase lisonjeira,
As três que a têm não conhecem
A ternura Brasileira.

Do mundo a última parte
Foi sempre em amar primeira.
Pode às três servir de exemplo
A ternura Brasileira.

(*Ibidem*, vol. II, n.º 3, págs. 28-30.)

MAL SEM REMÉDIO

Nerina, cruel Nerina,
Tem dó de minha aflição,
Se tu não a remedeias
Já não tem remédio não.

Amor teve gesto e arte
De prender meu coração,
A seu sabor o atormenta,
Já não tem remédio não.

Eu apelo ao desengano
Mas é um clamor em vão,
Nem desenganos me valem,
Já não tem remédio não.

Lavrou de Amor o veneno
Dentro deste coração,
O meu mal é mal de morte,
Já não tem remédio não.

Eu bem cuidei qu' escapava
De Amor à dura prisão,
Enganei-me, estou cativo,
Já não tem remédio não.

Tu podias se quisesses
Ser minha consolação,
Tu bem podes, mas não queres,
Já não tem remédio não.

Desgosto sobre desgosto,
Aflição sobre aflição,
Têm-me consumido a vida,
Já não tem remédio não.

Nos meus olhos moribundos
Mostro a força da paixão,
E este triste abatimento
Já não tem remédio não.

(*Ibidem*, vol. II, n.º 6, págs. 1-3).

SOFRER POR GOSTO

Todo o mundo está pasmado
De me ver andar assim,
Ando cumprindo o meu fado,
Ninguém tenha dó de mim.

Estou preso e mui bem preso,
Amor foi o meu malsim,
Mas prisões d'Amor são doces,
Ninguém tenha dó de mim.

Já não tenho liberdade,
Que rendê-la a Amor eu vim,
Sou cativo por meu gosto,
Ninguém tenha dó de mim.

Todos chamam mal d'Amor
Mal perverso, mal ruim,
Eu padeço sem queixar-me,
Ninguém tenha dó de mim.

Eu adoro a uma ingrata,
Não há gênio mais ruim,
Assim mesmo gosto dela,
Ninguém tenha dó de mim.

Tenho dito, não importa
Que o meu bem me trate assim,
Que esta vida toda é dela,
Ninguém tenha dó de mim.

Eu bem sinto a minha vida
Quase posta já no fim,
Mas morrer d'Amor me alegra,
Ninguém tenha dó de mim.

(*Ibidem*, vol. II, n.º 8, págs. 1-2.)

JOSÉ BASÍLIO DA GAMA

(1740 — 1795)

José Basílio da Gama, natural da vila de São José, hoje Tiradentes, era filho de Manuel da Costa Vilas-Boas e D. Quitéria Inácia da Gama. Depois de estudar no colégio da Companhia de Jesus do Rio de Janeiro, transferiu-se para Coimbra. Suas relações com os jesuítas, de quem fora discípulo, trouxeram-lhe dissabores, forçando-o a interromper o curso. Depois de uma viagem pela Itália foi preso e condenado ao degredo em Angola. Salvou-o o epitalâmio que compôs às núpcias de D. Maria Amália de Carvalho e Melo, filha do Marquês de Pombal. Ganhou com isso as graças do ministro e dele obteve vários favores. Basílio da Gama, que tinha na Arcádia o nome de "Termindo Sipilio", compôs numerosos poemas. Distingue-se, entre todos, o poema épico O Uraguai, *onde se destacam, em versos brancos, as lutas pela conquista das Missões do Sul.*

AS NÚPCIAS DE D. MARIA AMÁLIA DE CARVALHO E MELO

EPITALÂMIO OFERECIDO AO MARQUÊS DE POMBAL

1

Ninfa desta aspereza ao Céu vizinha,
Cingi-me a fronte de arrojado loiro:
Torne a correr a mão cansada minha
Com plectro de marfim as cordas d'oiro;
Ouça dos sete montes a Rainha,
Ouça o Danúbio, o pátrio Tejo e o Doiro,
Amor na minha cítara se esconda,
E Amália, Amália o eco me responda.

2

Vejo cisnes de penas prateadas
Trazer do Céu sobre o fecundo leito
Fitas de rosa no pescoço atadas,
Estrelas d'oiro no encrespado peito.
Já dão caminho as nuvens envoladas,
Já sente a terra o amoroso efeito:
Deixa rastros de luz no ar que trilha
A bela Deusa das escumas filha.

3

Vem, ó Santo Himeneu, desce dos ares,
Coroado de lírios e de rosas,
Rodeiem teus puríssimos altares
Do Tejo as mansas águas vagarosas,

Destes bosques os Deuses tutelares,
Ornando as tranças negras e formosas,
Irão coas nuas graças e os amores
Pelo chão espalhando as brancas flores.

4

Esposo afortunado, em quem tem posto
A pátria as suas doces esperanças,
No meio dos aplausos e do gosto,
Ah! conhece o que logras e o que alcanças.
A fortuna, que a tantos vira o rosto,
Te põe na mão as fugitivas franças,
Prêmio do teu amor, a deusa cega
Quanto te pode dar tudo te entrega.

5

Estas faces mimosas e serenas,
A boca onde se forma o doce encanto,
Causa de tanto susto e tantas penas,
Os olhos que enche o vergonhoso pranto,
A garganta de neve e de açucenas
Tão desejada e suspirada tanto:
Olha os sinais da doce mágoa sua,
Alma feliz, esta beleza é tua.

6

Entra, Esposa imortal, de amor no Templo,
Dá à Pátria que te ama, e se desvela,
Doces frutos de amor, eu os contemplo,
Sucessão numerosa, ilustre e bela;
Que siga os passos e o paterno exemplo,
E se deixe guiar da sua estrela,
Que de fortes leões leões se geram,[1]
Nem os filhos das águias degeneram.

7

Se ameaçando a Europa, injusto irado,
Vai Frederico, da vitória certo,
Vês o Herói do teu sangue em campo armado
De pó, de fumo e de suor coberto;
Rotas as plumas do chapéu bordado,
A banda solta, o peito d'aço forte,
Livrando Áustria do jugo e vitupério
Suster nos ombros o cadente Império.

---

1. Há reminiscência desse verso e do seguinte na "Epístola a Critilo", que precede as *Cartas Chilenas*: "Nem sempre as águias de outras águias nascem, / Nem sempre de leões, leões se geram."

8

Um dos dous tios do seu rei ao lado,
Com o semblante plácido e jucundo,
Governa ao longe o Império dilatado
Que separa de nós o mar profundo;
Outro glória da Igreja e do Senado,
A quem a grande Capital do mundo,
Há muito que magnífica prepara
A púrpura, e lhe acena coa tiara.

9

Não lhe mostres na Pátria a estranha terra,
Os antigos ilustres que passaram,
Mostra-lhe o grande Avô, em quem se encerra
Quanto os Heróis da antiguidade obraram;
E basta-lhe na paz e em dura guerra
Que se lembrem um dia que beijaram
A mão, seguro arrimo da Coroa,
A mão que da ruína ergueu Lisboa.

10

Quando dos Alpes ao famoso estreito
A discórdia cruel com vário estudo
Fez armar tanto braço e tanto peito,
Esta mão nos serviu de amparo e escudo;
Sentiu ao longe o lacrimoso efeito
Da quarta parte novo o povo rude,
E a foz do rio e o túmido caminho
Cedeu com tanto cedro e tanto pinho.

11

O monstro horrendo do maior delito,
Que abortou do seu seio a noite escura,
Por obra desta mão no alto conflito
Manchou de negro sangue a terra impura,
Range debalde aos pés do trono invicto
A soberba, e debalde erguer procura
A aterrada cabeça, em que descansa
O duro conto da pesada lança.

12

Quis erguer a ambição com surdas guerras
Fantástico edifício, aéreas traves,
Porém geme debaixo d'altas serras
E tem sobre o seu peito os montes graves:

Lá vão passando o mar a estranhas terras
Os negros bandos das noturnas aves,
Com a inveja, ignorância e hipocrisia,
Que nem se atrevem a encarar o dia.

13

Já tirar-nos não pode a sorte e o fado
Esses alegres dias, que estão perto,
Inda há de ver a Pátria e Reino amado
O Céu todo de nuvens descoberto,
Errar no monte sem pastor o gado,
E sem cultura, e sem limite certo,
Ondear pelo campo o trigo loiro,
Imagem da saudosa idade d'oiro.

14

Eu não verei passar teus doces anos,
Alma de amor e de piedade cheia:
Esperam-me os desertos Africanos,
Áspera, inculta e monstruosa areia;
Ah! tu fazes cessar os tristes danos,
Que eu já na tempestade escura e feia...
Mas diviso e me serve de conforto
A branca mão, que me conduz ao porto.

15

Assim as asas vai ao peito abrindo
E força os mares coa cansada proa,
Grave, das cousas que mais preza o Indo,
A nau, que torna do Oriente e Goa;
Que as nuvens no horizonte descobrindo
Das flâmulas se adorna e se coroa,
Vencedora do mar, que lhe faz guerra,
E saúda de longe a amada terra.

(*Obras Poéticas de José Basílio da Gama*,
Livraria Garnier, Rio, s. d.)

FRAGMENTOS DE "O URAGUAI"

DO CANTO PRIMEIRO

Fumam ainda nas desertas praias
Lagos de sangue tépidos e impuros,
Em que ondeiam cadáveres despidos,
Pasto de corvos. Dura inda nos vales
O rouco som da irada artilheria.
Musa, honremos o Herói, que o povo rude
Subjugou do Uraguai, e no seu sangue
Dos decretos reais lavou a afronta.
Ai tanto custas, ambição de império!
E Vós, por quem o Maranhão pendura
Rotas cadeias e grilhões pesados,
Herói, e Irmão de Heróis, saudosa e triste,
Se ao longe a vossa América vos lembra,
Protegei os meus versos. Possa entanto
Acostumar ao vôo as novas asas,
Em que um dia vos leve. Desta sorte,
Medrosa deixa o ninho a vez primeira
Águia, que depois foge à humilde terra,
E vai ver de mais perto no ar vazio
O espaço azul, onde não chega o raio.
....

(*O Uraguai*, Lisboa. MDCCLXIX, pág. 1-3.)

DO CANTO SEGUNDO

....
Já para o nosso campo vêm descendo,
Por mandado dos seus, dous dos mais nobres.
Sem arcos, sem aljavas, mas as testas
De várias e altas penas coroadas,
E cercadas de penas as cinturas,
E os pés, e os braços, e o pescoço. Entrara
Sem mostras nem sinal de cortesia,
Cepé no pavilhão. Porém Cacambo
Fez, ao seu modo, cortesia estranha,
E começou: "Ó General famoso,
Tu tens à vista quanta gente bebe
Do soberbo Uraguai a esquerda margem.
Bem que os nossos Avôs fossem despojo
Da perfídia de Europa, e daqui mesmo

Cos não vingados ossos dos parentes
Se vejam branquejar ao longe os vales,
Eu desarmado e só buscar-te venho.
Tanto espero de ti. E enquanto as armas
Dão lugar à razão, Senhor, vejamos
Se se pode salvar a vida e o sangue
De tantos desgraçados. Muito tempo
Pode ainda tardar-nos o recurso
Com o largo Oceano de permeio,
Em que os suspiros dos vexados povos
Perdem o alento. O dilatar-se a entrega
Está nas nossas mãos, até que um dia
Informados os Reis nos restituam
A doce antiga paz. Se o Rei de Espanha
Ao teu Rei quer dar terras com mão larga,
Que lhe dê Buenos Aires, e Correntes,
E outras, que tem por estes vastos climas;
Porém não pode dar-lhe os nossos povos.
E inda no caso que pudesse dá-los,
Eu não sei se o teu Rei sabe o que troca,
Porém tenho receio que o não saiba.
Eu já vi a Colônia Portuguêsa
Na tenra idade dos primeiros anos,
Quando o meu velho pai cos nossos arcos
Às sitiadoras Tropas Castelhanas
Deu socorro, e mediu convosco as armas.
E quererão deixar os Portuguêses
A Praça, que avassala e que domina
O Gigante das águas, e com ela
Toda a navegação do largo rio,
Que parece que pôs a natureza
Para servir-vos de limite, e raia?
Será; mas não o creio. E depois disto,
As campinas, que vês, e a nossa terra,
Sem o nosso suor e os nossos braços,
De que serve ao teu Rei? Aqui não temos
Nem altas minas, nem os caudalosos
Rios de areias de ouro. Essa riqueza,
Que cobre os templos dos benditos Padres,
Fruto da sua indústria e do comércio
Da folha e peles, é riqueza sua.
Com o arbítrio dos corpos e das almas
O Céu lha deu em sorte. A nós somente
Nos toca arar e cultivar a terra,
Sem outra paga mais que o repartido
Por mãos escassas mísero sustento.

Pobres choupanas, e algodões tecidos,
E o arco, e as setas, e as vistosas penas,
São as nossas fantásticas riquezas.
Muito suor, e pouco ou nenhum fasto.
Volta, Senhor, não passes adiante.
Que mais queres de nós? Não nos obrigues
A resistir-te em campo aberto. Pode
Custar-te muito sangue o dar um passo.
Não queiras ver se cortam nossas frechas.
Vê que o nome dos Reis não nos assusta.
O teu está mui longe; e nós os Índios
Não temos outro Rei mais do que os Padres."
Acabou de falar; e assim responde
O ilustre General: "Ó alma grande.
Digna de combater por melhor causa,
Vê que te enganam: risca da memória
Vãs, funestas imagens, que alimentam
Envelhecidos mal fundados ódios.
Por mim te fala o Rei: ouve-me, atende,
E verás uma vez nua a verdade.
Fez-vos livres o Céu, mas se o ser livres
Era viver errantes e dispersos,
Sem companheiros, sem amigos, sempre
Com as armas na mão em dura guerra,
Ter por justiça a força, e pelos bosques
Viver do acaso, eu julgo que inda fora
Melhor a escravidão que a liberdade.
Mas nem a escravidão, nem a miséria
Quer o benigno Rei que o fruto seja
Da sua proteção. Esse absoluto
Império ilimitado, que exercitam
Em vós os Padres, como vós, vassalos,
É império tirânico, que usurpam.
Nem são Senhores, nem vós sois Escravos.
O Rei é vosso Pai: quer-vos felices.
Sois livres, como eu sou; e sereis livres,
Não sendo aqui, em outra qualquer parte.
Mas deveis entregar-nos estas terras.
Ao bem público cede o bem privado.
O sossego de Europa assim o pede.
Assim o manda o Rei. Vós sois rebeldes,
Se não obedeceis; mas os rebeldes,
Eu sei que não sois vós, são os bons Padres
Que vos dizem a todos que sois livres,
E se servem de vós como de escravos.
Armados de orações vos põem no campo

Contra o fero trovão da artilheria,
Que os muros arrebata, e se contentam
De ver de longe a guerra: sacrificam,
Avarentos do seu, o vosso sangue.
Eu quero à vossa vista despojá-los
Do tirano domínio destes climas,
De que a vossa inocência os fez senhores.
Dizem-vos que não tendes Rei? Cacique,
E o juramento de fidelidade?
Porque está longe, julgas que não pode
Castigar-vos a vós, e castigá-los?
Generoso inimigo, é tudo engano.
Os Reis estão na Europa; mas adverte
Que estes braços que vês, são os seus braços.
Dentro de pouco tempo um meu aceno
Vai cobrir este monte e essas campinas
De semivivos palpitantes corpos
De míseros mortais, que inda não sabem
Por que causa o seu sangue vai agora
Lavar a terra, e recolher-se em lagos.
Não me chames cruel: enquanto é tempo
Pensa, e resolve"; e pela mão tomando
Ao nobre Embaixador o ilustre Andrade,
Intenta reduzi-lo por brandura.
E o Índio, um pouco pensativo, o braço
E a mão retira; e suspirando, disse:
"Gentes de Europa, nunca vos trouxera
O mar e o vento a nós. Ah! não debalde
Estendeu entre nós a natureza
Todo esse plano espaço imenso de águas."
Prosseguia talvez; mas o interrompe
Cepé, que entra no meio, e diz: "Cacambo
Fez mais do que devia; e todos sabem
Que estas terras, que pisas, o Céu livres
Deu aos nossos Avós; nós também livres
As recebemos dos antepassados.
Livres as hão de herdar os nossos filhos.
Desconhecemos, detestamos jugo,
Que não seja o do Céu, por mão dos Padres.
As frechas partirão nossas contendas
Dentro de pouco tempo; e o vosso Mundo,
Se nele um resto houver de humanidade,
Julgará entre nós; se defendemos,
Tu a injustiça, e nós o Deus e a Pátria."
....

(*Ibidem*, págs. 23-35.)

DO CANTO TERCEIRO

. . . .
Todas estas vastíssimas campinas
Cobrem palustres e tecidas canas,
E leves juncos do calor tostados,
Pronta matéria de voraz incêndio.
O Índio habitador de quando em quando
Com estranha cultura entrega ao fogo
Muitas léguas de campo: o incêndio dura,
Enquanto dura e o favorece o vento.
Da erva, que renasce, se apascenta
O imenso gado, que dos montes desce;
E renovando incêndios desta sorte
A Arte emenda a Natureza, e podem
Ter sempre nédio o gado e o campo verde.
Mas agora, sabendo por espias
As nossas marchas, conservavam sempre
Secas as torradíssimas campinas,
Nem consentiam, por fazer-nos guerra,
Que a chama benfeitora e a cinza fria
Fertilizasse o árido terreno.
O cavalo, até li forte e brioso,
E costumado a não ter mais sustento,
Naqueles climas, do que a verde relva
Da mimosa campina, desfalece.
Nem mais, se o seu Senhor o afaga, encurva
Os pés, e cava o chão coas mãos, e o vale
Rinchando atroa, e açouta o ar coas clinas.
Era alta noite, e carrancudo e triste
Negava o Céu, envolto em pobre manto,
A luz ao Mundo, e murmurar se ouvia
Ao longe o rio, e menear-se o vento.
Respirava descanso a natureza.
Só na outra margem não podia entanto
O inquieto Cacambo achar sossego.
No perturbado interrompido sono,
Talvez fosse ilusão, se lhe apresenta
A triste imagem de Cepé despido,
Pintado o rosto do temor da morte,
Banhado em negro sangue, que corria
Do peito aberto, e nos pisados braços
Inda os sinais da mísera caída.
Sem adorno a cabeça, e aos pés calcada
A rota aljava e as descompostas penas.
Quanto diverso do Cepé valente,

Que no meio dos nossos espalhava,
De pó, de sangue e de suor coberto,
O espanto, a morte! E diz-lhe em tristes vozes:
"Foge, foge, Cacambo. E tu descansas,
Tendo tão perto os inimigos? Torna,
Torna aos teus bosques, e nas pátrias grutas
Tua fraqueza e desventura encobre.
Ou se acaso inda vivem no teu peito
Os desejos de glória, ao duro passo
Resiste valeroso; ah tu, que podes!
E tu, que podes, põe a mão nos peitos
À fortuna de Europa; agora é tempo,
Que descuidados da outra parte dormem.
Envolve em fogo e fumo o campo, e paguem
O teu sangue e o meu sangue." Assim dizendo
Se perdeu entre as nuvens, sacudindo
Sobre as tendas, no ar, fumante tocha;
E assinala com chamas o caminho.
Acorda o Índio valeroso, e salta
Longe da curva rede, e sem demora

O arco e as setas arrebata, e fere
O chão com o pé: quer sobre o largo rio
Ir peito a peito a contrastar coa morte.
Tem diante dos olhos a figura
Do caro amigo, e inda lhe escuta as vozes.
Pendura a um verde tronco as várias penas,
E o arco, e as setas, e a sonora aljava;
E onde mais manso e mais quieto o rio
Se estende e espraia sobre a ruiva areia,
Pensativo e turbado entra; e com água
Já por cima do peito, as mãos e os olhos
Levanta ao Céu, que êle não via, e às ondas
O corpo entrega. Já sabia entanto
A nova empresa na limosa gruta
O pátrio Rio; e dando um jeito à urna,
Fez que as águas corressem mais serenas;
E o Índio afortunado a praia oposta
Tocou sem ser sentido. Aqui se aparta
Da margem guarnecida, e mansamente
Pelo silêncio vai da noite escura
Buscando a parte, donde vinha o vento.
Lá, como é uso do país, roçando
Dous lenhos entre si, desperta a chama,
Que já se ateia nas ligeiras palhas,
E velozmente se propaga. Ao vento

Deixa Cacambo o resto, e foge a tempo
Da perigosa luz; porém na margem
Do rio, quando a chama abrasadora
Começa a alumiar a noite escura,
Já sentido dos Guardas não se assusta,
E temerária e venturosamente,
Fiando a vida aos animosos braços,
De um alto precipício às negras ondas
Outra vez se lançou, e foi de um salto
Ao fundo rio a visitar a areia.
Debalde gritam, e debalde às margens
Corre a gente apressada. Ele entretanto
Sacode as pernas e os nervosos braços:
Rompe as escumas assoprando, e a um tempo,
Suspendido nas mãos, voltando o rosto,
Via nas águas trêmulas a imagem
Do arrebatado incêndio, e se alegrava.
Não de outra sorte o cauteloso Ulisses,
Vaidoso da ruína, que causara,
Viu abrasar de Tróia os altos muros,
E a perjura Cidade envolta em fumo
Encostar-se no chão, e pouco a pouco
Desmaiar sobre as cinzas. Cresce entanto
O incêndio furioso, e o irado vento
Arrebata às mãos cheias vivas chamas,
Que aqui e ali pela campina espalha.
Comunica-se a um tempo ao largo campo
A chama abrasadora, e em breve espaço
Cerca as barracas da confusa gente.
....

(*Ibidem*, págs. 48-54.)

CANTO QUARTO

Salvas as Tropas do noturno incêndio,
Aos povos se avizinha o grande Andrade,
Depois de afugentar os Índios fortes,
Que a subida dos montes defendiam,
E rotos muitas vezes, e espalhados,
Os Tapes cavaleiros, que arremessam
Duas causas de morte em uma lança,
E em largo giro todo o campo escrevem.
Que negue agora a pérfida calúnia
Que se ensinava aos bárbaros gentios

A disciplina militar, e negue
Que mãos traidoras a distantes povos
Por ásperos desertos conduziam
O pó sulfúreo, e as sibilantes balas,
E o bronze, que rugia nos seus muros.
Tu que viste e pisaste, ó Blasco insigne,
Todo aquele país, tu só pudeste,
Coa mão, que dirigia o ataque horrendo,
E aplanava os caminhos à vitória,
Descrever ao teu Rei o sítio, e as armas,
E os ódios, e o furor, e a incrível guerra.
Pisaram finalmente os altos riscos
De escalvada montanha, que os infernos
Co peso oprime, e a testa altiva esconde
Na região, que não perturba o vento.
Qual vê quem foge à terra pouco a pouco
Ir crescendo o Horizonte, que se encurva,
Até que com os Céus o mar confina,
Nem tem à vista mais que o ar, e as ondas:
Assim quem olha do escarpado cume
Não vê mais do que o Céu, que o mais lhe encobre
A tarda e fria névoa, escura e densa.
Mas quando o Sol de lá do eterno e fixo
Purpúreo encosto do dourado assento,
Coa criadora mão desfaz e corre
O véu cinzento de ondeadas nuvens,
Que alegre cena para os olhos! Podem
Daquela altura, por espaço imenso,
Ver as longas campinas retalhadas
De trêmulos ribeiros, claras fontes,
E lagos cristalinos, onde molha
As leves asas o lascivo vento.
Engraçados outeiros, fundos vales,
E arvoredos copados e confusos,
Verde teatro, onde se admira quanto
Produziu a supérflua Natureza.
A terra sofredora de cultura
Mostra o rasgado seio; e as várias plantas
Dando as mãos entre si, tecem compridas
Ruas, por onde a vista saüdosa
Se estende e perde. O vagaroso gado
Mal se move no campo, e se divisam
Por entre as sombras da verdura, ao longe,
As casas branquejando, e os altos Templos.
Ajuntavam-se os Índios entretanto
No lugar mais vizinho, onde o bom Padre

Queria dar Lindóia por esposa
Ao seu Baldeta, e segurar-lhe o posto
E a Régia autoridade de Cacambo.
Estão patentes as douradas portas
Do grande Templo, e na vizinha Praça
Se vão dispondo de uma e de outra banda
As vistosas esquadras diferentes.
Coa chata frente de Urucu tingida,
Vinha o Índio Cobé disforme e feio,
Que sustenta nas mãos pesada maça,
Com que abate no campo os inimigos,
Como abate a seara o rijo vento.
Traz consigo os salvages da montanha,
Que comem os seus mortos; nem consentem
Que jamais lhes esconda a dura terra
No seu avaro seio o frio corpo
Do doce pai, ou suspirado amigo.
Foi o segundo, que de si fez mostra,
O mancebo Pindó, que sucedera
A Cepé no lugar: inda em memória
Do não vingado irmão, que tanto amava,
Leva negros penachos na cabeça.
São vermelhas as outras penas todas,
Cor, que Cepé usara sempre em guerra.
Vão com ele os seus Tapes, que se afrontam,
E que têm por injúria morrer velhos.
Segue-se Caitutu de Régio sangue,
E de Lindóia irmão. Não muito fortes
São os que ele conduz; mas são tão destros
No exercício da frecha, que arrebatam
Ao verde papagaio o curvo bico,
Voando pelo ar. Nem dos seus tiros
O peixe prateado está seguro
No fundo do ribeiro. Vinham logo
Alegres Guaranis de amável gesto.
Esta foi de Cacambo a esquadra antiga.
Penas da cor do Céu trazem vestidas,
Com cintas amarelas: e Baldeta
Desvanecido a bela esquadra ordena
No seu Jardim: até o meio a lança
Pintada de vermelho, e a testa e o corpo
Todo coberto de amarelas plumas.
Pendente a rica espada de Cacambo;
E pelos peitos ao través lançada
Por cima do ombro esquerdo a verde faixa,
De donde ao lado oposto a aljava desce.

Num cavalo da cor da noite escura
Entrou na grande Praça derradeiro
Tatu-Guaçu feroz, e vem guiando
Tropel confuso de cavaleria,
Que combate desordenadamente.
Trazem lanças nas mãos, e lhes defendem
Peles de monstros os seguros peitos.
Revia-se em Baldeta o santo Padre;
E fazendo profunda reverência,
Fora da grande porta, recebia
O esperado Tedeu ativo e pronto,
A quem acompanhava vagaroso
Com as chaves no cinto o Irmão Patusca.
De pesada, enormíssima barriga.
Jamais a este o som da dura guerra
Tinha tirado as horas do descanso.
De indulgente moral, e brando peito
Que penetrado da fraqueza humana
Sofre em paz as delícias desta vida,
Tais e quais no-las dão. Gosta das cousas,
Porque gosta, e contenta-se do efeito,
E nem sabe nem quer saber as causas,
Ainda que talvez, em falta de outro,
Com grosseiras ações o povo exorte,
Gritando sempre, e sempre repetindo,
Que do bom Pai Adão a triste raça
Por degraus degenera, e que este Mundo
Piorando envelhece. Não faltava,
Para se dar princípio à estranha festa,
Mais que Lindóia. Há muito lhe preparam,
Todas de brancas penas revestidas,
Festões de flores as gentis donzelas.
Cansados de esperar, ao seu retiro
Vão muitos impacientes a buscá-la.
Estes de crespa Tanajura aprendem
Que entrara no jardim triste e chorosa,
Sem consentir que alguém a acompanhasse.
Um frio susto, corre pelas veias
De Caitutu, que deixa os seus no campo;
E a irmã por entre as sombras do arvoredo
Busca coa vista, e teme de encontrá-la.
Entram enfim na mais remota e interna
Parte de antigo bosque, escuro e negro,
Onde ao pé de uma lapa cavernosa
Cobre uma rouca fonte, que murmura,
Curva latada de jasmins e rosas.

Este lugar delicioso e triste,
Cansada de viver, tinha escolhido
Para morrer a mísera Lindóia.
Lá reclinada, como que dormia,
Na branda relva e nas mimosas flores,
Tinha a face na mão, e a mão no tronco
De um fúnebre cipreste, que espalhava
Melancólica sombra. Mais de perto
Descobrem que se enrola no seu corpo
Verde serpente, e lhe passeia e cinge
Pescoço e braços, e lhe lambe o seio.
Fogem de a ver assim sobressaltados,
E param cheios de temor ao longe;
E nem se atrevem a chamá-la, e temem
Que desperte assustada, e irrite o monstro,
E fuja, e apresse no fugir a morte.
Porém o destro Caitutu, que treme
Do perigo da irmã, sem mais demora
Dobrou as pontas do arco, e quis três vezes
Soltar o tiro, e vacilou três vezes
Entre a ira e o temor. Enfim sacode
O arco, e faz voar a aguda seta,
Que toca o peito de Lindóia e fere
A serpente na testa, e a boca e os dentes
Deixou cravados no vizinho tronco.
Açouta o campo coa ligeira cauda
O irado monstro, e em tortuosos giros
Se enrosca no cipreste, e verte envolto
Em negro sangue o lívido veneno.
Leva nos braços a infeliz Lindóia
O desgraçado irmão, que ao despertá-la
Conhece, com que dor! no frio rosto
Os sinais do veneno, e vê ferido
Pelo dente sutil o brando peito.
Os olhos, em que Amor reinava, um dia,
Cheios de morte; e muda aquela língua,
Que ao surdo vento e aos ecos tantas vezes
Contou a larga história de seus males.
Nos olhos Caitutu não sofre o pranto,
E rompe em profundíssimos suspiros,
Lendo na testa da fronteira gruta,
De sua mão já trêmula gravado,
O alheio crime e a voluntária morte,
E por todas as partes repetido
O suspirado nome de Cacambo.

Inda conserva o pálido semblante
Um não sei quê de magoado e triste,
Que os corações mais duros enternece.
Tanto era bela no seu rosto a morte!
Indiferente admira o caso acerbo,
Da estranha novidade ali trazido,
O duro Balda; e os Índios, que se achavam,
Corre coa vista, e os ânimos observa.
Quanto pode o temor! Secou-se a um tempo
Em mais de um rosto o pranto; e em mais de um peito
Morreram sufocados os suspiros.
Ficou desamparada na espessura,
E exposta às feras e às famintas aves,
Sem que alguém se atrevesse a honrar seu corpo
De poucas flores e piedosa terra.
Fastosa Egípcia, que o maior triunfo
Temeste honrar do vencedor Latino,
Se desceste inda livre ao escuro reino,
Foi vaidosa talvez da imaginada
Bárbara pompa do real sepulcro.
Amável Indiana, eu te prometo

Que em breve a iníqua Pátria envolta em chamas
Te sirva de urna, e que misture e leve
A tua e a sua cinza o irado vento.
Confusamente murmurava entanto
Do caso atroz a lastimada gente.
Dizem que Tanajura lhe pintara
Suave aquele genero de morte,
E talvez lhe mostrasse o sítio e os meios.
Balda, que há muito espera o tempo e o modo
De alta vingança, e encobre a dor no peito,
Excita os povos a exemplar castigo
Na desgraçada velha. Alegre em roda
Se ajunta a petulante mocidade
Coas armas, que o acaso lhe oferece.
Mas neste tempo um Índio pelas ruas
Com gesto espavorido vem gritando,
Soltos e arrepiados os cabelos:
"Fugi, fugi da mal segura terra,
Que estão já sobre nós os inimigos,
Eu mesmo os vi, que descem do alto monte
E vêm cobrindo os campos; e se ainda
Vivo chego a trazer-vos a notícia,
Aos meus ligeiros pés a vida eu devo."
"Debalde nos expomos neste sítio,
Diz o ativo Tedeu: melhor conselho

É ajuntar as Tropas no outro povo:
Perca-se o mais, salvemos a cabeça."
"Embora seja assim: faça-se em tudo
A vontade do Céu; mas entretanto
Vejam os contumazes inimigos
Que não têm que esperar de nós despojos.
Falte-lhe a melhor parte ao seu triunfo."
Assim discorre Balda; e entanto ordena
Que todas as esquadras se retirem,
Dando as casas primeiro ao fogo, e o Templo.
Parte, deixando atada a triste Velha
Dentro de uma choupana, e vingativo
Quis que por ela começasse o incêndio.
Ouviam-se de longe os altos gritos
Da miserável Tanajura. Aos ares
Vão globos espessíssimos de fumo,
Que deixa ensangüentada a luz do dia.
Com as grossas camáldulas à porta,
Devoto e penitente os esperava
O Irmão Patusca, que ao rumor primeiro
Tinha sido o mais pronto a pôr-se em salvo
E a desertar da perigosa terra.
Por mais que o nosso General se apresse,
Não acha mais que as cinzas inda quentes,
E um deserto, onde há pouco era a Cidade.
Tinham ardido as míseras choupanas
Dos pobres Índios, e no chão caídos
Fumegavam os nobres edifícios,
Deliciosa habitação dos Padres.
Entram no grande Templo, e vêem por terra
As imagens sagradas. O áureo trono,
O trono, em que se adora um Deus imenso,
Que o sofre, e não castiga os temerários,
Em pedaços no chão. Voltava os olhos
Turbado o General: aquela vista
Lhe encheu o peito de ira, e os olhos de água.
Em roda os seus fortíssimos guerreiros
Admiram espalhados a grandeza
Do rico Templo, e os desmedidos arcos,
As bases das firmíssimas colunas,
E os vultos animados, que respiram.
Na abóbeda o artífice famoso
Pintara.... mas que intento! as roucas vozes

Seguir não podem do pincel os rasgos.
Gênio da inculta América, que inspiras
A meu peito o furor, que me transporta,
Tu me levanta nas seguras asas.
Serás em paga ouvido no meu canto.
E te prometo que pendente um dia
Adorne a minha lira os teus altares.

(*Ibidem*, págs. 69-87.)

A DECLAMAÇÃO TRÁGICA [1]

POEMA DEDICADO ÀS BELAS-ARTES

. . . .

Vós, que buscais a glória, não procureis atalhos,
O plácido descanso é filho de trabalhos;
Pisai o ócio vil, que flores tem por leito,
Exercitai a voz, e cultivai o peito.
Lêde no coração, sondai a natureza,
Sabei as doces frases da língua portuguêsa.
Luzir não pode a dama, que a sua língua ignora,
Apesar dos tesoiros, que espalha quem a adora.
O povo assim que a vê começa a assobiar:
Para falar em verso, convém saber falar.

Julgai a sangue frio e examinai por gosto
Que paixões, que caráter exprime o vosso rosto.
Nêle hão de respirar as iras, o furor,
E por seu turno a raiva, o ódio, a ambição, o amor.

Talvez a enternecer-vos vosso desejo aspira?
Fazei com êsses olhos qu'eu na feliz *Zaíra*
Veja a cruel batalha de um peito generoso,
Que perde as esperanças de vir a ser ditoso:
Quando, banhando as mãos do Pai, a quem adora,
Prefere ao seu amante um Deus, que aind'ignora.

---

[1] V. nota ao fim do volume: *Tomás Antônio Gonzaga*.

Nos papéis furiosos quereis levar a palma?
Pinte o terror dos olhos toda a desordem d'alma:
Seja funesta a voz, horrendo e incerto o passo:
De vosso rosto o povo leia no breve espaço
Projetos horrorosos, que forma u' alma impia;
E apenas vós saís, em vós veja *Atalia*,
Que sobre si já sente a mão, que chove os raios,
Cercada de remorsos entre cruéis desmaios.
Uni, se é que quereis arrebatar-nos logo,
A um medonho aspecto, um coração de fogo.
O público, embebido coa trágica grandeza,
Olha pra o vosso estado, não olha pra beleza.

Estátuas, sobre tudo, Melpômene aborrece,
Em cujos frios rostos paixão não aparece.
Cheias d'afetação, seus insensíveis peitos
Com arte dão suspiros, chorando fazem jeitos.
A Dama presumida estuda o dia inteiro
Um brando mover d'olhos ao vidro lisonjeiro.
Vai um por um dispondo, por simetria, os passos,
E aplaude ao movimento dos vagorosos braços.
Do vidro que t'engana, não sigas o conselho,
Busca, que dentro d'alma tens o melhor espelho.
Defronte dos cristais, que adulam a vaidade,
Não, a razão não julga: quem julga é a vontade:
Porque feições alheias, por obra do artifício,
Vos formam da beleza o mágico edifício;
Coa roupa flutuante azul e cor-de-rosa,
Cuidais que fingis Vênus, ou Palas majestosa?
Não vêdes que a soberba vos alucina e cega?
Voss'alma porventura toda jamais se entrega?
Os vossos olhos mortos nunca disseram nada?
Moveis-me ao pranto ainda de lágrimas banhada?
Mas vós continuais com um doce sorriso!
Assim, assim na fonte se contemplou *Narciso*.

Dentro do vosso peito é que podeis achar
A arte d'enternecer e o modo de agradar.
. . . .

(*Obras Poéticas*, cit., págs. 151-153.)

A UMA SENHORA NATURAL DO RIO DE JANEIRO, ONDE SE ACHAVA ENTÃO O AUTOR

Já, Marfiza cruel, me não maltrata
Saber que usas comigo de cautelas,
Qu' inda te espero ver, por causa delas,
Arrependida de ter sido ingrata.

Com o tempo, que tudo desbarata,
Teus olhos deixarão de ser estrelas;
Verás murchar no rosto as faces belas,
E as tranças d'oiro converter-se em prata.

Pois se sabes que a tua formosura
Por força há de sofrer da idade os danos,
Por que me negas hoje esta ventura?

Guarda para seu tempo os desenganos,
Gozemo-nos agora, enquanto dura,
Já que dura tão pouco, a flor dos anos.

(*Ibidem*, pág. 215).

A RESIGNAÇÃO

POR OCASIÃO DE SER O AUTOR CONDENADO
PELO TRIBUNAL DA INCONFIDÊNCIA AO DEGREDO
DE ÁFRICA

Temam embora a morte os que aferrados
Aos grossos cabedais, que possuíam,
Nunca tão de repente presumiam
Que lhes fossem das mãos arrebatados.

Sintam deixar coa vida os começados
Muros d'altos palácios, que erigiam;
A cara esposa, os filhos, que cresciam;
Os brandos leitos; os tremós dourados.

Que eu sem bens e sem casa, vagabundo,
Mal coberto co manto da indigência,
Já não temo da morte o horror profundo.

No que me tira não me faz violência,
Que o melhor modo de sair do mundo
É cheio ou de miséria ou de inocência.

(*Ibidem.* pág. 217.)

A UMA SENHORA QUE O AUTOR CONHECEU NO RIO DE JANEIRO E VIU DEPOIS NA EUROPA

Na idade em qu' eu brincando entre os pastores
Andava pela mão e mal andava,
Uma ninfa comigo então brincava
Da mesma idade e bela como as flores.

Eu com vê-la sentia mil ardores;
Ela punha-se a olhar e não falava;
Qualquer de nós podia ver que amava,
Mas quem sabia então que eram amores?

Mudar de sítio a ninfa já convinha,
Foi-se a outra ribeira; e eu naquela
Fiquei sentindo a dor que n'alma tinha.

Eu cada vez mais firme, ela mais bela;
Não se lembra ela já de que foi minha,
Eu ainda me lembro que sou dela!...

(*Ibidem*, pág. 226.)

AO GARÇÃO

Lisboa, três de Abril. Cheio de sarro,
Roto o vestido, hirsutos os cabelos,
A boca negra, os dentes amarelos,
Envolto em homem gira um certo escarro.

Reger das musas o soberbo carro
Quis, mas porém frustraram-se os desvelos,
Morde no chão, arranha-se de zelos
A frágil criaturinha, que é de barro.

Do áureo coche as rédeas prateadas
Larga, atrevido! põe-te na traseira,
Segue de teus avós, segue as pisadas.

A Gazeta até aqui vai verdadeira,
Ficam quatro folhinhas reservadas,
Que prometo mandar-te na primeira.

(*Ibidem*, pág. 227.)

A NICOLAU TOLENTINO, QUE MALSINARA DO MARQÊS DE POMBAL, DECAÍDO

Poeta português, bem que eloqüente,
Suspende o mordaz verso que recitas;
Não vês que no teu corte não imitas
A conduta de um príncipe prudente?

Ser ferino o Marquês, ser insolente,
De horroroso partido, ações malditas,
Inventar mil clausuras esquisitas
E ser réu, ser indigno, delinqüente;

Mas, que importa o Marquês não fosse digno,
Pela soberba vil, pela fereza,
Se achou para o perdão um rei benigno!

Não cortes, ó vassalo, que é vileza
Celebrar um vassalo por indigno
Quanto achou no seu rei tanta grandeza.

(*Ibidem*, pág. 228.)

SONETO

Bárbara, iníqua terra, ingrata e injusta,
São estes os fantásticos agoiros
De quando t'adornei a frente adusta
De verdes, incertos, de sagrados loiros?

Já me aparto de ti, já me não custa
Deixar-te, e os teus fantásticos tesoiros;
Vou ver da minha Arcádia a frente augusta,
Os olhos belos e os cabelos loiros.

Com toda a ação dos braços me convida
A grande Roma, e a pátria me desterra
E rende por favor deixar-me a vida:

Pagaste meu amor com dura guerra,
És indigna de mim desconhecida,
Bárbara, ingrata, injusta, iníqua terra.

(*Ibidem*, pág. 236.)

INÁCIO JOSÉ DE ALVARENGA PEIXOTO

(1744-1793)

Filho de Simão de Alvarenga Braga e Ângela Micaela da Cunha, Inácio José de Alvarenga Peixoto nasceu no Rio de Janeiro. Aqui fez os estudos preparatórios, no Colégio dos Jesuítas, onde foi condiscípulo de Basílio da Gama, formando-se em Leis pela Universidade de Coimbra. De volta ao Brasil, escreveu, no Rio, um drama em verso, Enéias no Lácio, *e traduziu* Merope, *de Maffei, trabalhos que se perderam. Depois foi nomeado ouvidor da comarca do Rio das Mortes. Transferido, mais tarde, para Minas, deixou a magistratura, tornando-se fazendeiro e minerador. Amigo fraternal de Tomás Antônio Gonzaga, de quem ainda era parente, e de Cláudio Manuel da Costa, ia, de vez em quando, de São João d'El-Rei, onde morava, a Vila Rica. Viu-se comprometido, como esses, na Conjuração Mineira, do que lhe resultou a prisão e, finalmente, o desterro na África, onde morreu. Perderam-se, dizem os biógrafos, muitas composições de Alvarenga Peixoto; são bem poucas as que se conhecem. Deve-se a Norberto de Sousa a coleção mais completa, e que, no entanto, não atinge o número de trinta, inclusive vinte sonetos* (Obras Poéticas de Inácio José de Alvarenga Peixoto, *Rio de Janeiro, B. L. Garnier, 1865).*

A MARIA IFIGÊNIA

EM 1786, QUANDO COMPLETAVA SETE ANOS DE IDADE

Amada filha, é já chegado o dia
Em que a luz da razão, qual tocha acesa,
Vem conduzir a simples natureza,
É hoje que o teu mundo principia.

A mão, que te gerou, teus passos guia,
Despreza ofertas de uma vã beleza,
E sacrifica as honras e a riqueza
Às santas leis do Filho de Maria.

Estampa na tu'alma a caridade,
Que amar a Deus, amar aos semelhantes,
São eternos preceitos da verdade;

Tudo o mais são idéias delirantes;
Procura ser feliz na eternidade,
Que o mundo são brevíssimos instantes.

(*Obras Poéticas de Inácio José de Alvarenga Peixoto*. Rio, 1865, págs. 197-198.)

ESTELA E NIZE

Eu vi a linda Estela, e namorado
Fiz logo eterno voto de querê-la;
Mas vi depois a Nize, e é tão bela,
Que merece igualmente o meu cuidado.

A qual escolherei, se neste estado
Não posso distinguir Nize d'Estela?
Se Nize vir aqui, morro por ela;
Se Estela agora vir, fico abrasado.

Mas, ah! que aquela me despreza amante,
Pois sabe que estou prêso em outros braços,
E esta não me quer por inconstante.

Vem, Cupido, soltar-me destes laços,
Ou faz de dous semblantes um semblante,
Ou divide o meu peito em dous pedaços!

(Ibidem, págs. 201-202.)

A ALÉIA

Não cedas, coração; pois nesta empresa
O brio só domina; o cego mando
Do ingrato amor seguir não deves, quando
Já não podes amar sem vil baixeza:

Rompa-se o forte laço, que é fraqueza
Ceder a amor, o brio deslustrando;
Vença-te o brio pelo amor cortando,
Que é honra, que é valor, que é fortaleza;

Foge de ver Aléia, mas se a vires,
Por que não venhas outra vez a amá-la,
Apaga o fogo, assim que o pressentires;

E se inda assim o teu valor se abala,
Não lho mostres o rosto; ah! não suspires!
Calado geme, sofre, morre, estala!

(Ibidem, págs. 203-204.)

A LÁSTIMA

NA MASMORRA DA ILHA DAS COBRAS, LEMBRANDO-SE DA FAMÍLIA

Eu não lastimo o próximo perigo,
Nem a escura prisão estreita e forte;
Lastimo os caros filhos e a consorte,
A perda irreparável de um amigo.

A prisão não lastimo, outra vez digo,
Nem o ver iminente o duro corte;
É ventura também achar a morte
Quando a vida só serve de castigo.

Ah! quão depressa então acabar vira
Este sonho, este enrêdo, esta quimera,
Que passa por verdade e é mentira.

Se filhos e consorte não tivera,
E do amigo as virtudes possuíra,
Só de vida um momento não quisera.

(*Ibidem*, págs. 207-208.)

A SAUDADE

OUVINDO LER NA CADEIA PÚBLICA DA CIDADE
DO RIO DE JANEIRO A SUA SENTENÇA
DE MORTE

Não me aflige do potro a viva quina;
Da férrea maça o golpe não me ofende;
Sobre as chamas a mão se não estende;
Não sofro do agulhete a ponta fina.

Grilhão pesado os passos não domina;
Cruel arrocho a testa me não fende;
À força a perna ou braço se não rende;
Longa cadeia o colo não me inclina.

Água e pomo faminto não procuro;
Grossa pedra não cansa a humanidade;
O pássaro voraz eu não aturo.

Estes males não sinto; é bem verdade;
Porém sinto outro mal inda mais duro:
— Sinto da esposa e filhos a saudade!

(*Ibidem*, págs. 209-210.)

A JOSÉ BASÍLIO DA GAMA

TERMINDO SIPÍLIO

AUTOR DO POEMA *O Uraguai*

Entro pelo Uraguai: vejo a cultura
Das novas terras por engenho claro;
Mas chego ao templo majestoso e paro
Embebido nos rasgos da pintura.

Vejo erguer-se a república perjura
Sobre alicerces de um domínio avaro;
Vejo distintamente, se reparo,
De Caco usurpador a cova escura.

Famoso Alcides, ao teu braço forte
Toca a vingar os cetros e os altares:
Arranca a espada, descarrega o corte.

E tu, Termindo, leva pelos ares
A grande ação, já que te coube em sorte
A gloriosa parte de a cantares.

(*Ibidem*, págs. 213-214.)

A D. BÁRBARA HELIODORA
SUA ESPOSA

REMETIDA DO CÁRCERE DA ILHA DAS COBRAS

Bárbara bela,
Do Norte estrela,
Que o meu destino
Sabes guiar,
De ti ausente
Triste somente
As horas passo
A suspirar.

Por entre as penhas
De incultas brenhas
Cansa-me a vista
De te buscar;
Porém não vejo
Mais que o desejo,
Sem esperança
De te encontrar.

Eu bem queria
A noite e o dia
Sempre contigo
Poder passar;
Mas orgulhosa
Sorte invejosa,
Desta fortuna
Me quer privar.

Tu, entre os braços,
Ternos abraços
Da filha amada
Podes gozar;
Priva-me a estrela
De ti e dela,
Busca dous modos
De me matar!

(Ibidem, págs. 223-224.)

ODE

À RAINHA D. MARIA I

Invisíveis vapores,
Da baixa terra, contra os céus erguidos,
Não ofuscam do sol os resplendores.

Os padrões erigidos
À fé real nos peitos lusitanos
São do primeiro Afonso conhecidos.

A nós, Americanos,
Toca a levar pela razão mais justa
Do trono a fé aos derradeiros anos.

Fidelíssima augusta,
Desentranhe riquíssimo tesouro
Do cofre americano a mão robusta.

Se o Tejo ao Minho e ao Douro
Lhe aponta um rei em bronze eternizado,
Mostre-lhe a filha eternizada em ouro.

Do trono os resplendores
Façam a nossa glória, e vestiremos
Bárbaras penas de vistosas cores.

Para nós só queremos
Os pobres dons da simples natureza,
E seja vosso tudo quanto temos.

Sirva a real grandeza
A prata, o ouro, a fina pedraria,
Que esconde destas terras a riqueza.

Ah! chegue o feliz dia
Em que do novo mundo a parte inteira
Aclame o nome augusto de Maria.

"Real, real, primeira!"
Só esta voz na América se escute;
Veja-se tremular uma bandeira.

Rompam o instável sulco
Do Pacífico mar na face plana
Os galeões pesados de Acapulco.

Das serras da Araucana
Desçam nações confusas diferentes
A vir beijar a mão da soberana.

Chegai, chegai contentes,
Não temais dos Pizarros a fereza,
Nem dos seus companheiros insolentes.

A augusta portuguêsa
Conquista corações, em todos ama
O soberano Autor da natureza.

Por seus filhos vos chama,
Vem pôr o termo à nossa desventura
E os seus favores sobre nós derrama.

Se o Rio de Janeiro
Só a glória de ver-vos merecesse,
Já era vosso o mundo novo inteiro.

Eu fico que estendesse
Do Cabo ao mar Pacífico as medidas,
E por fora da Havana as recolhesse.

Ficavam incluídas
As terras que vos foram consagradas,
Apenas por Vespúcio conhecidas.

As cascas enroladas,
Os aromas e os índicos efeitos,
Poderão mais que as serras prateadas.

Mas nós de amor sujeitos
Prontos vos ofertamos à conquista
Bárbaros braços e constantes peitos.

Pode a Tartária grega
A luz gozar da russiana aurora;
E a nós esta fortuna não nos chega?

Vinde, real senhora,
Honrar os vossos mares por dous meses;
Vinde ver o Brasil, que vos adora.

Noronhas e Meneses,
Cunhas, Castros, Almeidas, Silvas, Melos,
Têm prendido o leão por muitas vezes.

Fiai os reais selos
De mãos seguras, vinde descansada;
De que servem dous grandes Vasconcelos?

Vinde a ser coroada
Sobre a América toda, que protesta
Jurar nas vossas mãos a lei sagrada.

Vai, ardente desejo,
Entra humilhado na real Lisboa,
Sem ser sentido do invejoso Tejo:

Aos pés augustos voa,
Chora e faze que a mãe compadecida,
Dos saüdosos filhos se condoa.

Ficando enternecida,
Mais do Tejo não temas o rigor,
Tens triunfado, tens a ação vencida.

Da América o furor
Perdoai, grande augusta; é lealdade,
São dignos de perdão crimes de amor.

Perdoe a majestade,
Enquanto o mundo novo sacrifica
À tutelar propícia Divindade:

O príncipe sagrado
Do pão da pedra, que domina a barra
Em colossal estátua levantado,

Veja a triforme garra
Quebrar-lhe aos pés Netuno furioso,
Que o irritado sudoeste esbarra;

E veja glorioso
Vastíssima extensão de imensos mares,
Que cerca o seu império majestoso;

Honrando nos altares
A mão que o faz ver de tanta altura
Ambos os mundos seus, ambos os mares,

E a fé mais santa e pura
Espalhada nos bárbaros desertos,
Conservada por vós firme e segura.

"Sombra ilustre e famosa
Do grande fundador do luso império,
Eterna paz eternamente goza.

"Num e noutro hemisfério
Tu vês os teus augustos descendentes
Dar as leis pela voz do ministério:

"E os povos diferentes,
Que é impossível quase enumerá-los,
Que vêm a tributar-lhes obedientes;

"A glória de mandá-los
Pede ao neto glorioso teu;
Que adoram rei para servir vassalos!"

O Índio o pé bateu,
Tremeu a terra, ouvi trovões, vi raios,
E de repente desapareceu.

(*Ibidem*, págs. 233-239.)

O SONHO

Oh! que sonho! oh! que sonho eu tive nesta
Feliz, ditosa e sossegada sesta!
Eu vi o Pão de Açúcar levantar-se
E no meio das ondas transformar-se
Na figura de um Índio o mais gentil,
Representando só todo o Brasil.
Pendente ao tiracol de branco arminho,
Côncavo dente de animal marinho
As preciosas armas lhe guardava:
Era tesouro e juntamente aljava.
De pontas de diamante eram as setas,
As hásteas d'ouro, mas as penas pretas
Que o Índio valeroso, ativo e forte,
Não manda seta em que não mande a morte.
Zona de penas de vistosas cores,
Guarnecida de bárbaros lavores,

De folhetas e pérolas pendentes,
Finos cristais, topázios transparentes,
Em recamadas peles de Saíras,
Rubins, e diamantes, e safiras,
Em campo de esmeralda escurecia
A linda estrela, que nos traz o dia.
No cocar... oh! que assombro! oh! que riqueza!
Vi tudo quanto pode a natureza.
No peito em grandes letras de diamante
O nome da augustíssima imperante,
De inteiriço coral novo instrumento
As mãos lhe ocupa, enquanto ao doce acento
Das saudosas palhetas, que afinava,
Píndaro Americano assim cantava:

"Sou vassalo, e sou leal,
 Como tal,
 Fiel, constante,
Sirvo à glória da imperante,
Sirvo à grandeza real.
Aos Elísios descerei
Fiel sempre a Portugal,
Ao famoso vice-rei,
Ao ilustre general,
Às bandeiras que jurei.
Insultando o fado e a sorte,
E a fortuna desigual,
A quem morrer sabe, a morte
Nem é morte, nem é mal."

(*Ibidem*, págs. 247-249.)

CANTO GENETLÍACO

AO CAPITÃO-GENERAL D. RODRIGO JOSÉ DE MENESES,
GOVERNADOR DA CAPITANIA DE MINAS GERAIS,
POR OCASIÃO DO BATIZADO DE SEU FILHO
D. JOSÉ TOMÁS DE MENESES

Bárbaros filhos destas brenhas duras,
Nunca mais recordeis os males vossos;
Revolvam-se no horror das sepulturas
Dos primeiros avós os frios ossos:
Os heróis das mais altas cataduras
Principiam a ser patrícios nossos;

E o vosso sangue, que esta terra ensopa,
Já produz frutos do melhor da Europa.

Bem que venha a semente à terra estranha,
Quando produz, com igual força gera,
Nem do forte leão fora de Espanha
A fereza nos filhos degenera;
O que o estio em umas terras ganha,
Nas outras vence a fresca primavera,
A raça dos heróis da mesma sorte
Produz no sul o que produz no norte.

Rômulo porventura foi Romano?
E Roma a quem deveu tanta grandeza?
O grande Henrique era Lusitano?
Quem deu princípio à glória portuguêsa?
Que importa que José Americano
Traga a honra, a virtude e a fortaleza
De altos e antigos troncos portuguêses,
Se é patrício este ramo dos Meneses?

Quando algum dia permitir o fado
Que ele o mando real moderar venha,
E que o bastão do pai, com glória herdado,
No pulso invicto pendurado tenha,
Qual esperais que seja o seu agrado?
Vós experimentareis como se empenha
Em louvar estas serras e estes ares,
E venerar gostoso os pátrios lares:

Esses partidos morros e escalvados,
Que enchem de horror a vista delicada
Em soberbos palácios levantados
Desde os primeiros anos empregada,
Negros e extensos bosques tão fechados,
Que até ao mesmo sol negam a entrada,
E do agreste país habitadores
Bárbaros homens de diversas cores,

Isto, que Europa barbaria chama,
Do seio de delícias tão diverso,
Quão diferente é para quem ama

Os ternos laços do seu pátrio berço!
O pastor louro, que meu peito inflama,
Dará novos alentos ao meu verso,
Para mostrar do nosso herói na boca
Como em grandezas tanto horror se troca.

Aquelas serras na aparência feias,
Dirá José, "Oh! quanto são formosas!
Elas conservam nas ocultas veias
A força das potências majestosas;
Têm as ricas entranhas todas cheias
De prata e ouro, e pedras preciosas;
Aquelas brutas escalvadas serras
Fazem as pazes, dão calor às guerras.

"Aqueles morros negros e fechados,
Que ocupam quase a região dos ares,
São os que em edifícios respeitados
Repartem raios pelos crespos mares.
Os coríntios palácios levantados,
Dóricos templos, jônicos altares,
São obras feitas desses lenhos duros,
Filhos desses sertões feios e escuros.

"A c'roa d'ouro, que na testa brilha,
E o cetro, que empunha na mão justa
Do augusto José a heróica filha,
Nossa rainha soberana augusta,
E Lisboa, de Europa maravilha,
Cuja riqueza a todo o mundo assusta,
Estas terras a fazem respeitada,
Bárbara terra, mas abençoada.

"Esses homens de vários acidentes,
Pardos e pretos, tintos e tostados,
São os escravos duros e valentes,
Aos penosos serviços costumados:
Eles mudam aos rios as correntes,
Rasgam as serras, tendo sempre armados
Da pesada alavanca e duro malho
Os fortes braços feitos ao trabalho.

"Porventura, Senhores, pode tanto
O grande herói, que a antiguidade aclama,
Porque aterrou a fera de Erimanto,
Venceu a Hidra com o ferro e chama?
Ou esse a quem da tuba grega o canto
Fez digno de imortal eterna fama?
Ou inda o macedônico guerreiro,
Que soube subjugar o mundo inteiro?

"Eu só pondero que essa força armada,
Debaixo de acertados movimentos,
Foi sempre uma com outra disputada
Com fins correspondentes aos intentos,
Isto que tem coa força disparada
Contra todo o poder dos elementos,
Que bate a forma da terrestre esfera
Apesar de uma vida a mais austera.

"Se o justo e o útil pode tão somente
Ser acertado fim das ações nossas,
Quais se empregam, dizei, mais dignamente:
As forças destes, ou as forças vossas?
Mandam a destruir a humana gente
Terríveis legiões, armadas grossas;
Procurar o metal que acode a tudo
É d'estes homens o cansado estudo.

"São dignas de atenção..." ia dizendo
A tempo que chegava o velho honrado,
Que o povo reverente vem benzendo
Do grande Pedro com o poder sagrado,
E já o nosso herói nos braços tendo,
O breve instante em que ficou calado,
De amor em ternas lágrimas desfeito
Estas vozes tirou do amante peito:

"Filho, que assim te falo, filho amado,
Bem que um trono real teu berço enlaça,
Porque foste por mim regenerado
Nas puras fontes de primeira graça;
Deves o nascimento ao pai honrado,
Mas eu de Cristo te alistei na praça;
Estas mãos por favor de um Deus superno
Te restauraram do poder do inferno.

"Amado filho meu, torna a meus braços,
Permita o céu que a governar prossigas,
Seguindo sempre de teu pai os passos,
Honrando algumas paternais fadigas.
Não receio que encontres embaraços,
Por onde quer que o teu destino sigas,
Que êle pisou por todas estas terras,
Matos, rios, sertões, morros e serras.

"Valeroso, incansável, diligente
Do serviço real, promoveu tudo
Já nos países do Pori valente,
Já nos bosques do bruto Boticudo,
Sentiram todos sua mão prudente
Sempre debaixo de acertado estudo,
E quantos viram seu sereno rosto
Lhe obedeceram por amor, por gosto.

"Assim confio o teu destino seja,
Servindo a pátria e aumentando o Estado,
Zelando a honra da Romana Igreja,
Exemplo ilustre de teus pais herdado;
Permita o céu que eu felizmente veja
Quanto espero de ti desempenhado,
Assim contente acabarei meus dias,
Tu honrarás as minhas cinzas frias."

Acabou de falar o honrado velho,
Com lágrimas as vozes misturando;
Ouviu o nosso herói o seu conselho
Novos projetos sobre os seus formando.
Propagar as doutrinas do Evangelho,
Ir aos patrícios seus civilizando,
Aumentar os tesouros da reinante,
São seus desvelos desde aquele instante.

Feliz governo, queira o céu sagrado
Que eu chegue a ver esse ditoso dia
Em que nos torne o século dourado
Dos tempos de Rodrigo e de Maria;
Século que será sempre lembrado
Nos instantes de gosto e de alegria,
Até os tempos, que o destino encerra,
De governar José a pátria terra.

(*Ibidem*, págs. 253-260.)

TOMÁS ANTÔNIO GONZAGA

(1744 — 1810)

Embora natural do Pôrto, Tomás Antônio Gonzaga pertence, por muitos títulos, à nossa literatura da fase colonial. Formado na Universidade de Coimbra, onde se bacharelou em Leis, exerceu durante algum tempo as funções de juiz de fora em Beja. Seguiu depois para Vila Rica (Ouro Prêto), em Minas Gerais, como ouvidor da comarca. Logo se identificou profundamente com o meio brasileiro, ao qual já o ligavam a ascendência paterna e as recordações da infância, que passara na Bahia. Fez-se amigo dos poetas mineiros Cláudio Manuel da Costa e Alvarenga Peixoto, e, com eles, viu-se envolvido no movimento da Inconfidência. Encarcerado na fortaleza da ilha das Cobras, foi condenado ao degredo em Moçambique e ali viveu o resto de seus dias. Faleceu, segundo se supõe, em princípios do ano de 1810.

Em Minas Gerais conhecera Maria Dorotéia de Seixas — a "Marília" dos seus poemas de amor. Aguardava apenas licença para casar-se, quando foi denunciado e preso. Na África, exerceu as funções de procurador da Coroa e da Fazenda e, mais tarde, de juiz da Alfândega. Casou-se com Juliana de Sousa Mascarenhas, herdeira da casa mais opulenta de Moçambique.

Além das liras de sua Marília de Dirceu, que começaram a ser publicadas em 1792, Tomás Antônio Gonzaga é, segundo muitas probabilidades, o autor das célebres Cartas Chilenas, poema satírico dirigido contra o governador Luís da Cunha Meneses.

Fiel, embora, às fórmulas arcádicas, como a maioria dos seus contemporâneos, Gonzaga distingue-se por uma suave e ingênua simplicidade. Esse, talvez, o segredo do singular êxito alcançado por sua obra poética, só comparável ao que, depois dele, desfrutaram as de alguns autores românticos.

MARÍLIA DE DIRCEU

LIRA I

Eu, Marília, não sou algum vaqueiro,
Que viva de guardar alheio gado,
De tosco trato, de expressões grosseiro,
Dos frios gelos e dos sóis queimado.
Tenho próprio casal, e nele assisto;
Dá-me vinho, legume, fruta, azeite,
Das brancas ovelhinhas tiro o leite,
E mais as finas lãs, de que me visto.
    Graças, Marília bela,
    Graças à minha Estrela!

Eu vi o meu semblante numa fonte,
Dos anos inda não está cortado:
Os Pastores, que habitam este monte,
Respeitam o poder do meu cajado.
Com tal destreza toco a sanfoninha,
Que inveja até me tem o próprio Alceste:
Ao som dela concerto a voz celeste;
Nem canto letra que não seja minha.
    Graças, Marília bela,
    Graças à minha Estrela!

Mas tendo tantos dotes da ventura,
Só apreço lhes dou, gentil Pastora,
Depois que o teu afeto me segura
Que queres do que tenho ser Senhora.
É bom, minha Marília, é bom ser dono
De um rebanho, que cubra monte e prado;
Porém, gentil Pastora, o teu agrado
Vale mais q'um rebanho e mais q'um trono.
    Graças, Marília bela,
    Graças à minha Estrela!

Os teus olhos espalham luz divina,
A quem a luz do Sol em vão se atreve:
Papoila, ou rosa delicada e fina,
Te cobre as faces, que são cor da neve.
Os teus cabelos são uns fios d'ouro;
Teu lindo corpo bálsamos vapora.
Ah! não, não fez o Céu, gentil Pastora,
Para glória de Amor igual Tesouro.
    Graças, Marília bela,
    Graças à minha Estrela!

Leve-me a sementeira muito embora
O rio sobre os campos levantado:
Acabe, acabe a peste matadora,
Sem deixar uma rês, o nédio gado.
Já destes bens, Marília, não preciso:
Nem me cega a paixão, q̃ o mundo arrasta,
Para viver feliz, Marília, basta
Que os olhos movas, e me dês um riso.
    Graças, Marília bela,
    Graças à minha Estrela!

Irás a divertir-te na floresta,
Sustentada, Marília, no meu braço;
Aqui descansarei a quente sesta,[1]
Dormindo um leve sono em teu regaço:

Enquanto a luta jogam os Pastores,
E emparelhados correm nas campinas,
Toucarei teus cabelos de boninas,
Nos troncos gravarei os teus louvores.
    Graças, Marília bela,
    Graças à minha Estrela!

Depois que nos ferir a mão da Morte,
Ou seja neste monte, ou noutra serra,
Nossos corpos terão, terão a sorte
De consumir os dous a mesma terra.
Na campa, rodeada de ciprestes,
Lerão estas palavras os Pastores:
"Quem quiser ser feliz nos seus amores,
"Siga os exemplos que nos deram estes".
    Graças, Marília bela,
    Graças à minha Estrela!

                      (*Marília de Dirceu*, Lisboa, Tip. Nunesiana.
                      1792, págs. 5-8.)

---

1. "Ali", em lugar de "Aqui", nas edições Lacerdina, de 1811, Rolandiana, de 1840, e Garnier de 1862. Na ed. Garnier de 1910 dirigida por José Veríssimo, e na seleção organizada por Alberto Faria para a editora Anuário do Brasil, já se restabelece a lição da ed. de 1792, sem dúvida a mais autorizada, e que é a mesma da ed. de 1802.

LIRA V[1]

Acaso são estes
Os sítios formosos,
Aonde passava
Os anos gostosos?
São estes os prados,
Aonde brincava,
Enquanto pastava
O manso rebanho,[2]
Que Alceu me deixou?
    São estes os sítios?
    São estes; mas eu
    O mesmo não sou.
    Marília, tu chamas?
    Espera que eu vou.

Daquele penhasco
Um rio caía,
Ao som do sussurro
Que vezes dormia!
Agora não cobrem
Espumas nevadas
As pedras quebradas:
Parece que o rio
O curso voltou.
    São estes os sítios?
    São estes; mas eu
    O mesmo não sou.
    Marília, tu chamas?
    Espera que eu vou.

---

1. V. nota no fim do volume: *Tomás Antônio Gonzaga*, 2.
2. Está "gordo", em lugar de "manso", na Lacerdina, na Rolandiana e na Garnier de 1862.

Meus versos alegre
Aqui repetia:
O Eco as palavras
Três vezes dizia.
Se chamo por ele
Já não me responde;
Parece se esconde,
Cansado de dar-me
Os ais que lhe dou.

      São estes os sítios?
      São estes; mas eu
      O mesmo não sou.
      Marília, tu chamas?
      Espera que eu vou.

Aqui um regato
Corria sereno,
Por margens cobertas
De flores e feno:
À esquerda se erguia
Um bosque fechado;
E o tempo apressado,
Que nada respeita,
Já tudo mudou.

      São estes os sítios?
      São estes; mas eu
      O mesmo não sou.
      Marília, tu chamas?
      Espera que eu vou.

Mas como discorro?
Acaso podia
Já tudo mudar-se
No espaço de um dia?
Existem as fontes,
E os freixos copados;
Dão flores os prados,
E corre a cascata,
Que nunca secou.

      São estes os sítios?
      São estes; mas eu
      O mesmo não sou.

> Marília, tu chamas?
> Espera que eu vou.

Minha alma, que tinha
Liberta a vontade,
Agora já sente
Amor e saudade.
Os sítios formosos,
Que já me agradaram,
Ah! não se mudaram!
Mudaram-se os olhos,
De triste que estou.

> São estes os sítios?
> São estes; mas eu
> O mesmo não sou.
> Marília, tu chamas?
> Espera que eu vou.

(Ibidem, págs. 19-23.)

LIRA VIII

Marília, de que te queixas?
De que te roube Dirceu
O sincero coração?
Não te deu também o seu?
E tu, Marília, primeiro
Não lhe lançaste o grilhão?
> Todos amam: só Marília
> Desta Lei da Natureza
> Queria ter isenção?

Em torno das castas pombas
Não rulam ternos pombinhos?
E rulam, Marília, em vão?
Não se afagam cos biquinhos?
E a provas de mais ternura
Não os arrasta a paixão?
> Todos amam: só Marília
> Desta Lei da Natureza
> Queria ter isenção?

Já viste, minha Marília,
Avezinhas, que não façam
Os seus ninhos no verão?
Aquelas com quem se enlaçam
Não vão cantar-lhe defronte
Do mole pouso em que estão?
    Todos amam: só Marília
    Desta Lei da Natureza
    Queria ter isenção?

Se os peixes, Marília, geram
Nos bravos mares, e rios,
Tudo efeitos de Amor são.
Amam os brutos impios,
A serpente venenosa,
A Onça, o Tigre, o Leão.
    Todos amam: só Marília
    Desta Lei da Natureza
    Queria ter isenção?

As grandes Deusas do Céu,
Sentem a seta tirana
Da amorosa inclinação.
Diana, com ser Diana,
Não se abrasa, não suspira
Pelo amor de Endimião?
    Todos amam: só Marília
    Desta Lei da Natureza
    Queria ter isenção?

Desiste, Marília bela,
De uma queixa sustentada
Só na altiva opinião.
Esta chama é inspirada
Pelo Céu; pois nela assenta
A nossa conservação.
    Todos amam: só Marília
    Desta Lei da Natureza
    Não deve ter isenção.

        (*Ibidem*, págs. 29-31.)

LIRA IX

Eu sou, gentil Marília, eu sou cativo,
Porém não me venceu a mão armada
   De ferro e de furor:
Uma alma sobre todas elevada
Não cede a outra força que não seja
   À tenra mão de Amor.

Arrastem pois os outros muito embora
Cadeias nas bigornas trabalhadas
   Com pesados martelos:
Eu tenho as minhas mãos ao carro atadas
Com duros ferros não, com fios d'ouro,
   Que são os teus cabelos.

Oculto nos teus meigos vivos olhos
Cupido a tudo faz tirana guerra:
   Sacode a seta ardente;
E sendo despedida cá da terra,
As nuvens rompe, chega ao alto Empíreo,
   E chega ainda quente.

As abelhas nas asas suspendidas
Tiram, Marília, os sucos saborosos
   Das orvalhadas flores:
Pendentes dos teus beiços graciosos
Ambrósias chupam, chupam mil feitiços[1]
   Nunca fartos Amores.

O vento quando parte em largas fitas
As folhas, que meneia com brandura;
   A fonte cristalina,
Que sobre as pedras cai de imensa altura;
Não forma um som tão doce, como forma
   A tua voz divina.

---

1. Na ed. Lacerdina, na Rollandiana e na Garnier de 1862 está: "O mel não chupam, chupam ambrosias".

Em torno dos teus peitos, que palpitam,
Exalam mil suspiros desvelados
    Enxames de desejos;
Se encontram os teus olhos descuidados,
Por mais que se atropelem, voam, chegam,
    E dão furtivos beijos.

O Cisne, quando corta o manso lago,
Erguendo as brancas asas e o pescoço;
    A Nau que ao longe passa,
Quando o vento lhe enfuna o pano grosso,
O teu garbo não tem, minha Marília,
    Não tem a tua graça.

Estimam pois os mais a liberdade:
Eu prezo o cativeiro: sim, nem chamo
    À mão de Amor impia:
Honro a virtude, e os teus dotes amo:
Também o grande Aquiles veste a saia,[1]
    Também Alcides fia.

(Ibidem, págs. 32-34.)

LIRA XVII[2]

Minha Marília,
Tu enfadada?
Que mão ousada
Perturbar pode
A paz sagrada
Do peito teu?
    Porém que muito
Que irado esteja
O teu semblante,
Também troveja
O claro Céu.

---

[1]. O Sr. Afonso Arinos de Melo Franco lembra êste verso a proposito de certo trecho das *Cartas Chilenas*, onde se lê:

"A mesma, que obrigou ao forte Aquiles,
A que, terno, vestisse a mole saia."

[2]. Na Lacerdina tem o número XVI.

Eu sei, Marília,
Que outra Pastora
A toda a hora,
Em toda a parte,
Cega namora
Ao teu Pastor.
    Há sempre fumo
Aonde há fogo;
Assim, Marília,
Há zelos, logo
Que existe amor.

Olha, Marília,
Na fonte pura
A tua alvura,
A tua boca,
E a compostura
Das mais feições.
    Quem tem teu rosto,
Ah! não receia
Que terno amante
Solte a cadeia,
Quebre os grilhões.

Não anda Laura
Nestas campinas
Sem as boninas
No seu cabelo,
Sem peles finas
No seu jubão.
    Porém que importa?
O rico asseio
Não dá, Marília,
Ao rosto feio
A perfeição.

Quando apareces
Na madrugada,
Mal embrulhada
Na larga roupa,
E desgrenhada,
Sem fita ou flor;

    Ah! que então brilha
A natureza!
Então se mostra
Tua beleza
Inda maior.[1]

O Céu formoso,
Quando alumia
O Sol de dia,
Ou estrelado
Na noite fria,
Parece bem.
    Também tem graça
Quando amanhece;
Até, Marília,
Quando anoitece
Também a tem.

Que tens, Marília,
Que ela suspire!
Que ela delire!
Que corra os vales!
Que os montes gire
Louca de amor!
    Ela é que sente
Esta desdita;
E na repulsa
Mais se acredita
O teu Pastor.

Quando há, Marília,
Alguma festa
Lá na floresta,
(Fala a verdade)
Dança com esta
O bom Dirceu?

---

1. Esta estrofe e as seguintes, até ao fim do poema, não pertencem à primeira edição das Liras. Foram copiadas da Lacerdina de 1811, de onde também as extraiu o Professor Rodrigues Lapa ao organizar a edição publicada pela Livraria Sá da Costa, de Lisboa. Nada autoriza a duvidar de sua autenticidade. Já figuram, note-se, na ed. de 1802.

E se ela o busca,
Vendo buscar-se,
Não se levanta,
Não vai sentar-se
Ao lado teu?

Quando um por outro
Na rua passa,
Se ela diz graça,
Ou muda de gesto,[1]
Esta negaça
Faz-lhe impressão?
    Se está fronteira,
E brandamente
Lhe fita os olhos,
Não põe prudente
Os seus no chão?

Deixa o ciúme,
Que te desvela:
Marília bela,
Nunca receies
Dano daquela
Que igual não for.
    Que mais desejas?
Tens lindo aspecto;
Dirceu se alenta
De puro afeto,
De pundonor.

(*Ibidem*, págs. 64-67, e também *Marília de Dirceu*, Parte I, nova edição, Lisboa, Tip. Lacerdina, 1811, págs. 56-59.)

---

1. Na ed. Sá da Costa está "o gesto" em lugar de "de gesto".

LIRA XVIII[1]

Não vês aquele velho respeitável,
    Que à muleta encostado,
Apenas mal se move e mal se arrasta?
Oh quanto estrago não lhe fez o tempo!
    O tempo arrebatado,
    Que o mesmo bronze gasta.

Enrugaram-se as faces, e perderam
    Seus olhos a viveza;
Voltou-se o seu cabelo em branca neve:
Já lhe treme a cabeça, a mão, o queixo;
    Nem tem uma beleza
    Das belezas que teve.

Assim também serei, minha Marília,
    Daqui a poucos anos;
Que o ímpio tempo para todos corre.
Os dentes cairão, e os meus cabelos.
    Ah! sentirei os danos,
    Que evita só quem morre.

Mas sempre passarei uma velhice
    Muito menos penosa.
Não trarei a muleta carregada:
Descansarei o já vergado corpo
    Na tua mão piedosa,
    Na tua mão nevada.

As frias tardes em que negra nuvem[2]
    Os chuveiros não lance,
Irei contigo ao prado florescente;
Aqui me buscarás um sítio ameno,
    Onde os membros descanse,
    E ao brando Sol me aquente.[3]

---

1. Na Lacerdina tem o número XVII.

2. Assim está na 1.ª edição. Nas seguintes, a partir da Lacerdina, substitui-se "As frias tardes" por "Nas frias tardes". Restabelecendo aqui o texto primitivo, lembra o Sr. Rodrigues Lapa que "As frias tardes" é forma clássica.

3. Na Lacerdina e algumas edições subseqüentes está "o brando Sol" em lugar de "ao brando Sol". Na ed. Garnier de 1862 (J. Norberto) está "ma aquente" em lugar de "me aquente", sem dúvida por erro de impressão.

Apenas me sentar, então movendo
  Os olhos por aquela
Vistosa parte, que ficar fronteira,
Apontando direi: *Ali falamos,*
  Ali, ó minha bela,
  Te vi a vez primeira.

Verterão os meus olhos duas fontes,
  Nascidas de alegria:
Farão teus olhos ternos outro tanto:
 Então darei, Marília, frios beijos
  Na mão formosa e pia,
  Que me limpar o pranto.

Assim irá, Marília, docemente
  Meu corpo suportando
Do tempo desumano a dura guerra.
Contente morrerei, por ser Marília
Quem sentida chorando,
  Meus baços olhos cerra.

(*Ibidem*, págs. 67-69.)

LIRA XX

Em uma frondosa
Roseira se abria
Um negro botão.[1]
Marília adorada
O pé lhe torcia
Com a branca mão.

Nas folhas viçosas
A abelha enraivada
O corpo escondeu.
Tocou-lhe Marília,
Na mão descuidada
A fera mordeu.

---

1. Na Lacerdina e edições a que serviu de base está "lindo" em lugar de "negro".

Apenas lhe morde,
Marília, gritando,
Co dedo fugiu.
Amor, que no bosque
Estava brincando,
Aos ais acudiu.

Mal viu a rotura,
E o sangue espargido,
Que a Deusa mostrou,
Risonho beijando
O dedo ofendido,
Assim lhe falou:

Se tu por tão pouco
O pranto desatas,
Ah! dá-me atenção;
E como daquele,
Que feres e matas,
Não tens compaixão?

(*Ibidem*, págs. 72-74.)

LIRA XXI

Não sei, Marília, que tenho
Depois que vi o teu rosto;
Pois quanto não é Marília,
Já não posso ver com gosto.
    Noutra idade me alegrava,
Até quando conversava
Com o mais rude vaqueiro:
Hoje, ó bela, me aborrece
Inda o trato lisonjeiro
Do mais discreto pastor.
Que efeitos são os que sinto!
Serão efeitos de Amor?

Saio da minha cabana
Sem reparar no que faço;
Busco o sítio aonde moras,
Suspendo defronte o passo.

Fito os olhos na janela
Aonde, Marília bela,
Tu chegas ao fim do dia;
Se alguém passa, e te saúda,
Bem que seja cortesia,
Se acende na face a cor.
Que efeitos são os que sinto!
Serão efeitos de Amor?

Se estou, Marília, contigo,
Não tenho um leve cuidado;
Nem me lembra se são horas
De levar à fonte o gado.
Se vivo de ti distante,
Ao minuto, ao breve instante,
Finge um dia o meu desgosto:
Jamais, Pastora, te vejo
Que em teu semblante composto
Não veja graça maior.
Que efeitos são os que sinto!
Serão efeitos de Amor?

Ando já com o juízo,
Marília, tão perturbado,
Que no mesmo aberto sulco
Meto de novo o arado.
Aqui no centeio pego,
Noutra parte em vão o sego:
Se alguém comigo conversa,
Ou não respondo, ou respondo
Noutra coisa tão diversa,
Que nexo não tem menor.
Que efeitos são os que sinto!
Serão efeitos de Amor?

Se geme o bufo agoureiro,
Só Marília me desvela:
Enche-se o peito de mágoa,
E não sei a causa dela.
Mal durmo, Marília, sonho
Que fero leão medonho
Te devora nos meus braços;

Gela-se o sangue nas veias,
E solto do sono os laços[1]
À força da imensa dor.
Ah! que os efeitos que sinto
Só são efeitos de amor.

(*Ibidem*, págs. 74-77.)

LIRA XXVII

Alexandre, Marília, qual o rio
Que engrossando no Inverno tudo arrasa,
  Na frente das coortes
  Cerca, vence, abrasa
  As Cidades mais fortes.
Foi na glória das armas o primeiro,
Morreu na flor dos anos, e já tinha
  Vencido o mundo inteiro.

Mas este bom Soldado, cujo nome
Não há poder algum, que não abata,
  Foi, Marília, somente
  Um ditoso pirata,
  Um salteador valente.
Se não tem uma fama baixa, e escura,
Foi por se pôr ao lado da injustiça
  A insolente ventura.

O grande César, cujo nome voa,
À sua mesma Pátria a fé quebranta;
  Na mão a espada toma,
  Oprime-lhe a garganta,
  Dá Senhores a Roma.
Consegue ser herói por um delito;
Se acaso não vencesse então seria
  Um vil traidor proscrito.

---

1. Na 1.ª ed., de 1792, estava "de sono", possivelmente por erro de impressão, pois já na ed. de 1799 da Nunesiana e na da Lacerdina de 1811 lê-se "do sono".

O ser herói, Marília, não consiste
Em queimar os Impérios: move a guerra,
    Espalha o sangue humano
    E despovoa a terra
    Também o mau tirano.
Consiste o ser herói em viver justo;
E tanto pode ser herói o pobre,
    Como o maior Augusto.

Eu é que sou herói, Marília bela,
Seguindo da virtude a honrosa estrada.
    Ganhei, ganhei um trono.
    Ah! não manchei a espada,
    Não o roubei ao dono.[1]
Ergui-o no teu peito, e nos teus braços:
E valem muito mais que o mundo inteiro
    Uns tão ditosos laços.

Aos bárbaros, injustos vencedores
Atormentam remorsos e cuidados;
    Nem descansam seguros
    Nos Palácios cercados
    De tropa e de altos muros.
E a quantos nos não mostra a sábia história
A quem mudou o fado em negro opróbrio
    A mal ganhada glória.

Eu vivo, minha bela, sim, eu vivo
Nos braços do descanso, e mais do gosto:
    Quando estou acordado,
    Contemplo no teu rosto
    De graças adornado;
Se durmo logo sonho, e ali te vejo.
Ah! nem desperto, nem dormindo sobe
    A mais o meu desejo.

(*Ibidem*, págs. 93-96)

---

1. Nas primeiras edições das Liras, de Gonzaga, até a de 1811, está "não a roubei". Na ed. da Tipografia Lacerdina vem pela primeira vez "não o roubei", o que parece mais correto.

DA SEGUNDA PARTE

LIRA II

Esprema a vil calúnia muito embora
Entre as mãos denegridas e insolentes
    Os venenos das plantas
    E das bravas serpentes.

Chovam raios e raios, no meu rosto
Não hás de ver, Marília, o medo escrito:
    O medo perturbado,[1]
    Que infunde o vil delito.

Podem muito, conheço, podem muito,
As Fúrias infernais, que Pluto move;
    Mas pode mais que todas
    Um dedo só de Jove.

Este Deus converteu em flor mimosa,
A quem seu nome deram, a Narciso,
    Fez de muitos os Astros,
    Qu' inda no Céu diviso.

Ele pode livrar-me das injúrias
Do néscio, do atrevido ingrato povo;
    Em nova flor mudar-me,
    Mudar-me em Astro novo.

Porém se os justos Céus por fins ocultos
Em tão tirano mal me não socorrem,
    Verás então que os sábios,
    Bem como vivem, morrem.

---

1. Na edição organizada por Joaquim Norberto para a casa Garnier, em 1862, está "perturbador" em lugar de "perturbado". Essa lição foi aceita na ed. Garnier de 1910, dirigida por José Veríssimo. Alberto Faria não se satisfaz com essa interpretação e, ao organizar a ed. do Anuário do Brasil, escreve "perturbante". Explicando sua inovação declara o erudito anotador de Gonzaga: "o setissílabo agudo: O medo "perturbador", em vez de "perturbante", é erro duplo de todas edições por supersticioso respeito à *príncipe*. Corrija-se". O erro, cabe dizê-lo, provém de algumas edições brasileiras, particularmente da Garnier, e não decorre de supersticioso respeito à *princeps*, pois nesta está "perturbado", não "perturbador". Justifica-se mal, por conseguinte, a correção proposta por Alberto Faria.

Eu tenho um coração maior que o mundo.
Tu, formosa Marília, bem o sabes:
    Um coração, e basta,
    Onde tu mesma cabes.

(*Marília de Dirceu*, 2.ª Parte. Lisboa. Of. Nunesiana, 1799, págs. 7-8.)

LIRA III

Sucede, Marília bela,
À medonha noite o dia:
A estação chuvosa e fria,
À quente seca estação.
    Muda-se a sorte dos tempos;
    Só a minha sorte não?

Os troncos, nas Primaveras,
Brotam em flores viçosos;
Nos Invernos escabrosos
Largam as folhas no chão.
    Muda-se a sorte dos troncos;
    Só a minha sorte não?

Aos brutos, Marília, cortam
Armadas redes os passos;
Rompem depois os seus laços,
Fogem da dura prisão.
    Muda-se a sorte dos brutos;
    Só a minha sorte não?

Nenhum dos homens conserva
Alegre sempre o seu rosto;
Depois das penas vem gosto,
Depois do gosto aflição.
    Muda-se a sorte dos homens;
    Só a minha sorte não?

Aos altos Deuses moveram
Soberbos Gigantes guerra;[1]
No mais tempo o Céu e a Terra
Lhes tributa adoração.
    Muda-se a sorte dos Deuses;
    Só a minha sorte não?

Há de, Marília, mudar-se
Do destino a inclemência:
Tenho por mim a inocência,
Tenho por mim a razão.
    Muda-se a sorte de tudo;
    Só a minha sorte não?

O tempo, ó bela, que gasta
Os troncos, pedras e o cobre,
O véu rompe, com que encobre
À verdade a vil traição.
    Muda-se a sorte de tudo;
    Só a minha sorte não?

Qual eu sou verá o mundo,
Mais me dará do que eu tinha,
Tornarei a ver-te minha.
Que feliz consolação!
    Não há de tudo mudar-se,
    Só a minha sorte não.

(*Ibidem*, págs. 9-11.)

LIRA IV

Já, já me vai, Marília, branquejando
Loiro cabelo, que circula a testa,
Este mesmo, que alveja, vai caindo,
    E pouco já me resta.

---

[1]. Na ed. da Livraria Sá da Costa está "gigante guerra", o que transforma o sentido do verso. Só se pode atribuir a alteração a um erro de imprensa, pois que, tanto na primeira e na segunda edição, como na Lacerdina, está "Soberbos Gigantes guerra".

As faces vão perdendo as vivas cores,
E vão-se sobre os ossos enrugando,
Vai fugindo a viveza dos meus olhos;
    Tudo se vai mudando.

Se quero levantar-me, as costas vergam;
As forças dos meus membros já se gastam,
Vou a dar pela casa uns curtos passos,
    Pesam-se os pés, e arrastam.

Se algum dia me vires desta sorte,
Vê que assim me não pos a mão dos anos:
Os trabalhos, Marília, os sentimentos,
    Fazem os mesmos danos.

Mal te vir, me dará em poucos dias
A minha mocidade o doce gosto;
Verás burnir-se a pele, o corpo encher-se,
    Voltar a cor ao rosto.

No calmoso Verão as plantas secam,
Na Primavera, que aos mortais encanta,
Apenas cai do Céu o fresco orvalho,
    Verdeja logo a planta.

A doença deforma a quem padece;
Mas logo que a doença fez seu termo,[1]
Torna, Marília, a ser quem era dantes,
    O definhado enfermo.

Supõe-me qual doente, ou qual a planta,
No meio da desgraça, que me altera:
Eu também te suponho qual saúde,
    Ou qual a Primavera.

---

1. Na Lacerdina e edições seguintes que a tiveram por base está "faz" em lugar de "fez".

Se dão esses teus meigos, vivos olhos
Aos mesmos Astros luz, e vida às flores,
Que efeitos não farão, em quem por eles
   Sempre morreu de amores?

(*Ibidem*, págs. 12-14.)

LIRA V

Os mares, minha bela, não se movem;
O brando Norte assopra, nem diviso[1]
Uma nuvem sequer na Esfera toda,
O destro Nauta aqui não é preciso;
Eu só conduzo a nau, eu só modero
   Do seu governo a roda.

Mas ah! que o Sul carrega, o mar se empola,
Rasga-se a vela, o mastaréu se parte!
Qualquer varão prudente aqui já teme;
Não tenho a necessária fôrça e arte.
Corra o sábio Piloto, corra, e venha
   Reger o duro leme.

Como sucede à nau no mar, sucede
Aos homens na ventura e na desgraça:
Basta ao feliz não ter total demência,
Mas quem de venturoso a triste passa,
Deve entregar o leme do discurso
   Nas mãos da sã prudência.

Todo o Céu se cobriu, os raios chovem;
E esta alma, em tanta pena consternada,
Nem sabe aonde possa achar conforto.
Ah, não, não tardes, vem, Marília amada,
Toma o leme da nau, mareia o pano,
   Vai-a salvar no porto.

---

1. Joaquim Norberto, ao organizar a edição Garnier, substituiu, arbitrariamente, "o brando Norte" por "que mal o Norte".

Mas ouço já de Amor as sábias vozes:
Ele me diz que sofra, senão morro;
E perco então, se morro, uns doces laços.
Não quero já, Marília, mais socorro;
Oh ditoso sofrer, que lucrar pode
    A glória dos teus braços!

(Ibidem, págs. 14-16.)

LIRA XX

Se me visses com teus olhos[1]
Nesta masmorra metido;
De mil idéias funestas
E cuidados combatido:
Qual seria, ó minha bela,
Qual seria o teu pesar?

À fôrça da dor cedera,
E nem estaria vivo,
Se o menino Deus vendado,
Extremoso e compassivo,
Com o nome de Marília
Não me viesse animar.

Deixo a cama ao romper d'alva;
O meio-dia tem dado,
E o cabelo inda flutua[2]
Pelas costas desgrenhado.
Não tenho valor, não tenho,
Nem para de mim cuidar.

Diz-me Cupido: E Marília
Não estima esse cabelo?[3]
Se o deixas perder de todo
Não se há de enfadar ao vê-lo?
Suspiro, pego no pente,
Vou logo o cabelo atar.

---

1. Na Lacerdina e na Rollandiana está "viras" em lugar de "visses". A ed. Garnier de 1862 traz "visses", de acordo com a 1.ª da segunda parte, publicada em 1799.
2. Na segunda edição (Lisboa, Oficina Nunesiana, M.DCCCII) e algumas outras seguintes está "ainda" em lugar de "inda".

3. Na Lacerdina e outras edições está "este" em lugar de "esse".

Vem um tabuleiro entrando
De vários manjares cheio,
Põe-se na mesa a toalha,
E eu pensativo passeio:
De todo o comer esfria,
Sem nele poder tocar.

Eu entendo que matar-te,[1]
Diz Amor, te tens proposto;
Fazes bem: terá Marília
Desgosto sobre desgosto.
Qual enfermo co remédio
Me aflijo, mas vou jantar.

Chegam as horas, Marília,
Em que o Sol já se tem posto,
Vem-me à memória que nelas
Via à janela o teu rosto:
Reclino na mão a face
E entro de novo a chorar.

Diz-me Cupido: Já basta,
Já basta, Dirceu, de pranto;
Em obséquio de Marília
Vai erguer teu doce canto.[2]
Pendem as fontes dos olhos,
Mas eu sempre vou cantar.

Vem o Forçado acender-me
A velha suja candeia;
Fica, Marília, a masmorra
Inda mais triste e mais feia.
Nem mais canto, nem mais posso
Uma só palavra dar.

---

1. Na Lacerdina e outras edições está "que a matar-te".

2. Na Lacerdina e outras está "vai tecer" em lugar de "vai erguer".

Diz-me Cupido: São horas
De escrever-se o que está feito,[1]
Do azeite e da fumaça
Uma nova tinta ajeito,
Tomo o pau, que pena finge,
Vou as Liras copiar.

Sem que chegue o leve sono
Canta o Galo a vez terceira;
Eu digo ao Amor que fico[2]
Sem deitar-me a noite inteira:
Faço mimos e promessas
Para ele me acompanhar.

Ele diz que em dormir cuide,
Que hei de ver Marília em sonho;
Não respondo uma palavra,
A dura cama componho,
Apago a triste candeia,
E vou-me logo deitar.

Como pode a tais cuidados
Resistir, ó minha Bela,
Quem não tem de Amor a graça?
Se eu que vivo à sombra dela
Inda vivo desta sorte,
Sempre triste a suspirar?

(Ibidem, págs. 65-69.)

LIRA XXXIV[3]

Vou-me, ó Bela, deitar na dura cama,
De que nem sequer sou o pobre dono:
Estende sobre mim Morfeu as asas,
    E vem ligeiro o sono.

---

1. Na ed. Sá da Costa está "escrever" em lugar de "escrever-se". É esta última, no entanto, a lição das edições mais antigas, inclusive a da Lacerdina de 1811, além da 1.ª, de 1789.

2. Na Lacerdina e outras edições está "eu digo a Amor". Na edição Garnier de 1862 está "e eu digo". A Garnier de 1910 restabelece a forma primitiva.

3. Esta lira não consta da 1.ª ed. da Segunda Parte. Aparece pela primeira vez na 2.ª edição, de 1802. Na Lacerdina é lira VII.

Os sonhos, que rodeiam a tarimba,
Mil cousas vão pintar na minha idéia;
Não pintam cadafalsos, não, não pintam
    Nem uma imagem feia.

Pintam que estou bordando um teu vestido;
Que um menino com asas, cego e loiro,
Me enfia nas agulhas o delgado,
    O brando fio de oiro.

Pintam que entrando vou na grande Igreja;
Pintam que as mãos nos damos, e aqui vejo
Subir-te à branca face a cor mimosa,
    A viva cor do pejo.

Pintam que nos conduz doirada sege
À nossa habitação; que mil amores
Desfolham sobre o leito as moles folhas
    Das mais cheirosas flores.

Pintam que dessa terra nos partimos;[1]
Que os amigos saudosos e suspensos
Apertam nos inchados, roxos olhos
    Os já molhados lenços.

Pintam que os mares sulco da Bahia,
Onde passei a flor da minha idade:
Que descubro as palmeiras, e em dois bairros
    Partida a grã Cidade.

Pintam leve escaler, e que na prancha
O braço já te of'reço reverente;
Que te aponta co dedo, mal te avista,
    Amontoada gente.[2]

Aqui, *alerta,* grita o mau soldado;
E o outro, *alerta estou,* lhe diz, gritando:
Acordo com a bulha, então conheço
    Que estava aqui sonhando.

---

1. Na Lacerdina está "desta" em lugar de "dessa".
2. Esta estrofe figura pela primeira vez na edição da Lacerdina, de 1811.

Se o meu crime não fosse só de amores,
A ver-me delinqüente, réu de morte,
Não sonhara, Marília, só contigo,
    Sonhara de outra sorte.

(*Marília de Dirceu*, Segunda Parte, 2.ª edição, Lisboa, Oficina Nunesiana, 1802, págs. 99-101, e *Marília de Dirceu*, nova edição, páginas 138-140.)

LIRA XXXVII[1]

Meu sonoro Passarinho,
Se sabes do meu tormento,
E buscas dar-me, cantando,
Um doce contentamento,

Ah! não cantes, mais não cantes,[2]
Se me queres ser propício;
Eu te dou em que me faças
Muito maior benefício.

Ergue o corpo, os ares rompe,
Procura o Porto da Estrela,
Sobe à serra, e se cansares,
Descansa num tronco dela.

Toma de Minas a estrada;
Na Igreja nova, a que fica[3]
Ao direito lado, e segue
Sempre firme a Vila Rica.

Entra nesta grande terra,
Passa uma formosa ponte,
Passa a segunda, a terceira
Tem um palácio defronte.

---

1. É a XXXVI da Lacerdina.

2. Reproduz-se este verso, tal como está nas primeiras edições, inclusive a Lacerdina, isto é, com a vírgula antes de "mais". Na ed. Garnier de 1910, revista por José Veríssimo e, agora, na da Livraria Sá da Costa está "não cantes mais, não cantes".

3. Seguiu-se aqui o texto da 2.ª ed. onde esta Lira é pela primeira vez publicada. Na Lacerdina e seguintes, inclusive a da Livraria Sá da Costa, está "Na igreja nova, que fica".

Ele tem ao pé da porta
Uma rasgada janela,
É da sala, aonde assiste
A minha Marília bela.

Para bem a conheceres,
Eu te dou os sinais todos
Do seu gesto, do seu talhe,
Das suas feições e modos.

O seu semblante é redondo,
Sobrancelhas arqueadas,
Negros e finos cabelos,
Carnes de neve formadas.

A boca risonha e breve,
Suas faces cor-de-rosa,
Numa palavra, a que vires
Entre todas mais formosa.

Chega então ao seu ouvido,
Dize que sou quem te mando,
Que vivo nesta masmorra,
Mas sem alívio penando.[1]

(*Marília de Dirceu*, Segunda Parte, 2.ª edição,
Of. Nunesiana, 1802, cit., págs. 106-108, e
Marília de Dirceu, nova edição, Lacerdina.
1811, págs. 211-213.)

LIRA XXXVIII [2]

Eu vejo aquela Deusa,
Astréia pelos Sábios nomeada;
   Traz nos olhos a venda,
Balança numa mão, na outra espada:
O vê-la não me causa um leve abalo,
   Mas antes atrevido,
Eu a vou procurar, e assim lhe falo:

---

1. Esta quadra não figura na ed. de 1802; apareceu na Lacerdina, de 1811.
2. Esta Lira não consta da 1.ª nem da 2.ª edição. Apareceu pela primeira vez na Lacerdina de 1811.

"Qual é o povo, dize,
Que comigo concorre no atentado?
Americano Povo!
O Povo mais fiel, e mais honrado!
Tira as Praças das mãos do injusto dono,
Ele mesmo as submete
De novo à sujeição do Luso Trono.

Eu vejo nas histórias
Rendido Pernambuco aos Holandeses,
Eu vejo saqueada
Esta ilustre Cidade dos Franceses;
Lá se derrama o sangue brasileiro;
Aqui não basta, supre
Das roubadas famílias o dinheiro..."

Enquanto assim falava,
Mostrava a Deusa não me ouvir com gosto;
Punha-me a vista tesa,
Enrugava o severo e aceso rosto:
Não suspendo contudo no que digo,
Sem o menor receio,
Faço que a não entendo, e assim prossigo:

"Acabou-se, tirana,
A honra, o zelo deste luso Povo?
Não é aquele mesmo,
Que estas ações obrou, é outro novo?
E pode haver direito, que te mova
A supor-nos culpados,
Quando em nosso favor conspira a prova?

Há em Minas um homem,
Ou por seu nascimento, ou seu tesoiro,
Que aos outros mover possa
À força de respeito, à força d'oiro?

Os bens de quantos julgas rebelados
    Podem manter na guerra,
Por um ano sequer, a cem Soldados?[1]

    Ama a gente assisada
A honra, a vida, o cabedal tão pouco,
    Que ponha uma ação destas
Nas mãos dum pobre, sem respeito e louco?
E quando a comissão lhe confiasse,
    Não tinha pobre soma,
Que por paga ou esmola lhe mandasse?

    Nos limites de Minas,
A quem se convidasse não havia?
    Ir-se-iam buscar sócios
Na Colônia também, ou na Bahia?
Está voltada a Corte brasileira
    Na terra dos Suíços,
Onde as Potências vão erguer bandeira?

    O mesmo autor do insulto
Mais a riso do que a terror me move;
    Deu-lhe nesta loucura,
Podia-se fazer Netuno ou Jove.
A prudência é tratá-lo por demente;
    Ou prendê-lo, ou entregá-lo,
Para dele zombar a moça gente."

    Aqui, aqui a Deusa,
Um extenso suspiro aos ares solta;
    Repete outro suspiro,
E sem palavra dar, as costas volta:
"Tu te irritas! lhe digo, e quem te ofende?
    Ainda nada ouviste
Do que respeita a mim, sossega, atende.

    E tinha que ofertar-me
Um pequeno, abatido e novo Estado,

---

1. Na ed. Lacerdina esse verso terminava inexplicavelmente por uma vírgula. As seguintes, inclusive a Rollandiana de 1840 e a Garnier de 1862, corrigiram o engano substituindo a vírgula por um ponto de interrogação.

Com as armas de fora,
Com as suas próprias armas consternado!
Achas também que sou tão pouco esperto,
 Que um bem tão contingente
Me obrigasse a perder um bem já certo?

 Não sou aquele mesmo,
Que a extinção do débito pedia?
 Já viste levantado
Quem à sombra da paz alegre ria?
Um direito arriscado eu busco, e feio,
 E quero que se evite
Tôda a razão do insulto, e todo o meio?

 Não sabes quanto apresso
Os vagarosos dias da partida?
 Que a fortuna risonha,
A mais formosos campos me convida?
Não me unira, se os houvesse, aos vis traidores:
 Daqui nem oiro quero;
Quero levar somente os meus amores.

 Eu, ó cega, não tenho
Um grosso cabedal dos pais herdado:
 Não o recebi no emprego,
Nem tenho as instruções dum bom Soldado.
Far-me-iam os rebeldes o primeiro
 No Império que se erguia
À custa do seu sangue e seu dinheiro?"

 Aqui, aqui de todo
A Deusa se perturba, e mais se altera;
 Morde o seu próprio beiço;
O sítio deixa, nada mais espera.
"Ah! vai-te, então lhe digo, vai-te embora":
 Melhor, minha Marília,
Eu gastasse contigo mais esta hora.

(*Marília de Dirceu*, nova edição, Lisboa, Tip. Lacerdina, 1811, págs. 216-221.)

DA TERCEIRA PARTE

LIRA III[1]

Tu não verás, Marília, cem cativos
Tirarem o cascalho, e a rica terra,
Ou do cerco dos rios caudalosos,[2]
Ou da mina da serra.[3]

Não verás separar ao hábil negro
Do pesado esmeril a grossa areia,
E já brilharem os granitos de ouro[4]
No fundo da bateia.

Não verás derribar os virgens matos,[5]
Queimar a capoeira ainda nova;[6]
Servir de adubo à terra a fértil cinza,
Lançar os grãos na cova.[7]

Não verás enrolar negros pacotes
Das secas folhas do cheiroso fumo,
Nem espremer nas endentadas rodas[8]
Da doce cana o sumo.

---

1. Embora seguindo aqui a ordem da ed. de 1812 da Impressão Régia de Lisboa, também adotada na ed. Sá da Costa, utilizou-se como base para o presente texto a versão da revista **O Patriota**, que corrige aquela em alguns pontos. Essa versão, impressa em 1813, nunca foi republicada até aqui. As discrepâncias, por vezes importantes, com a da Impressão Régia — que pode ser lida na ed. Sá da Costa (Lisboa, 1937) — vão indicadas nas notas de pé de página.

2. Na ed. da Impressão Régia está "caudelosos", em lugar de "caudalosos".

3. Na ed. da Impressão Régia está "minada Serra", em lugar de "mina da serra". Ambas as formas são justificáveis.

4. "granitos" é como se lê na versão de O Patriota. Na da Impressão Régia está "granetos", forma adotada, ao lado de "granctes", em todas as edições seguintes. No entanto "granitos" é designação clássica para os grãos de ouro que se depositam no fundo das bateias. Veja-se a respeito André João Antonil — *Cultura e Opulência do Brasil por Suas Drogas e Minas* (São Paulo, 1923), 207, e também João Pandiá Calogeras — *As Minas do Brasil e Sua Legislação*, I (Rio de Janeiro, 1904), 111. É possível que as formas "granetos" e "granetes" provenham de lapsos de copistas ou tipógrafos.

5. Na ed. da I. Régia e na Lacerdina de 1811 está "derrubar".

6. Na ed. da I. Régia e na Lacerdina de 1811 está "as capoeiras inda novas".

7. Na ed. da I. Régia e na Lacerdina de 1811 está "nas covas".

8. Na edição da I. Régia e na Lacerdina de 1811 está "entre as dentadas rodas", em lugar de "nas endentadas rodas".

Verás em cima da espaçosa mesa
Altos volumes de enredados feitos;
Ver-me-ás folhear os grandes livros,
 E decidir os pleitos.

Enquanto revolver os meus Consultos,
Tu me farás gostosa companhia,
Lendo os fastos da sábia mestra história,[1]
 E os cantos da Poesia.[2]

Lerás em alta voz, a imagem bela;
E eu, vendo que lhe dás o justo apreço,
Gostoso tornarei a ler de novo
 O cansado processo.

Se encontrares louvada uma beleza,[3]
Marília, não lhe invejes a ventura,[4]
Que tens quem leve à mais remota idade
 A tua formosura.

(*O Patriota*, n.º 4.º, Rio, abril de 1813, páginas 8-9.)

LIRA VIII

Em cima dos viventes fatigados
Morfeu as dormideiras espremia,[5]
Os mentirosos sonhos me cercavam.
 Na vaga fantasia
 Ao vivo me pintavam
 As glórias, que desperto
 Meu coração pedia.

1. Na ed. da Lacerdina de 1811 está "os factos".

2. Na ed. da I. Régia está "Os cantos" em lugar de "E os cantos".

3. Seguiu-se neste verso e no seguinte o texto da ed. da I. Régia. Na publicação de *O Patriota* está "louvando" em lugar de "louvada".

4. No texto de *O Patriota* está "não invejes" em lugar de "não lhe invejes".

5. Na edição de 1812 está "As verdes dormideiras" em lugar de "Morfeu as dormideiras". Seguiu-se aqui a versão da Lacerdina de 1811, que parece mais plausível. A mesma imagem expressa nestes versos é reproduzida nas *Cartas Chilenas*, segundo já notaram os Srs. Lindolfo Gomes e Afonso Arinos de Melo Franco:

"Estende na cidade as negras asas,
Em cima dos viventes espremendo
Viçosas dormideiras."
 (Cf. *Cartas Chilenas*, XI, 95-97.)

Eu vou, eu vou subindo a Nau possante,
Nos braços conduzindo a minha bela;
Volteia a grande roda, e a grossa amarra
    Se enleia em torno dela:
    Já ponho a proa à barra,
    Já cai ao som do apito
    Ora uma, ora outra vela.

Os arvoredos já se não distinguem:
A longa praia ao longe não branqueja;
E já se vão sumindo os altos montes.
    Já não há que se veja
    Nos claros Horizontes,
    Que não sejam vapores,
    Que Céu e mar não seja.

Parece vão correndo as negras ondas,[1]
E o pinho qual rochedo estar parado:
Ergue-se a onda, vem à Nau direita
    E quebra no costado:
    O Navio se deita,
    E ela finge a ladeira
    Saindo do outro lado.

Vejo nadarem os brilhantes peixes;
Cair do Lais a linha, que os engana:
Um, dobrado no anzol está pendente,
    Sofre morte tirana:
    Entretanto que a sente,
    Ao tombadilho açoita
    A cauda e a barbatana.

Sobre as ondas descubro uma Carroça
De formosas conchinhas enfeitada;
Delfins a movem, e vem Tétis nela:

---

[1]. Na Lacerdina está "negras aguas" em lugar de "negras ondas".

Na popa está parada:[2]
Nem pode a Deusa bela
Tirar os brandos olhos
Da minha doce amada.

Nas costas dos Golfinhos vêm montados
Os nus Tritões, deixando a Esfera cheia
Co rouco som dos búzios retorcidos.
 Recreia, sim recreia
 Meus atentos ouvidos
 O canto sonoroso
 Da música Sereia.

Já sobe ao grande mastro o bom gajeiro;
Descobre arrumação, e grita terra:
À murada caminha alegre a gente;
 Alguns entendem que erra:
 Pelo imóvel somente
 Conheço não ser nuvem,
 Sim o cume de alta serra.[1]

De Mafra já descubro as grandes torres:
(E que nova alegria me arrebata!)
De Cascais a muleta já vem perto,
 Já de abordar-nos trata:
 Já o piloto esperto
 Inda debaixo manda
 Soltar mezena e gata.

Eu vou entrando na espaçosa barra:
A grossa artilheria já me atroa.
Lá ficam Paço de Arcos e a Junqueira.

---

2. Na Lacerdina está "proa" em lugar de "popa". A edição Rolandiana de 1840, embora acompanhe, de ordinário, o texto publicado na Lacerdina, traz "popa", que é como está na de 1812, da Impressão Régia, de Lisboa.

1. "de alta" é como está na ed. de 1812. Na Lacerdina de 1811, na Rollandiana de 1840 e em outras, inclusive a mais recente, da Livraria Sá da Costa, de Lisboa, está "d'alta". Na ed. Garnier, de 1910, corrige-se o verso, sem nenhuma explicação, para "Sim o cume da serra". Alberto Faria mantém essa modificação no texto do Anuário do Brasil.

Já corre pela proa
Uma amarra ligeira;
E a Nau já fica surta
Diante da grã Lisboa.

Agora, agora sim, agora espero
Renovar da amizade antigos laços:
Eu vejo ao velho Pai, que lentamente
    Arrasta a mim os passos:
    Ah como vem contente!
    De longe mal me avista
    Já vem abrindo os braços.

Dobro os joelhos, pelos pés o aperto,
E manda que dos pés ao peito passe:
Marília quanto eu fiz fazer intenta;
    Antes que os pés lhe abrace
    Nos braços a sustenta;
    Dá-lhe de filha o nome,
    Beija-lhe a branca face.

Vou a descer a escada (ó Céus!) acordo,
Conheço não estar no claro Tejo.
Abro os olhos, procuro a minha amada,
    E nem sequer a vejo.
    Venha a hora afortunada,
    Em que não fique em sonhos[1]
    Tão ardente desejo.

(*Marília de Dirceu*, Terceira Parte, Lisboa, Impressão Régia, 1812, págs. 33-37.)

SONETO XI

Adeus, cabana, adeus; adeus, ó gado,[2]
Albina ingrata, adeus, em paz te deixo:
Adeus, doce rabil, neste alto freixo
Te fica ao meu destino consagrado.

---

1. "em sonho" na Lacerdina de 1811 e na Rollandiana de 1840.

2. "A Deos" em lugar de "Adeus" é como está nesse e em outros passos na edição de 1812 da Terceira Parte, que serve de base ao texto aqui apresentado.

Se te for meu sucesso perguntado,
Não declares, rabil, de quem me queixo;
Não quero que se saiba vive Aleixo
Por causa de uma infame desterrado.

Se vires a Pastor desconhecido,
Lhe dize então piedoso: Ah! vai-te embora.
Atalha os danos, que outros têm sentido.

Habita nesta Aldeia uma Pastora
De rosto belo, coração fingido,
Umas vezes cruel, e as mais traidora.

(*Ibidem*, pág. 58.)

SONETO XIV

Quando o torcido buço derramava
Terror no aspecto ao Português sisudo,
Quando sem pó nem óleo o pente agudo
Duro intonso o cabelo em laço atava;

Quando contra os Irmãos o braço armava
O forte Nuno, opondo escudo a escudo;
Quando a palavra que perfere a tudo
Com a barba arrancada João firmava;

Quando a mulher à sombra do marido
Tremer se via: quando a Lei prudente
Zelava o sexo do civil ruído;

Feliz então, então só inocente
Era de Luso o Reino: oh bem perdido!
Ditosa condição, ditosa gente!

(*Ibidem*, pág. 61.)

FRAGMENTOS DAS "CARTAS CHILENAS"

DA CARTA 2.ª

. . . .

Aonde, louco chefe, aonde corres
Sem tino e sem conselho? Quem te inspira
Que remitir as penas é virtude?
É, ainda a ser virtude, quem te disse
Que não é das virtudes, que só pode,
Benigna, exercitar a mão augusta?
Os chefes, bem que chefes, são vassalos,
E os vassalos não têm poder supremo.
O mesmo grande Jove, que modera
O mar, a terra e o céu, não pode tudo,
Que ao justo só, se estende o seu império.
O povo, Doroteu, é como as moscas
Que correm ao lugar, aonde sentem
O derramado mel, é semelhante
Aos corvos e aos abutres, que se ajuntam
Nos ermos, onde fede a carne podre.
À vista, pois, dos fatos, que executa
O nosso grande chefe, decisivos
Da piedade que finge, a louca gente
De toda a parte corre a ver se encontra
Algum pequeno alívio à sombra dêle.
Não viste, Doroteu, quando arrebenta
Ao pé de alguma ermida a fonte santa,
Que a fama logo corre e todo o povo
Concebe que ela cura as graves queixas?
Pois desta sorte entende o néscio vulgo
Que o nosso general lugar-tenente,
Em todos os delitos e demandas,
Pode de absolvição lavrar sentenças.
Não há livre, não há, não há cativo
Que ao nosso Santiago não concorra.
Todos buscam ao chefe e todos querem,
Para serem bem vistos, revestir-se
Do triste privilégio de mendigos.
Um as botas descalça, tira as meias
E põe no duro chão os pés mimosos;
Outro despe a casaca, mais a veste,
E de vários molambos mal se cobre;
Este deixa crescer a ruça barba,
Com palhas de alhos se defuma aquele;

Qual as pernas emplastra e move o corpo
Metendo nos sobacos as muletas;
Qual ao torto pescoço dependura,
Despido, o braço que só cobre o lenço;
Uns, com bordão, apalpam o caminho,
Outros, um grande bando lhe apresentam
De sujas moças, a quem chamam filhas.
Já fôste, Doroteu, a um convento
De padres franciscanos, quando chegam
As horas de jantar? Passaste, acaso,
Por sítio em que morreu mineiro rico,
Quando da casa sai pomposo enterro?
Pois eis aqui, amigo, bem pintada
A porta, mais a rua deste chefe
Nos dias de audiência. Oh! quem pudera
Nestes dias meter-se um breve instante,
A ver o que ali vai na grande sala!
Escusavas de ler os entremezes
Em que os sábios poetas introduzem,
Por interlocutores, chefes asnos.
Um pede, Doroteu, que lhe dispense
Casar com uma irmã da sua amásia;
Pede outro que lhe queime o mau processo,
Onde está criminoso, por ter feito
Cumprir exatamente um seu despacho;
Diz este que os herdeiros não lhe entregam
Os bens, que lhe deixou em testamento
Um filho de Noé; aquele ralha
Contra os mortos juízes, que lhe deram,
Por empenhos e peitas, a sentença
Em que toda a fazenda lhe tiraram;
Um quer que o devedor lhe pague logo;
Outro, para pagar, pertende espera;
Todos, enfim, concluem que não podem
Demandas conservar, por serem pobres,
E grandes as despesas, que se fazem
Nas casas dos letrados e cartórios.
Então o grande chefe, sem demora,
Decide os casos todos que lhe ocorrem,
Ou sejam de moral, ou de direito,
Ou pertençam, também, à medicina,
Sem botar, (que ainda é mais), abaixo um livro
Da sua sempre virgem livraria.
Lá vai uma sentença revogada

Que já pudera ter cabelos brancos;
Lá se manda que entreguem os ausentes
Os bens ao sucessor, que não lhes mostra
Sentença que lhe julgue a grossa herança.
A muitos, de palavra, se decreta
Que em pedir os seus bens, não mais prossigam;
A outros se concedem breves horas
Para pagarem somas que não devem.
Ah! tu, meu Sancho Pança, tu que fôste
Da Baratária o chefe, não lavraste
Nem uma só sentença tão discreta!
E que queres, amigo, que suceda?
Esperavas, acaso, um bom governo
Do nosso Fanfarrão? Tu não o viste
Em trajes de casquilho, nessa corte?
E pode, meu amigo, de um peralta
Formar-se, de repente, um homem sério?
Carece, Doroteu, qualquer ministro
Apertados estudos, mil exames,
E pode ser o chefe onipotente
Quem não sabe escrever uma só regra
Onde, ao menos, se encontre um nome certo.
Ungiu-se, para rei do povo eleito,
A Saul, o mais santo que Deus via.
Prevaricou Saul, prevaricaram,
No governo dos povos, outros justos.
E há de bem governar remotas terras
Aquele que não deu, em toda vida,
Um exemplo de amor à sã virtude?
As letras, a justiça, a temperança
Não são, não são morgados que fizesse
A sábia natureza, para andarem,
Por sucessão, nos filhos dos fidalgos.

Do cavalo andaluz é, sim, provável
Nascer, também, um potro de esperança,
Que tenha frente aberta, largos peitos,
Que tenha alegres olhos e compridos,
Que seja, enfim, de mãos e pés calçado,
Porém de um bom ginete também pode
Um catralvo nascer, nascer um zarco.
Aquele mesmo potro, que tem todos
Os formosos sinais, que aponta o Rego,
Carece, Doroteu, correr em roda

No grande picadeiro muitos meses,
Para um e outro lado, necessita
Que o destro picador lhe ponha a sela
E que, montando nele, pouco a pouco,
O faça obedecer ao leve toque
Do duro cabeção, da branda rédea.
Dos mesmos, Doroteu... porém já toca
Ao almoço a garrida da cadeia:
Vou ver se dormir posso, enquanto duram
Estes breves instantes de sossego,
Que, sem barriga farta e sem descanso,
Não se pode escrever tão longa história.

(Critilo (Tomás Antônio Gonzaga), *Cartas Chilenas*, Introdução e Notas por Afonso Arinos de Melo Franco, Rio, 1940, páginas 166-170.)

DA CARTA 5.ª

....

Acaba-se a função e o nosso chefe
A casa com o bispo se recolhe.
A nobreza da terra os acompanha
Até que montam a dourada sege.
Aqui, meu Doroteu, o chefe mostra
O seu desembaraço e o seu talento!
Só numa função destas se conhece
Quem tem andado terras, onde habitam,
Despidas dos abusos, sábias gentes!
Vai passando por todos, sem que abaixe
A emproada cabeça, qual mandante
Que passa pelo meio das fileiras.
Chega junto da sege, à sege sobe
E da parte direita toma assento.
O bispo, o velho bispo atrás caminha,
Em ar de quem se teme da desfeita.
Com passos vagarosos chega à sege,
Encaixa na estribeira o pé cansado
E duas vezes por subir forceja.
Acodem alguns padres respeitosos
E, por baixo dos braços, o sustentam.
Então, com mais alento, o corpo move,
Dá o terceiro arranco, o salto vence
E, sem poder soltar uma palavra,
Ora vermelho ora amarelo fica,

Do nosso Fanfarrão ao lado esquerdo.
Agora dirás tu: "que bruto é esse?
Pode haver um tal homem, que se atreva
A pôr na sua sege ao seu prelado
Da parte da boléia? Eu tal não creio."
Amigo Doroteu, estás mui ginja,
Já la vão os rançosos formulários
Que guardavam à risca os nossos velhos.
Em outro tempo, amigo, os homens sérios
Na rua não andavam sem florete;
Traziam cabeleira grande e branca,
Nas mãos os seus chapéus. Agora, amigo,
Os nossos próprios becas têm cabelo,
Os grandes sem florete vão à missa,
Com a chibata na mão, chapéu fincado,
Na forma em que passeiam os caixeiros.
Ninguém antigamente se sentava
Senão direito e grave, nas cadeiras.
Agora as mesmas damas atravessam
As pernas sobre as pernas. Noutro tempo
Ninguém se retirava dos amigos,
Sem que dissesse adeus. Agora é moda
Sairmos dos congressos em segredo.
Pois corre, Doroteu, à puridade,[1]
Que os costumes se mudam com os tempos.
Se os antigos fidalgos sempre davam
O seu direito lado a qualquer padre,
Acabou-se esta moda: o nosso chefe
Vindica os seus direitos. Vê que o bispo
É um grande que foi, há pouco, frade
E não pode ombrear com quem descende
De um bravo patagão que, sem desculpa,
Lá nos tempos de Adão já era grande.

Na tarde, Doroteu, do mesmo dia,
Sai uma procissão, de poucos negros
E padres revestidos só composta,
Que os brancos e os mulatos se ocupavam
Em guarnecer as ruas, pois que todos
Ocupados estão nas régias tropas.
Caminha o nosso chefe, todo Adônis,
Diante da bandeira do senado;

---

1. Nas cópias conhecidas está "à paridade" em lugar de "à puridade", o que, como sugere o Snr. Afonso Arinos de Melo Franco, anotador da última ed. das *Cartas*, se deve atribuir a engano do copista.

Alguns dos rigoristas não lho aprovam,
Dizendo que devia, respeitoso,
Da maneira que sempre praticaram
Os seus antecessores, ir ao lado,
Por ser esta bandeira um estandarte
Onde tremulam, do seu reino, as armas.
Mas eu não o censuro, antes lhe louvo
A prudência que teve; pois supunha
Que, à vista do seu sangue e seu caráter,
Podia muito bem querer meter-se
Debaixo, Doroteu, do próprio pálio.
Que destras evoluções não fez a tropa!
Uns ficam, ao passar o sacramento,
Com as suas barretinas nas cabeças,
Os outros se descobrem e ajoelham
E, enquanto não se avança o nosso chefe,
Prostrados se conservam e, devotos,
Não cessam de ferir os brandos peitos.
Ah! grande general! com esta tropa
Tu podes conquistar o mundo inteiro!
Foram muitos felices os Lorenas,
Os Condés, os Eugênios e outros muitos,
Em tu não floresceres nos seus tempos.
Meu caro Doroteu, os sapateiros
Entendem do seu couro, os mercadores
Entendem de fazenda, os alfaiates
Entendem de vestidos, enfim todos
Podem bem entender dos seus ofícios.
Porém querer o chefe que se formem
Disciplinadas tropas de tendeiros,
De moços de taberna, de rapazes
E bisonhos roceiros, é delírio,
Que o soldado não fica bom soldado
Somente porque veste a curta farda,
Porque limpa as correias, tinge as botas
E, com trapos, engrossa o seu rabicho.

(*Ibidem*, págs. 204-207.)

MANUEL INÁCIO DA SILVA ALVARENGA

(1749 — 1814)

Filho do músico Inácio da Silva, Manuel Inácio da Silva Alvarenga nasceu em Vila Rica. Concluídos seus primeiros estudos no Rio de Janeiro, seguiu em 1771 para Portugal, onde, na Universidade de Coimbra, se formou em Direito, aprovado nemine discrepante. *Conquanto mestiço e de humilde ascendência, soube fazer muitos amigos e admiradores, entre os quais Basílio da Gama e Alvarenga Peixoto, então residentes em Portugal. É significativo o fato de seu poema herói-cômico* O Desertor das Letras *ter sido publicado em 1774, a expensas do Marquês de Pombal.*

Em Portugal, ainda estudante, publicou várias obras poéticas de cunho encomiástico e congratulatório. Regressou ao Brasil em 1777, e parece ter estado durante algum tempo em sua província natal até fixar residência definitivamente no Rio. Foi dos fundadores e principais membros da Sociedade Literária fundada por iniciativa do Marquês do Lavradio, vice-rei do Brasil, em 1786. Acusado mais tarde, com outros companheiros, de tramar contra o governo e a religião, foi prêso por ordem do Conde de Resende, sucessor do Marquês do Lavradio. Posto em liberdade dois anos e meio depois, dedicou-se no resto da vida à advocacia e ao ensino da Retórica.

De sua obra poética merecem particular menção os "poemas eróticos" de Glaura, que se imprimiram pela primeira vez em 1799, na Oficina Nunesiana, de Lisboa. Uma nova edição foi publicada pela mesma Oficina em 1801. Existe reedição recente, organizada em 1943, no Rio de Janeiro, pelo Instituto Nacional do Livro, do Ministério da Educação e Saúde.

A única publicação da obra conjunta de Silva Alvarenga é a edição Garnier, de 1864, feita sob a direção de Joaquim Norberto.

À ESTÁTUA EQÜESTRE DO REI DOM JOSÉ I

NO DIA DA SUA INAUGURAÇÃO

Vencer dragão que as fúrias desenterra;
Coas artes adornar cetro e coroa;
Da triste cinza erguer aos céus Lisboa;
Pôr freio às ondas e dar leis à terra;

Tudo José na heróica mão encerra:
O bronze se levanta: o prazer voa,
E o seu nome imortal a fama entoa
Entre cantos da paz e sons da guerra.

Ó rainha do Tejo! neste dia
Ao pai da pátria o tempo vê com susto
E adorar a sua imagem principia.

Ouço aclamar o grande, o pio, o justo:
Quanto ostentais brilhantes à porfia
Vós a glória de Roma, ele a de Augusto!

(*Obras Poéticas de Manuel Inácio da Silva Alvarenga*, Rio, 1864, Tomo I. págs. 213-214.)

A GRUTA AMERICANA

IDÍLIO

A JOSÉ BASÍLIO DA GAMA

Termindo Sipílio

Num vale estreito o pátrio rio desce,
De altíssimos rochedos despenhado
Com ruído, que as feras ensurdece.

Aqui na vasta gruta sossegado
O velho pai das ninfas tutelares
Vi sobre urna musgosa recostado;

Pedaços d'ouro bruto nos altares
Nascem por entre as pedras preciosas,
Que o céu quis derramar nestes lugares.

Os braços dão as árvores frondosas
Em curvo anfiteatro onde respiram
No ardor da sesta as dríades formosas.

Os faunos petulantes, que deliram
Chorando o ingrato amor, que os atormenta,
De tronco em tronco nestes bosques giram.

Mas que soberbo carro se apresenta!
Tigres e antas, fortíssima Amazona
Rege do alto lugar em que se assenta.

Prostrado aos pés da intrépida matrona,
Verde, escamoso jacaré se humilha,
Anfíbio habitador da ardente zona.

Quem és, do claro céu ínclita filha?
Vistosas penas de diversas cores
Vestem e adornam tanta maravilha.

Nova grinalda os gênios e os amores
Lhe oferecem e espalham sobre a terra
Rubins, safiras, pérolas e flores.

Juntam-se as ninfas que este vale encerra,
A deusa acena e fala: o monstro enorme
Sobre as mãos se levanta, e a áspera serra
Escuta, o rio pára, o vento dorme:

"Brilhante nuvem d'ouro,
Realçada de branco, azul e verde,
    Núncia de fausto agouro,
Veloz sobe, e da terra a vista perde,
Levando vencedor dos mortais danos
O grande rei José dentre os humanos.

"Quando ao tartáreo açoute
Gemem as portas do profundo averno,
    Igual à espessa noute[1]
Voa a infausta discórdia ao ar superno,
E sobre a lusa América se avança
Cercada de terror, ira e vingança;

"És a guerra terrível
Que abala, atemoriza e turba os povos,
    Erguendo escudo horrível,
Mostra Esfinge e Medusa e monstros novos;
Arma de curvo ferro o iníquo braço:
Tem o rosto de bronze, o peito d'aço.

"Pálida, surda e forte,
Com vagaroso passo vem soberba
    A descarnada morte,
Com a misérrima triste fome acerba;
E a negra peste, que o fatal veneno
Exala ao longe, e ofusca o ar sereno.

---

1. Na ed. de 1864 das *Obras Poéticas* está "noite", que não faz rima perfeita com "açoute".

"Ruge o leão ibero
Desde Europa troando aos nossos mares,
 Tal o feroz Cerbero
Latindo assusta o reino dos pesares,
E as vagas sombras ao trifauce grito
Deixam medrosas o voraz Cocito;

"Os montes escalvados,
Do vasto mar eternas atalaias,
 Vacilam assustados
Ao ver tanto inimigo em nossas praias.
E o pó sulfúreo, que no bronze soa,
O céu e a terra e o mar e o abismo atroa.

"Os ecos pavorosos
Ouviste, ó terra aurífera e fecunda,
 E os peitos generosos,
Que no seio da paz a glória inunda,
Armados correm de uma e doutra parte
Ao som primeiro do terrível Marte.

"A hirsuta Mantiqueira,
Que os longos campos abrasar presume,
 Viu pela vez primeira
Arvoradas as quinas no alto cume,
E marchar as esquadras homicidas
Ao rouco som das caixas nunca ouvidas.

"Mas, rainha augusta,
Digna filha do céu justo e piedoso,
 Respiro, e não me assusta
O estrépito e tumulto belicoso,
Que tu lanças por terra num só dia
A discórdia, que os povos oprimia.

"As hórridas falanges
Já não vivem d'estrago e de ruína,
 Deixam lanças e alfanjes,

E o elmo triplicado e a malha fina;
Para lavrar a terra o ferro torna
Ao vivo fogo e à rígida bigorna.

"Já caem sobre os montes
Fecundas gotas de celeste orvalho;
Mostram-se os horizontes,
Produz a terra os frutos sem trabalho;
E as nuas graças e os cupidos ternos
Cantam à doce paz hinos eternos.

"Ide, sinceros votos,
Ide, e levai ao trono lusitano
Destes climas remotos,
Que habita o forte e adusto Americano,
A pura gratidão e a lealdade,
O amor, o sangue e a própria liberdade."

Assim falou a América ditosa,
E os mosqueados tigres num momento
Me roubaram a cena majestosa.

Ai, Termindo, rebelde o instrumento
Não corresponde à mão, que já com glória
O fez subir ao estrelado assento.

Sabes do triste Alcindo a longa história,
Não cuides que os meus dias se serenam;
Tu me guiaste ao templo da memória;
Torna-me às musas, que de lá me acenam.

(*Ibidem*, págs. 275-280.)

EPÍSTOLA

A JOSÉ BASILIO DA GAMA
Termindo Sipílio

Gênio fecundo e raro, que com polidos versos
A natureza pintas em quadros mil diversos:
Que sabes agradar, e ensinas por seu turno
A língua que convém ao trágico coturno:
Teu Pégaso não voa furioso e desbocado
A lançar-se das nuvens no mar precipitado,
Nem pisa humilde o pó; mas por um nobre meio
Sente a doirada espora, conhece a mão e o freio:
Tu sabes evitar, se um tronco ou jaspe animas,
Do sombrio Espanhol os góticos enigmas,
Que inda entre nós abortam alentos dissolutos,
Verdes indignações, escândalos corrutos.
Tu revolves e excitas, conforme as ocasiões,
Do humano coração a origem das paixões.

Quem vê girar a serpe da irmã no casto seio,
Pasma, e de ira e temor ao mesmo tempo cheio,
Resolve, espera, teme, vacila, gela e cora,
Consulta o seu amor e o seu dever ignora.
Voa a farpada seta da mão, que não se engana:
Mas ai, que já não vives, ó mísera Indiana!
Usarás Catulo na morte de quem amas
D'alambicadas frases e agudos epigramas?
Ou dirás como é crível que em mágoa tão sentida
Os eixos permaneçam da fábrica luzida?

Da simples natureza guardemos sempre as leis,
Para mover-me ao pranto convém que vós choreis.
Quem estuda o que diz, na pena não se iguala
Ao que de mágoa e dor geme, suspira e cala.
Tu sabes os empregos que uma alma nobre busca,
E aqueles que são dignos do mandrião Patusca,
Que alegre em boa paz, corado e bem disposto,
Insensível a tudo não muda a cor do rosto:

Nem se esquece, entre sustos, gemidos e desmaios,
Do vinho, do presunto, dos saborosos paios.
Tu espalhando as flores a tempo e em seu lugar,
Deixas ver toda a luz sem a querer mostrar.

Indiscreta vanglória aquela, que me obriga,
Por teima de rimar, a que em meu verso diga
Quanto vi, quanto sei, e ainda é necessário
Mil vezes folhear um grosso dicionário.
Se a minha musa estéril não vem sendo chamada,
Debalde é trabalhar, pois não virá forçada.
Se eu vou falar de jogos, só por dizer florais,
Maratônios, circenses, píticos, juvenis,
O crítico inflexível ao ver esta arrogância
Conhece-me a pobreza, e ri-se da abundância.
Quem, cego d'amor-próprio, colérico s'acende,
E monstruosos partos porque são seus defende,
Sua, braceja, grita, e já despois de rouco
Abre uma grande boca para mostrar que é louco,
Forma imagens de fumo, fantásticas pinturas,
E sonhando cas musas em raras aventuras
Vai ao Pindo num salto de lira e de coroa:
Nascem-lhe as curtas penas, e, novo cisne, voa:
Igual ao cavaleiro que a grossa lança enresta,
Co elmo de Mambrino sobre a enrugada testa,
Vai à região do fogo num banco escarranchado,
Donde traz os bigodes e o pêlo chamuscado.

Se cheio de si mesmo, por um capricho vão,
Tem por desdouro o ir por onde os outros vão,
É co dedo apontado famoso delirante,
Que por buscar o belo, caiu no extravagante:
Bem como o passageiro, que néscio e presumido
Quis trilhar por seu gosto o atalho não sabido,
Perdeu-se, deu mil giros, andou o dia inteiro,
E foi cair de noite em sórdido atoleiro.
Eu aborreço a plebe dos magros rimadores,
De insípidos poemas estúpidos autores,
Que frenéticos suam sem gosto, nem proveito,
Amontoando frases a torto e a direito:
**Vem o louro Mondego por entre as ninfas belas,
Que de flores enlaçam grinaldas e capelas:**
Surgem do verde seio da escuma crespa e alva,
Do velho Douro as cãs, do sacro Tejo a calva.
Escondei-vos das ondas no leito cristalino,

E saí menos vezes do reino netunino:
O que se fez vulgar perdeu a estimação:
E algum rapaz travesso vos pode, alçando a mão,
Cobrir d'areia e lama, por que sirvais de riso
A turba petulante da gente ainda sem siso.
Se fala um deus marinho, e vêm a borbotões
Amêijoas e perceves, ostras e berbigões;
Se os lânguidos sonetos manquejam encostados
Às flautas, aos surrões, pelicos e cajados,
Minha musa em furor o peito me enche d'ira
E o negro fel derrama nos versos, que me inspira.

Autor que, por acaso fizeste um terno idílio,
Não te julgues por isso Teócrito ou Virgílio:
Não creias no louvor de um verso que recitas,
Teme a funesta sorte dos Meliseus e Quitas:
Que muitos aplaudiram quinhentos mil defeitos
Nos papéis que hoje embrulham adubos e confeitos.
Se o casquilho ignorante, com voz enternecida,
Repete os teus sonetos à dama presumida,
Por mais que ela te aclame bravíssimo poeta,
Da espinhosa carreira não tens tocado a meta:
Pois tarde, e muito tarde, por um favor divino
Nasce por entre nós quem de coroa é dino.
Quem sobe mal seguro, tem gosto de cair,
E a nossa idade é fértil de assuntos para rir.
Equívocos malvados, frívolos trocadilhos,
Vós do péssimo gosto os mais prezados filhos,
Deixai ao gênio luso desimpedida a estrada,
Ou Boileau contra vós torne a empunhar a espada.
Mas onde, meu Termindo, onde me leva o zelo
Do bom gosto nascente? O novo, o grande, o belo
Respire em tuas obras, enquanto eu fito a vista
No rimador grosseiro, no mísero copista,
Tântalo desgraçado, faminto de louvor,
Que em vão mendiga aplausos do vulgo adorador.

Do trono régio, augusto, benigno um astro brilha
Entre esperança, amor, respeito e maravilha;
E à clara luz, que nasce do cetro e da coroa,
Grande se mostra ao mundo, nova, imortal Lisboa:
Se ela o terror levou nas voadoras faias
Por incógnitos mares a nunca vistas praias,
Se entre nuvens de setas ao meio dos alfanjes
Foi arrancar as palmas, que ainda chora o Ganges,
Da paz no amável seio, à sombra dos seus louros

Hoje aplana os caminhos aos séculos vindouros:
A glória da nação se eleva e se assegura
Nas letras, no comércio, nas armas, na cultura.
Nascem as artes belas, e o raio da verdade
Derrama sobre nós a sua claridade.
Vai tudo a florescer, e porque o povo estude,
Renasce nos teatros a escola da virtude.

Consulta, amigo, o gênio, que mais em ti domine:
Tu podes ser Molière, tu podes ser Racine.
Marqueses tem Lisboa, se cardeais Paris.
José pode fazer mais do que fez Luís.

(*Ibidem*, págs. 289-294.)

GLAURA

ANACREONTE

RONDÓ I

*De teu canto a graça pura
E a ternura não consigo;
Pois comigo a doce Lira
Mal respira os sons de Amor.*

Quando as cordas lhe mudaste,
Ó feliz Anacreonte,
Da Meônia viva fonte
Esgotaste o claro humor.

O ruído lisonjeiro
Dessas águas não escuto,
Onde geme dado a Pluto
O grosseiro habitador.

*De teu canto a graça pura
E a ternura não consigo;
Pois comigo a doce Lira
Mal respira os sons de Amor.*

Neste bosque desgraçado
Mora o Ódio, e vil se nutre
Magra Inveja, negro Abutre
Esfaimado e tragador.

Não excita meus afetos
Gnido, Pafos, nem Citera:
Vejo a Serpe, ouço a Pantera...
Oh que objetos de terror!

De teu canto a graça pura
E a ternura não consigo;
Pois comigo a doce Lira
Mal respira os sons de Amor.

Cruel seta passadora
Me consome pouco a pouco,
E no peito frio e rouco
A alma chora, e cresce a dor.

Surda morte nestes ares
Enlutada e triste vejo,
E se entrega o meu desejo
Dos pesares ao rigor.[1]

De teu canto a graça pura
E a ternura não consigo;
Pois comigo a doce Lira
Mal respira os sons de Amor.

Dos Heróis te despediste,
Por quem Musa eterna soa;
Mas de flores na coroa
Inda existe o teu louvor.

De agradar-te sou contente:
Sacro Loiro não me inflama:
Da Mangueira a nova rama
Orne a frente do Pastor.

---

1. Na edição de 1801, da Nunesiana, base de todas as versões subseqüentes, inclusive a Garnier, organizada por Joaquim Norberto, está "prazeres" em lugar de "pesares". Restabelece-se aqui a forma correta, usada na raríssima ed. de 1799.

*De teu canto a graça pura
E a ternura não consigo;
Pois comigo a doce Lira
Mal respira os sons de Amor.*

(*Glaura*, Lisboa, Oficina Nunesiana, 1799, páginas 7-10.)

O CAJUEIRO

RONDÓ III

*Cajueiro desgraçado,
A que Fado te entregaste,
Pois brotaste em terra dura,
Sem cultura e sem senhor!*

No seu tronco pela tarde,
Quando a luz no Céu desmaia,
O novilho a testa ensaia,
Faz alarde do valor.

Para frutos não concorre
Este vale ingrato e seco,
Um se enruga murcho e peco,
Outro morre ainda em flor.

*Cajueiro desgraçado,
A que Fado te entregaste,
Pois brotaste em terra dura,
Sem cultura e sem senhor!*

Vês nos outros rama bela,
Que a Pomona por tributos
Oferece doces frutos
De amarela e rubra cor?

Ser copado, ser florente
Vem da terra preciosa;
Vem da mão industriosa
Do prudente Agricultor.

Cajueiro desgraçado,
A que Fado te entregaste,
Pois brotaste em terra dura,
Sem cultura e sem senhor!

Fresco orvalho os mais sustenta
Sem temer o Sol ativo,
Só ao triste semivivo
Não alenta o doce humor.

Curta folha mal te veste
Na estação do lindo Agôsto.
E te deixa nu, e exposto
Ao celeste intenso ardor.

Cajueiro desgraçado,
A que Fado te entregaste,
Pois brotaste em terra dura,
Sem cultura e sem senhor!

Mas se estéril te arruínas,
Por destino te conservas,
E pendente sobre as ervas
Mudo ensinas ao Pastor

Que a Fortuna é quem exalta,
Quem humilha o nobre engenho:
Que não vale o humano empenho,
Se lhe falta o seu favor.

Cajueiro desgraçado,
A que Fado te entregaste,
Pois brotaste em terra dura,
Sem cultura e sem senhor!

(*Ibidem*, págs. 14-17.)

O BEIJA-FLOR

RONDÓ VII

Deixo, ó Glaura, a triste lida
Submergida em doce calma;
E a minha alma ao bem se entrega,
Que lhe nega o teu rigor.

Neste bosque alegre e rindo
Sou amante afortunado,
E desejo ser mudado
No mais lindo Beija-flor.

Todo o corpo num instante
Se atenua, exala e perde:
É já de oiro, prata e verde
A brilhante e nova côr.

Deixo, ó Glaura, a triste lida
Submergida em doce calma;
E a minha alma ao bem se entrega,
Que lhe nega o teu rigor.

Vejo as penas e a figura,
Provo as asas, dando giros;
Acompanham-me os suspiros,
E a ternura do Pastor.

E num vôo, feliz ave,
Chego intrépido até onde
Riso e pérolas esconde
O suave e puro Amor.

Deixo, ó Glaura, a triste lida
Submergida em doce calma;
E a minha alma ao bem se entrega,
Que lhe nega o teu rigor.

Toco o néctar precioso,
Que a mortais não se permite,
É o insulto sem limite,
Mas ditoso o meu ardor.

Já me chamas atrevido,
Já me prendes no regaço:

Não me assusta o terno laço,
É fingido o meu temor.

Deixo, ó Glaura, a triste lida
Submergida em doce calma;
E a minha alma ao bem se entrega,
Que lhe nega o teu rigor.

Se disfarças os meus erros,
E me soltas por piedade,
Não estimo a liberdade,
Busco os ferros por favor.

Não me julgues inocente,
Nem abrandes meu castigo;
Que sou bárbaro inimigo,
Insolente e roubador.

Deixo, ó Glaura, a triste lida
Submergida em doce calma;
E a minha alma ao bem se entrega,
Que lhe nega o teu rigor.

(*Ibidem*, págs. 28-31.)

O AMANTE INFELIZ

RONDÓ X

Glaura! Glaura! não respondes?
E te escondes nestas brenhas?
Dou às penhas meu lamento;
Ó tormento sem igual!

Ao Amor cruel e esquivo
Entreguei minha esperança,
Que me pinta na lembrança
Mais ativo o fero mal.

Não verás em peito amante
Coração de mais ternura,
Nem que guarde fé mais pura,
Mais constante, e mais leal.

Glaura! Glaura! não respondes?
E te escondes nestas brenhas?
Dou às penhas meu lamento;
Ó tormento sem igual!

Se não vens, porque te chamo,
Aqui deixo junto ao Rio
Estas pérolas num fio,
Este ramo de coral.

Entre a murta, que se enlaça
Com as flores mais mimosas,
Acharás purpúreas rosas
Nũa taça de cristal.

Glaura! Glaura! não respondes?
E te escondes nestas brenhas?
Dou às penhas meu lamento;
Ó tormento sem igual!

Vejo turvo o claro dia;
Sombra feia me acompanha;
Não encontro na montanha
A alegria natural.

Tanto a mágoa me importuna,
Que o viver já me aborrece;
Para um triste, que padece,
É fortuna o ser mortal.

Glaura! Glaura! não respondes?
E te escondes nestas brenhas?
Dou às penhas meu lamento;
Ó tormento sem igual!

Onde estou? troveja... o raio...
Foge a luz... os arvoredos...
Abalados os rochedos...
Já desmaio... ó dor fatal.

Ninfa ingrata, esta vitória
Alcançaram teus retiros;
Leva os últimos suspiros
Por memória triunfal.

Glaura! Glaura! não respondes?
E te escondes nestas brenhas?
Dou às penhas meu lamento;
Ó tormento sem igual!

(*Ibidem*, págs. 40-43.)

O JASMINEIRO

RONDÓ XI

Venturoso Jasmineiro,
Sobranceiro ao claro Rio,
Já do Estio o ardor se acende,
Ah! defende este lugar.

Ache Glaura na frescura
Destas penhas encurvadas
Moles heras abraçadas
Com ternura a vegetar.

Ache mil e mil Napéias,
E inda mais e mais Amores,
Do que mostra o campo flores,
Do que areias tem o mar.

Venturoso Jasmineiro.
Sobranceiro ao claro Rio,
Já do Estio o ardor se acende,
Ah! defende este lugar.

Branda Ninfa que me escutas
Desse monte cavernoso,
Nem o raio luminoso
Nestas grutas possa entrar.

Hás de ver com dor, e espanto,
Como pálida a Tristeza
Dos feixinhos na aspereza
Faz meu pranto congelar.

Venturoso Jasmineiro,
Sobranceiro ao claro Rio,
Já do Estio o ardor se acende,
Ah! defende êste lugar.

Glaura bela, que resiste
Aos rigores da saudade,
Veja em muda soledade
Sono triste bocejar.

Sobre o musgo em rocha fria
Adormeça ao som das águas,
E sonhando injustas mágoas,
Chegue um dia a suspirar.

Venturoso Jasmineiro,
Sobranceiro ao claro Rio,
Já do Estio o ardor se acende,
Ah! defende este lugar.

Com seus olhos Glaura inflame
Os desejos namorados,
Que em abelhas transformados,
Novo enxame cubra o ar.

Vinde, abelhas amorosas,
Sem temer o meu desgosto,
Doce néctar no seu rosto
Entre rosas procurar.

Venturoso Jasmineiro,
Sobranceiro ao claro Rio,
Já do Estio o ardor se acende,
Ah! defende este lugar.

(*Ibidem*, págs. 44-47.)

A NOITE

RONDÓ XXI

Ouve, ó Glaura, o som da Lira,
Que suspira lagrimosa,
Amorosa em noite escura,
Sem ventura, nem prazer.

Já caiu do oposto monte
Sombra espêssa nestes vales;
Ouço aos ecos de meus males
Esta fonte responder.

São iguais a praia, a serra:
Dũa cor o bosque, o prado:
Triste o ar, feio, enlutado
Vem a terra escurecer.

Ouve, ó Glaura, o som da Lira,
Que suspira lagrimosa,
Amorosa em noite escura,
Sem ventura, nem prazer.

Melancólico agoireiro,
Solta a voz Mocho faminto,

E o *Vampir* de sangue tinto,
Que é ligeiro em se esconder.

Voa a densa escuridade,
O silêncio, horror e espanto:
E as correntes do meu pranto
A saudade faz verter.

Ouve, ó Glaura, o som da Lira,
Que suspira lagrimosa,
Amorosa em noite escura,
Sem ventura, nem prazer.

Tem a noite surda e fera
Carro de ébano polido:
Move o cetro denegrido,
Toda a Esfera vê tremer.

Forma o tímido desgosto
Mil imagens da tristeza,
Que assustada a natureza
Volta o rosto por não ver.

Ouve, ó Glaura, o som da Lira,
Que suspira lagrimosa,
Amorosa em noite escura,
Sem ventura, nem prazer.

Ao ruído destas águas
Vinde, ó sonhos voadores,
De Morfeu coas tenras flores
Minhas mágoas suspender.

Mas se Amor alívi nega,
Quando o peito mais inflama,
Só aquele, que não ama,
É que chega a adormecer.

Ouve, ó Glaura, o som da Lira
Que suspira lagrimosa,
Amorosa em noite escura,
Sem ventura, nem prazer.

(*Ibidem*, págs. 82-85.)

O PRAZER

RONDÓ XXIV

Sobre o feno recostado,
Descansado afino a lira,
Que respira com ternura
Na doçura do prazer.

Amo a simples Natureza:
Busquem outros a vaidade
Nos tumultos da cidade,
Na riqueza e no poder.

Desse pélago furioso
Não me assustam os perigos,
Nem dos ventos inimigos
O raivoso combater.

Sobre o feno recostado,
Descansado afino a lira,
Que respira com ternura
Na doçura do prazer.

Pouca terra cultivada
Me agradece com seus frutos;
Mas os olhos tenho enxutos,
Quanto agrada assim viver!

O meu peito só deseja
Doce paz neste retiro;
Por delícias não suspiro,
Onde a inveja faz tremer.

Sobre o feno recostado,
Descansado afino a lira,
Que respira com ternura
Na doçura do prazer.

Pelas sombras venturosas
De fecundos arvoredos

Ouve Glaura os meus segredos,
Quando rosas vai colhêr.

Já o Amor com ferro duro
Não me assalta, nem me ofende:
Já suave o fogo acende,
E mais puro o sinto arder.

Sobre o feno recostado,
Descansado afino a lira,
Que respira com ternura
Na doçura do prazer.

Entre as graças e os Amores
Canto o Sol e a Primavera,
Que risonha vem da Esfera
Tudo em flores converter.

A inocência me acompanha;
Oh que bem! oh que tesoiro!
Vejo alegre os dias de oiro
Na montanha renascer.

Sobre o feno recostado,
Descansado afino a lira,
Que respira com ternura
Na doçura do prazer.

(*Ibidem*, págs. 93-96.)

O AMANTE SATISFEITO

RONDÓ XXVI

Canto alegre nesta gruta,
E me escuta o vale e o monte:
Se na fonte Glaura vejo,
Não desejo mais prazer.

Este rio sossegado,
Que das margens se enamora,
Vê coas lágrimas da Aurora
Bosque e prado florescer.

Puro Zéfiro amoroso
Abre as asas lisonjeiras,
E entre as folhas das mangueiras
Vai saudoso adormecer.

Canto alegre nesta gruta,
E me escuta o vale e o monte:
Se na fonte Glaura vejo,
Não desejo mais prazer.

Novos sons o Fauno ouvindo,
Destro move o pé felpudo:
Cauteloso, agreste e mudo
Vem saindo por me ver.

Quanto vale ũa capela
De jasmins, lírios e rosas,
Que coas Dríades mimosas
Glaura bela foi colhêr!

Canto alegre nesta gruta,
E me escuta o vale e o monte:
Se na fonte Glaura vejo,
Não desejo mais prazer.

Receou tristes agoiros
A inocência abandonada;
E aqui veio retirada
Seus tesoiros esconder.

O mortal, que em si não cabe,
Busque a paz de clima em clima;
Que os seus dons no campo estima
Quem os sabe conhecer.

Canto alegre nesta gruta,
E me escuta o vale e o monte:
Se na fonte Glaura vejo,
Não desejo mais prazer.

Os metais adore o mundo;
Ame as pedras, com que sonha,
Do feliz Jequitinhonha,
Que em seu fundo as viu nascer.

Eu contente nestas brenhas
Amo Glaura, e amo a lira,

Onde terno amor suspira,
Que estas penhas faz gemer.

*Canto alegre nesta gruta,
E me escuta o vale e o monte:
Se na fonte Glaura vejo,
Não desejo mais prazer.*

(Ibidem, págs. 100-103.)

À MANGUEIRA

RONDÓ XXXVII

*Carinhosa e doce, ó Glaura,
Vem esta aura lisonjeira;
E a Mangueira já florida
Nos convida a respirar.*

Sobre a relva o sol doirado
Bebe as lágrimas da Aurora,
E suave os dons de Flora
Neste prado vê brotar.

Ri-se a fonte: e bela e pura
Sai dos ásperos rochedos,
Os pendentes arvoredos
Com brandura a namorar.

*Carinhosa e doce, ó Glaura,
Vem esta aura lisonjeira;
E a Mangueira já florida
Nos convida a respirar.*

Com voz terna harmoniosa
Canta alegre o passarinho,
Que defronte do seu ninho
Vem a esposa consolar.

Em festões os lírios trazem...
Ninfas, vinde... eu dou os braços;
Apertai de amor os laços
Que me fazem suspirar.

Carinhosa e doce, ó Glaura,
Vem esta aura lisonjeira;
E a Mangueira já florida
Nos convida a respirar.

Vês das Graças o alvoroço?
Ah! prenderam entre flores
Os meus tímidos amores,
Que não posso desatar!

Como os cobre o casto pejo!
Mas os olhos inocentes
Inda mostram descontentes
O desejo de agradar.

Carinhosa e doce, ó Glaura,
Vem esta aura lisonjeira;
E a Mangueira já florida
Nos convida a respirar.

Vagaroso, e com saudade,
Triste, lânguido e sombrio,
Verdes bosques lava o rio
Sem vontade de os deixar.

Ao prazer as horas demos
Da Estação mais oportuna;
Que estes mimos da fortuna
Inda havemos de chorar.

Carinhosa e doce, ó Glaura,
Vem esta aura lisonjeira;
E a Mangueira já florida
Nos convida a respirar.

(*Ibidem*. págs. 139-142.)

A LUA

RONDÓ L

Como vens tão vagarosa,
Ó formosa e branca Lua!
Vem coa tua luz serena
Minha pena consolar.

Geme (ó Céus!) mangueira antiga
Ao mover-se o rouco vento,

E renova o meu tormento,
Que me obriga a suspirar.

Entre pálidos desmaios
Me achará teu rosto lindo,
Que se eleva, refletindo
Puros raios sobre o mar.

Como vens tão vagarosa,
Ó formosa e branca Lua!
Vem coa tua luz serena
Minha pena consolar.

Sente Glaura mortais dores:
Os prazeres se ocultaram,
E no seio lhe ficaram
Os Amores a chorar.

Infeliz! sem lenitivo
Foge tímida a esperança,
E me aflige coa lembrança
Mais ativo o meu pesar.

Como vens tão vagarosa,
Ó formosa e branca Lua!
Vem coa tua luz serena
Minha pena consolar.

A cansada fantasia
Nesta triste escuridade,
Entregando-se à saudade,
Principia a delirar.

Já me assaltam, já me ferem
Melancólicos cuidados!
São espectros esfaimados,
Que me querem devorar.

Como vens tão vagarosa,
Ó formosa e branca Lua!
Vem coa tua luz serena
Minha pena consolar.

Oh que lúgubre gemido
Sai daquele cajueiro!
É do pássaro agoureiro
O sentido lamentar!

Puro Amor!... terrível sorte!...
Glaura bela!... infausto agoiro!...
Ai de mim! e o meu tesoiro,
Ímpia Morte, hás de roubar!

Como vens tão vagarosa,
Ó formosa e branca Lua!
Vem coa tua luz serena
Minha pena consolar.

(*Ibidem*, págs. 182-185.)

A ÁRVORE

RONDÓ LIV

Adeus, árvore frondosa,
Venturosa em toda a idade!
Ó saudade! ó pena! eu morro
Sem socorro a delirar.

Deste bosque alto e sombrio
Sobre a margem da floresta
Vinha Glaura pela sesta
Vale e rio enamorar.

Tua Dríade a chamava,
Ó mangueira, ó dias belos!
E entre pomos amarelos
Me esperava a suspirar.

Adeus, árvore frondosa,
Venturosa em toda a idade!
Ó saudade! ó pena! eu morro
Sem socorro a delirar.

Quando o vento estremecia
Nessa rama verde-escura,
Glaura cheia de ternura
Se afligia de esperar.

Os teus frutos mereceram
Ser por ela preferidos,
E o meu pranto e os meus gemidos
A souberam abrandar.

Adeus, árvore frondosa,
Venturosa em toda a idade!
Ó saudade! ó pena! eu morro
Sem socorro a delirar.

Morte iníqua... ai, Fado escuro!
Céu piedoso! eu esmoreço!
Tudo sente o que eu padeço;
Quanto é duro o meu penar!

Onde eu via as tenras flores
Vejo cardos, vejo espinhos:
Já não ouço os passarinhos
Seus amores gorjear.

Adeus, árvore frondosa,
Venturosa em toda a idade!
Ó saudade! ó pena! eu morro
Sem socorro a delirar.

Ai de mim! ó vida triste!
Dor cruel! terna lembrança!
Acabou minha esperança,
Só existe o meu pesar.

Glaura! ah! Glaura! em vão te chamo!
Chora amor, e quase expira,
E me manda a doce Lira
Neste ramo pendurar.

Adeus, árvore frondosa,
Venturosa em toda a idade!
Ó saudade! ó pena! eu morro
Sem socorro a delirar.

(Ibidem, págs. 196-199.)

MADRIGAL III

Voai, suspiros tristes;
Dizei à bela Glaura o que eu padeço,
Dizei o que em mim vistes,
Que choro, que me abraso, que esmoreço.
Levai em roxas flores convertidos
Lagrimosos gemidos, que me ouvistes:
Voai, suspiros tristes;
Levai minha saudade;

E, se amor ou piedade vos mereço,
Dizei à bela Glaura o que eu padeço

(Ibidem, pág. 218.)

MADRIGAL VII

Ó sombra deleitosa,
Onde Glaura se abriga pela sesta,
Enquanto o ardor do Sol os prados cresta,
Ah! defende estes lírios e esta rosa.
E, se a Ninfa mimosa
Perguntar quem colheu as lindas flores,
Ó sombra deleitosa,
Dize-lhe que os amores
E a tímida ternura
Do Pastor namorado e sem ventura.

(Ibidem, pág. 220.)

MADRIGAL XIII

Cruel melancolia,
Companheira infeliz da desventura,
Se aborreces a luz do claro dia,
E te alegras no horror da noite escura,
Minha dor te procura,
Pavorosa apalpando a escuridade.
A lúgubre saudade
Te espera: ah! não receies a alegria,
Cruel melancolia,
Cruel, ingrata, e dura,
Companheira infeliz da desventura.

(Ibidem, pág. 223.)

MADRIGAL XV

No ramo da mangueira venturosa
Triste emblema de amor gravei um dia,
E às Dríades saudoso oferecia
Os brandos lírios, e a purpúrea rosa.
    Então Glaura mimosa
Chega do verde tronco ao doce abrigo...
    Encontra-se comigo...
Perturbada suspira, e cobre o rosto.
    Entre esperança e gosto
Deixo lírios, e rosas... deixo tudo;
Mas ela foge (ó Céus!) e eu fico mudo.

(Ibidem, pág. 224.)

MADRIGAL XXVII

    Neste lugar saudoso,
Ó doce Lira, o puro amor cantemos;
    Às grutas ensinemos
Da bela Glaura o nome venturoso.
Ao som do teu suspiro harmonioso
Parou o vento: a fonte não murmura.
Lira... Amor... que ternura! suspiremos
    Neste lugar saudoso,
    E às grutas ensinemos
Da bela Glaura o nome venturoso.

(Ibidem, pág. 230.)

MADRIGAL XXIX

Não desprezes, ó Glaura, entre estas flores,
Com que os prados matiza a bela Flora,
    O *Jambo,* que os Amores
Colheram ao surgir a branca Aurora.
A Dríade suspira, geme e chora
    Aflita e desgraçada.
Ela foi despojada... os ais lhe escuto...

Verás neste tributo,
Que por sorte feliz nasceu primeiro,
Ou fruto, que roubou da rosa o cheiro,
Ou rosa transformada em doce fruto.

(*Ibidem*, pág. 231.)

MADRIGAL XXXIV

Ditoso e brando vento, por piedade
Entrega à linda Glaura os meus suspiros;
E voltando os teus giros,
Vem depois consolar minha saudade.
Não queiras imitar a crueldade
Do injusto amor, da triste desventura,
Que empenhada procura o meu tormento.
Ditoso e brando vento,
Voa destes retiros,
E entrega à linda Glaura os meus suspiros.

(*Ibidem*, pág. 233.)

MADRIGAL LVI

Mortal saudade, é esta a sepultura;
Já Glaura não existe;
Ah! como vejo triste em sombra escura
O campo, que alegravam os seus olhos!
Duros espinhos, ásperos abrolhos
Vejo em lugar das flores:
Chorai, ternos Amores,
Chorai comigo a infausta desventura:
É esta a sepultura:
Meu coração à mágoa não resiste:
Glaura bela (ai de mim!) já não existe!

(*Ibidem*, pág. 244.)

FRANCISCO DE MELO FRANCO

(1757 — 1823)

Francisco de Melo Franco, nascido em Paracatu, Minas Gerais, faleceu em São Paulo, na vila de Ubatuba. Em 1785, quando estudante em Coimbra, compôs o poema herói-cômico intitulado O Reino da Estupidez, onde fazia uma sátira aos métodos de ensino da Universidade.

Apesar de perseguido e preso por ordem do Santo Ofício, Francisco de Melo Franco adquiriu grande reputação como cientista, tendo sido nomeado médico honorário do príncipe D. João. Voltou ao Brasil em 1817.

FRAGMENTOS DE "O REINO DA ESTUPIDEZ"[1]

DO CANTO TERCEIRO

Do fértil Portugal quase no centro
A vistosa Coimbra está fundada:
Pelo cume soberbo de alto monte,
E pelas fraldas, que o Poente avistam,
Vai-se ao longo estendendo, até que chega
A beber do Mondego as mansas águas.
Defronte outra montanha senhoreia
A líquida corrente dividida
De longa Ponte pelos grossos arcos.
Aprazíveis campinas, férteis vales[2]
Do cristalino rio retalhados,
Em torno a cercam, aos habitantes dando[3]
Os mais belos passeios do Universo.
Da fronteira montanha, que dominam
Dous famosos Conventos, se desfruta
A linda perspectiva da Cidade,
Que tem tanto de bela, quanto é dentro
Imunda, irregular e mal calçada.[4]

---

1. V. nota ao fim do volume: *Francisco de Melo Franco*.
2. No ms. da Biblioteca Nacional está "fortes" em lugar de "férteis".
3. No ms. da Biblioteca Nacional está "ornão" em lugar de "cercam".
4. No ms. da Biblioteca Nacional está "asseada" em lugar de "calçada".

A terra é pobre, é falta de comércio;
O Povo habitador é gente infame,
Avarenta, sem fé, sem probidade,
Inimiga cruel dos Estudantes;
Mas amiga das suas pobres bolsas.
Aqui, de muito tempo está fundada
A nobre Academia Lusitana.

O Monstro, que é dotado de cem olhos,
Que ao longe avista os mais pequenos vultos;
Que debaixo do teto o mais forrado,
Nada se passa sem lhe ser notório;
O Monstro, que per outras tantas bocas,
Quanto sabe, e não sabe, põe patente,
Aqui em altas vozes apregoa
Que vem a Estupidez em breve tempo
Seus domínios cobrar, seu diadema,
Armada de terríbil companhia.

....

(*Satíricos Portugueses,* Paris, págs. 169-170.)

DO CANTO QUARTO

....
Entretanto com passo vagaroso
Duas compridas alas s'encaminham
Ao antigo Mosteiro, que desfrutam
Os Reverendos Crúzios satisfeitos
De hospedar esta noite a Protetora
Da sua santa Casa. À portaria
Com alegres festins é recebida.
De noite em toda a parte as luminárias
Fazem emulação à luz do dia.
Em função de barriga e de badalo
Fazem os Frades consistir a festa.
Mas o pio Reitor, que obediente
Ao milagroso sonho ser deseja,
De novo ordena que se aprontem todos,
Que na manhã seguinte bem montados
Iriam conduzir à Academia
A Régia Estupidez sua Senhora.

Assinala também os Oradores,
Que haviam celebrar tão grande feito.¹
O valido Mordomo, que algum dia
De mochila exerceu o nobre emprego,
Toma a seu cargo o aprestar as Bestas.²
Ainda descansava a roxa Aurora
Nos braços d'Anfitrite, eis que os Lacaios³
As portas dos Doutores despedaçam
A fortes golpes de calhaus tremendos.
Abrem a seu pesar os frouxos olhos
Estas almas ditosas, engolfadas
Em mil suaves e felices sonhos;⁴
Mas não vendo luzir o Sol nas frestas
Querem o sono agasalhar de novo.
Debalde o querem, que os valentes Moços⁵
Cada vez as pancadas mais duplicam.
Tal há, que a mil Diabos encomenda
Os Lacaios, e a quem lhos manda à porta,
Por ver o seu descanso interrompido,
O seu sono de doze boas horas.⁶
Mas enfim, o motivo é forte e justo;
E para aparecer à Divindade
É preciso o cabelo bem composto,
A batina escovada, a volta limpa;
Cousas, em que despendem longo tempo.
Cada qual asseado, o mais que pode,
Vai buscar o Reitor, e em companhia
Duma rica Berlinda, a seis tirada,
No pátio de Sansão se ajuntam todos.
Reverentes a mão todos lhe beijam,⁷
E a todos vai lançando a santa bênção.
Chega enfim ao Prior, ele prostrado,
"Ó Deusa! (assim lhe diz) ampara e zela
A estes Filhos, que te adoram tanto.
Por ti deste sossego é que gozamos.

1. No ms. da B. N. está "devião" em lugar de "haviam".
2. Aqui termina o Canto IV no ms. da B. N., que compreende um Canto V, formado com os versos seguintes até ao final do poema.
3. No ms. da B. N. está "e os vis" em lugar de "eis que os".
4. No ms. da B. N. está "Com" em lugar de "Em".
5. No ms. da B.N. está: "Mas debalde querem, que os fermosos Moços".
6. No ms. da B. N. está "de boas doze horas" em lugar de "de doze boas horas".
7. No ms. da B. N. este verso e os quinze seguintes estão depois do trecho que principia com "Os soberbos capelos ali tomam" e finaliza com "E deles sempre amada Padroeira".

Esta forte saúde, esta alegria[1]
Desfrutamos per tua alta bondade.
Seria para nós ditosa sorte,
Se fizesses aqui tua morada;
Mas já que somos nisso desgraçados,[2]
Benigno influxo sobre nós derrama,
Que a nossa gratidão será constante."

Abraça-o ternamente a Divindade;
Diz-lhe "que se console, que ela sempre
Nos seus olhos trazia a tão bons Filhos."
Os soberbos capelos ali tomam;
Brancos, verdes, vermelhos, amarelos,
Azul-ferrete, ou claro; o mesmo as borlas:
Per humildade os Frades só barrete.
Em duas grandes alas repartidos
Os barrigudos e vermelhos Monges
Acompanham saudosos esta grata,
E deles sempre amada Padroeira.
A nobre comitiva dos Doutores
Entre os braços a toma, a qual primeiro,
E quase ao colo na Berlinda a mete.[3]
Logo montados pelas ruas tomam,
Que de mais Povo são sempre assistidas.
Uns d'encarnado vão todos cobertos,
Altivos, soberbões, consigo assentam
Que não há no Universo outras figuras
De mais contemplação, de mais respeito;
O vermelho durante às Bestas serve[4]
De compridas gualdrapas; outros picam
O fogoso Cavalo, quando passam
Pela porta de tal, ou tal Senhora.
De prêto muitos vão; porém os Frades
Vestem ao mesmo tempo várias cores,[5]
Branco com preto, azul com encarnado:[6]

---

1. No ms. da B. N. está "boa" em lugar de "forte".
2. No ms. da B. N. está "nisto somos" em lugar de "somos nisso".
3. No ms. da B. N. está "mettem" em lugar de "mete".
4. No ms. da B. N. está "serve às bestas" em lugar de "às Bestas serve".
5. No ms. da B. N. está "muitas" em lugar de "várias".
6. No ms. da B. N. está "ou encarnado" em lugar de "com encarnado".

Se tu, ó grão Fidalgo de la Mancha,
Famoso Dom Quixote! esta aventura
Nos teus andantes dias encontrasses,[1]
À sem-par Dulcinéia, quantos destes
A render vassalagem mandarias![2]
Tu que não perdoaste aos pobres Padres
Conduzindo a cavalo, por ser longe,
Entre archotes e velas, um defunto,
Que os fizeste voar de susto e medo
Pelos campos e montes, que fizeras[3]
A esta encamisada de Doutores?
Por Gente feiticeira e endiabrada,
Por maus encantadores os terias:
Como tais o furor de Rocinante,
Do elmo de Mambrino as influências
E o pesado lanção exp'rimentaram.

Musa, renova no teu Vate o fogo[4]
Com que acendeste, outrora, a sábia mente[5]
Não digo de Despréaux, daquele ativo
E discreto Dinis na Hissopaida;
Renova, enquanto acabo, que a preguiça
Da mole Estupidez já me acomete;[6]
Já começo a sentir os seus efeitos.
Mas oh! que um estro de repente agita[7]
O meu entendimento. Eu vejo, eu vejo,[8]
Da nossa Academia ao grande pátio
Chegar contente a numerosa tropa;
Em triunfo é levada a Deusa Augusta
A um soberbo e majestoso trono:
Gemem debaixo dele aferrolhados
A Ciência, a Razão, o Desabuso.
Põem-se em sossego os Assistentes todos;[9]
Levanta-se o Bustoque, e de joelhos

---

1. No ms. da B.N. está "sempre" em lugar de "sem-par".
2. No ms. da B.N. está "Render-lhe" em lugar de "A render".
3. No ms. da B.N. está "farias" em lugar de "fizeras".
4. No ms. da B.N. está "Renova ó Musa" em lugar de "Musa, renova".
5. No ms. da B.N. está: "Que fizeste arder na sabia mente".
6. No ms. da B.N. está "me acomette" e não "já me acomete".
7. No ms. da B.N. está "Mais que um estro" em lugar de "Mas oh! que um estro".
8. No ms. da B.N. está "A minha fantasia" em lugar de "O meu entendimento".
9. No ms. da B.N. está "Põem em socêgo" em lugar de Põem-se em sossego".

À Deusa pede uma comprida vênia:
Em bárbaro latim começa ufano
A tecer friamente um elogio
À sua Protetora; e nele mostra
O quanto é indecente que nas Aulas[1]
Em Português se fale, profanando
A sacra Teologia, e as mais ciências:
Que em forma silogística se devem
Os argumentos pôr: sem silogismo,
Não sabe como possa haver verdade.
Nisto mais d'hora gasta; e enfim conclui
Animando a que sejam sempre firmes
Na fé, que devem a tão alta Deusa.

Levanta-se depois o gran' Pedroso,
Que de Prima a cadeira em Leis ocupa,
Com a Beca estendida, a mão no peito
Prostra-se em terra, a sua vênia pede
À mole Estupidez, que muito folga
De ver um Filho seu com tal presença,
Tão chèio de si mesmo, tão inchado.
Principia a falar com voz d'estalo;[2]
Com a esquerda aciona, e coa direita[3]
(Que estende as mais das vezes sobre o peito)
Sua em mostrar a vã Genealogia[4]
Da nobre Deusa, a quem louvar pretende.
A sua antiguidade patenteia:
Faz depois elogios nunca ouvidos
Ao Direito romano; e no remate
Concorda em tudo com o seu Colega.

Vem depois o Reitor, jura por todos
Submissa obediência, e lealdade.
Da mole Estupidez põe na cabeça
Uma importante c'roa cravejada[5]
De finíssimas pedras do Oriente,
As mãos lhe beija logo respeitoso,[6]

---

1. No ms. da B. N. está "Quanto é indecente" em lugar de "O quanto é indecente".
2. No ms. da B. N. está "em voz", no lugar de "com voz".
3. No ms. da B. N. está "ociosa" em lugar de "aciona".
4. No ms. da B. N. está "Grãa" em lugar de "vã".
5. No ms. da B N. está: "Ua coroa importante bem cingida".
6. No ms. da B. N. está "reverente" em lugar de "respeitoso".

E manda a todos que outro tanto façam.
Os Oradores vêm; of'rece um deles
A discreta oração *de sapientia,*
Que foi causa de ser tão cedo Lente.
O outro o mesmo faz da sua Análise[1]
Do parto setimestre, cousa prima!
Um bando de Retóricos rançosos[2]

Depois acode; um deles assim fala:
(Parece que Bezerra se apelida)
"Soberana Senhora, a vossas plantas
Tendes rendida per vontade, e gosto,
A porção principal do vosso Reino.
As portas das ciências nós guardamos:[3]
Porque sendo as palavras distintivo
Que dos Brutos separa a espécie humana,
Eu creio que só nelas deve o homem
Da vida despender os curtos dias.
À Mocidade pois assim levamos
Nesta bela ciência industriada.
Quando a mesma palavra se repete
Ou duas ou três vezes, lhe dizemos
O nome, que isto tem: quantas apóstrofes
Pode o exórdio conter, sem ter notado[4]
Nestas cousas e noutras semelhantes[5]
De sorte os engolfamos, que surpreso[6]
Fica o gosto, se o têm, às vãs ciências,
Que servem de cansar o esp'rito humano."

— "Ó bom Filho! insisti nesse sistema,[7]
Que por ser verdadeiro mais me agrada."
(Abraçando o lhe diz a Divindade.)

1. No ms. da B. N. está "Outro", apenas, em lugar de "O outro".
2. No ms. da B N. está "Phylologos" em lugar de "Retóricos".
3. No ms. da B. N. está "não" em lugar de "nós".
4. No ms. da B. N. está "o Exórdio levar" em lugar de "o xórdio conter".
5. No ms. da B. N. está "e outras" em lugar de "e noutras".
6. No ms. da B. N. está "suppresso" em lugar de "surpreso".
7. No ms. da B.N. está "neste Systema" em lugar de "nesse istema".

Vem atrás um Varão muito asseado,
Um livro traz na mão mui douradinho:
Ó Deusa singular! a quem respeito,
Esquecido da minha Fidalguia,
Este Poema fiz, que Joaneida
Por nome tem; humilde vo-lo of'reço,
Dignai-vos aceitar a minha ofrenda."[1]

— "Ó meu Morgado! quanto sou contente
Da tua oferta, vê-lo-ás com tempo;
Aqui ao pé de mim quero te assentes,
Para mostrar o quanto te venero."
Assenta-o junto a si a Divindade.
Dos Estudantes vem a turba imensa;
Um lhe oferece uma flor, outro um bichinho,
Um ninho de pardal, um gafanhoto,
Da História natural suados frutos![2]
Outro vem todo aflito mil queixumes[3]
Formando contra um tal, que lhe usurpara
A glória de fazer já sete máquinas,
Que subiram ao ar com bom sucesso.

"Filhos amados (lhes replica a Deusa)
Esse vosso cuidado me consola;
Esse desvelo de ajuntar cousinhas[4]
Tão lindas, tão bonitas, bem recreia
Uma alma como a vossa tão sensíbil.[5]
Prossegui nesse estudo, eu vos prometo
A minha proteção em toda a vida."
Ao queixoso assim diz: "Sinto deveras
Que tenhas essa causa de tristeza;
Mas olha um bom remédio: outras de novo
Obra, que lá irei mesmo em pessoa[6]
Assistir a fazer justiça inteira."

---

1. No ms. da B. N. está "offerta" em lugar de "ofrenda".
2. No ms. da B. N. está "seccos" em lugar de "suados".
3. No ms. da B.N. está "mui" em lugar de "todo".
4. No ms. da B. N. está "conxinhas" em lugar de "cousinhas".
5. No ms. da B. N. está "Ua alma tão sensivel como a vossa".
6. No ms. da B. N. está "Tens" em lugar de "Obra".

Os Doutores vêm logo per seu turno[1]
Vassalagem render, e vão passando.
A mole Estupidez brinca entretanto
Com os lindos anéis do bom Morgado,
Que aflito não quisera ter tal honra,
Receando que ali se descobrisse
Que cabelo não é, mas que lhe cobre
A luzidia, calva cabeleira:
Porque em menos não preza o ser bonito,
Do que Fidalgo ser, e ser Poeta.
Seguem-se finalmente os Lentes todos,
Que são alegremente recebidos.
Mas chegando o Trigoso, fica a Deusa
Assombrada de ver tal catadura
Não menos carregada que a dum Touro,
Que sopra, e para trás a terra lança,
Quando para investir se ensaia irado.
Com imensa alegria rematada[2]
A geral confissão de vassalagem:[3]

"Em paz gozai (a Deusa assim profere)[4]
Da minha proteção, do meu amparo,
Eu gostosa vos lanço a minha bênção;
Continuai, como sois, a ser bons Filhos,
Que a mesma, que hoje sou, hei de ser sempre."

(*Ibidem*, págs. 184-193.)

---

1. No ms. da B. N. está "por" em lugar de "per".
2. No ms. da B. N. está "se remata" em lugar de "rematada".
3. No ms. da B. N. está "da vassallagem" em lugar de "de salagem".
4. No ms. da B. N. está "jazei" em lugar de "gozai".

P.e ANTÔNIO PEREIRA DE SOUSA CALDAS

(1762 — 1814)

Natural do Rio de Janeiro, fez toda a sua educação literária em Portugal, para onde partiu aos sete anos de idade. É de 1783 a primeira publicação de sua "Ode ao Homem Selvagem", onde se sente a influência de Rousseau e de outros pensadores franceses da época.

Sua obra poética foi reunida em dois volumes, em 1820-1821, por seu amigo o Tenente-General Garção-Stockler.

CANTATA

PIGMALIÃO

Já da lúcida Aurora cintilava
O trêmulo fulgor, e a Noite fria
Nas mais remotas praias do Ocidente,
Entre abismos gelados, se escondia.
 Amor impaciente
Dos filhos de Morfeu se acompanhava,
E de Pigmalião a altiva mente,
Com lisonjeiros sonhos, afagava.
 Ora de Galatéia
 A estátua airosa e bela,
Obra do seu cinzel, obra divina,
Se lhe avivava na amorosa idéia:
 Ora cuidava vê-la
 Pouco a pouco animar-se,
E a marmórea dureza transformar-se
Em suave, vital brandura, dina
 Daquela que, em Citera,
Sobre os Amores e o Prazer domina.
 Sobressaltado freme;
 E entre ilusões espera
Galatéia apertar nos ternos braços:
 Mas súbito desperta,
Procura-a, não a vê; suspira e geme.
Então, com rosto triste e carregado,
 O corpo ergue cansado,

 E mal firmando os passos,
 Girando a vista incerta
Pela vasta oficina, o busto encara
 Da majestosa Juno,
 Que junto colocara

Ao do implacável, fero Deus Netuno:
Lança mão do cizel; ergue o martelo;
　　Repoli-los intenta,
E o extremo ideal tocar do belo.
Mas o cizel da mão se lhe extravia;
Frouxo o martelo assenta,
E na vivaz ardente fantasia
Só Galatéia com prazer revia.
　　Aceso, arrebatado
De insólito furor, quebra, esmigalha
　　O mármore inculpado
　　Dos bustos, que polia:
Arremessa per terra e à toa espalha
O martelo e o cizel, com que trabalha.

　　Volve os olhos, repara
　　De Galatéia amada
　　Na formosura rara,
E ferido de Amor, curva tremendo
Os joelhos, e já não lhe cabendo
　　Dentro d'alma encantada
O transporte que o agita, ardido brada:

　　"Ó tu, que os Deuses do Olimpo
　　"Feres de inveja e de espanto,
　　"Porque nunca pode tanto
　　"Todo o seu alto poder;
　　"É possível que reúna
　　"Tanta graça, tal beleza,
　　"**E te negue a Natureza**
　　"Respirar, sentir, viver?
"Eis do gênio o prodígio soberano:
"Nem poderá jamais o esp'rito humano,
"Depois de rematar esta obra-prima,
　　"Conter força sobeja,
　　"Que poderosa seja,
"Para novos inventos, sem que o oprima
　　"Tão grande esforço d'arte,
"E esmorecido desfaleça e caia.
"Amor, ó Deus, sem quem tudo desmaia;
　　"Amor que me guiaste
"O sublime cizel nesta árdua empresa,
　　"Ah! desce, vem; reparte
　　"Da minha vida parte
"Com aquela, que tu avantajaste

"À Deusa da beleza:
"Supre assim o langor da natureza:
"Influi doce alento
"Na minha Galatéia tão formosa:
"Influi-lhe razão e sentimento.
"Ó Amor! ó Deidade grandiosa!
"Anima-a do calor, em que abrasado
"Meu coração a teu poder se rende:
"Rouba a Jove esse facho sublimado
    "Do qual a vida pende:
    "Sacode, vibra a chama,
"Que os mortais aviventa, anima, inflama.
"Ó Amor! ó Deus grande! per quem vive
    "Quanto nos vastos mares
"Se volve, quanto habita os densos ares;[1]
    "Per quem tudo revive,
"E cuja mão potente desencerra
"A vital força que fecunda a terra!
"Escuta a voz que o teu socorro implora,
    "E a minha Galatéia
    "Possa eu ver sem demora
"Sentir o fogo, que em meu peito ondeia.
"Deuses, se isto impedis, de novo digo
    "Que Inveja negra e feia
"Em vossos corações achou abrigo.
    "Mas que vejo! ó justos céus!
    "Treme o mármore e respira,
    "E parece se retira
    "Ao toque de minha mão!
    "Rubro sangue as veias gira,
    "Já seu braço me rodeia,
    "E da linda Galatéia
    "Já palpita o coração!
"Nos olhos lhe circula, eu não me engano,
"O teu fogo, ó Amor! hoje cessaste
    "De ser um Deus tirano:

---

1. Na ed. de Paris (1821) das *Poesias Sacras e Profanas*, Garção-Stockler, amigo de Sousa Caldas, substituiu êsse verso pelo seguinte:

    "Se volve, e quanto talha os leves ares".

Para restabelecer nesse ponto a versão original, serviram as notas do mesmo Stockler a essa edição,

"Hoje sobre os mais Deuses te elevaste.
"Que te direi, Amor?... Olha... repara
  "Nas faces delicadas
  "As graças animadas
"Ateando desejos, e compara
"Tuas ações com esta que fizeste:
"Vê bem como a ti mesmo te excedeste:

   "Prazeres fervorosos,
   "Suspiros incendidos,
   "Transportes ansiosos,
   "Mil ais interrompidos.
"Afagos e deleites, como em bando,
  "Pela voluptuosa
  "Cintura, mais que airosa,
"Qual a hera se enrolam, misturando
  "As engraçadas frentes,
  "E de mimos ardentes.
"De delícias minha alma repassando.
"Ó Galatéia! ó minha doce vida!
"Tu me faltavas só para endeusar-me
"E de imortais prazeres inundar-me.
  "Agora brame irada
"A natureza contra mim erguida!
  "Não a receio, e nada
"Já me pode assustar, porque te vejo
"Responder a meu férvido desejo,
  "Dar vida a novos seres,
  "Criar o sentimento
  "De mil novos prazeres:
"Eis, ó Deuses! sem dúvida a ambrosia,
  "O divinal sustento,
"A suave celeste melodia,
  "Que embebe de alegria
"E torna glorioso o Firmamento!"
  Com este pensamento
Transportado contempla a Galatéia
  Que ou volva a medo os passos,
  Ou gire o seu semblante,

Ou arredonde os braços[1]
Em torno ao seu amante,
Em cada movimento,[2]
Em cada novo instante,[3]
Sente uma nova idéia,
Sente um novo prazer, que a senhoreia.
Então outro prodígio Amor obrando,
A linguagem dos sons vai-lhe inspirando,
E de repente usando
Deste dote sublime
A feliz Galatéia assim se exprime:
"Este mármore que toco,
"Essa flor tão graciosa.[4]
"Nem essa árvore frondosa,[5]
"Nada d'isso, nada é eu.
"Mas ó tu quem quer que és,[6]
"Que todo o meu peito abalas,
"Que tão doce de amor falas,
"Ah! tu sim, tu inda és eu.[7]
"Vem a mim, querido objeto,
"Vem cercar-me com teus braços,[8]
"E assim presa em doces laços[9]
"Convencer-me que inda.és eu.[10]

(*Obras Poéticas do Revdo. Antônio Pereira de Sousa Caldas*, Tomo Segundo, "Poesias Sacras e Profanas", Paris, 1821, págs. 117-124.)

1. Garção-Stockler, na edição de Paris, 1821, substituiu estes três últimos versos pelos seguintes:

"Que, ou mova a mêdo os passos,
Ou revolva o semblante,
Ou já recurve os braços".

2. Na ed. de Paris está "A cada" em lugar de "Em cada".
3. Na ed. de Paris está "A cada" em lugar de "Em cada".
4. Na ed. de Paris está "Esta" em lugar de "Essa".
5. Na ed. de Paris está "esta" em lugar de "essa".
6. Na ed. de Paris substituiu-se êsse verso pelo seguinte: "Mas, ó tu! que ante mim vejo".
7. **Na ed. de Paris substituiu-se "tu inda és eu" por "também és eu".**
8. Na ed. de Paris está "Aperta-me nos" em lugar de "Vem cercar-me com".
9. Na ed. de Paris êsse verso é substituído pelo seguinte:

"Convence-me em ternos laços".

10. Na ed. de Paris esse verso é substituído pelo seguinte:

"Que eu e tu somos só eu."

ODE AO HOMEM SELVAGEM

ESTROFE 1.ª

Ó homem, que fizeste? tudo brada;
    Tua antiga grandeza
De todo se eclipsou; a paz dourada,
A liberdade com ferros se vê presa,
    E a pálida tristeza
Em teu rosto esparzida desfigura
Do Deus, que te criou, a imagem pura.

ANTÍSTROFE 1.ª

Na Cítara, que empunho, as mãos grosseiras
    Não pos Cantor profano;
Emprestou-ma a Verdade, que as primeiras
Canções nela entoara; e o vil Engano,
    O erro desumano,
Sua face escondeu espavorido,
Cuidando ser do mundo enfim banido.

EPODE 1.º

    Dos Céus desce brilhando
A altiva Independência, a cujo lado
Ergue a razão o cetro sublimado.
    Eu a oiço ditando
Versos jamais ouvidos: Reis da Terra,
Tremei à vista do que ali se encerra.

ESTROFE 2.ª

Que montão de cadeias vejo alçadas
    Com o nome brilhante
De leis, ao bem dos homens consagradas!
A Natureza simples e constante,
    Com pena de diamante,
Em breves regras escreveu no peito
Dos humanos as leis, que lhes tem feito,

ANTÍSTROFE 2.ª

O teu firme alicerce eu não pretendo,
    Sociedade santa,
Indiscreto abalar: sobre o tremendo
Altar do calvo Tempo, se levanta
    Uma voz que me espanta,
E aponta o denso véu da Antiguidade,
Que à luz esconde a tua longa idade.

EPODE 2.º

    Da dor o austero braço
Sinto no aflito peito carregar-me,
E as trêmulas entranhas apertar-me.
    Ó céus! que imenso espaço
Nos separa daqueles doces anos
Da vida primitiva dos humanos!

ESTROFE 3.ª

Salve dia feliz, que o loiro Apolo
    Risonho alumiava,
Quando da Natureza sôbre o colo
Sem temor a Inocência repousava,
    E os ombros não curvava
Do déspota ao aceno enfurecido,
Que inda a Terra não tinha conhecido.

ANTÍSTROFE 3.ª

Dos férvidos Eoantes debruçado
    Nos ares se sustinha,
E contra o Tempo de furor armado,
Este dia alongar por glória tinha;
    Quando nuvem mesquinha
De desordens seus raios eclipsando,
A Noite foi do Averno a fronte alçando.

EPODE 3.º

    Saiu do centro escuro
Da Terra a desgrenhada Enfermidade,
E os braços com que, unida à Crueldade,

Se aperta em laço duro,
Estendendo, as campinas vai talando,
E os míseros humanos lacerando.

ESTROFE 4.ª

Que augusta imagem de esplendor subido
    Ante mim se figura!
Nu; mas de graça e de valor vestido
O homem natural não teme a dura
    Feia mão da Ventura:
No rosto a Liberdade traz pintada
De seus sérios prazeres rodeada.

ANTÍSTROFE 4.ª

Desponta, cego Amor, as setas tuas:
    O pálido Ciúme,
Filho da Ira, com as vozes suas
Num peito livre não acende o lume.
    Em vão bramindo espume,
Que ele indo após a doce Natureza
Da Fantasia os erros nada preza.

EPODE 4.º

    Severo volteando
As asas denegridas, não lhe pinta
O nublado futuro em negra tinta
    De males mil o bando,
Que, de Espectros cingindo a vil figura,
Do sábio tornam a morada dura.

ESTROFE 5.ª

Eu vejo o mole sono sussurrando
    Dos olhos pendurar-se
Do frouxo Caraíba que, encostando
Os membros sobre a relva, sem turbar-se,
    O Sol vê levantar-se,
E nas ondas, de Tétis entre os braços,
Entregar-se de Amor aos doces laços.

ANTÍSTROFE 5.ª

Ó Razão, onde habitas?... na morada
    Do crime furiosa,
Polida, mas cruel, paramentada
Com as roupas do Vício; ou na ditosa
    Cabana virtuosa
Do selvagem grosseiro?... Dize... aonde?
Eu te chamo, ó filósofo! responde.

EPODE 5.º

    Qual o astro do dia,
Que nas altas montanhas se demora,
Depois que a luz brilhante e criadora,
    Nos vales já sombria,
Apenas aparece; assim me prende
O Homem natural, e o Estro acende.

ESTROFE 6.ª

De tresdobrado bronze tinha o peito
    Aquele ímpio tirano,
Que primeiro, enrugando o torvo aspeito,
Do *meu* e *teu* o grito desumano
    Fez soar em seu dano:
Tremeu a sossegada Natureza,
Ao ver deste mortal a louca empresa.

ANTÍSTROFE 6.ª

Negros vapores pelo ar se viram
    Longo tempo cruzando,
Té que bramando mil trovões se ouviram
As nuvens entre raios decepando,
    Do seio seu lançando
Os cruéis Erros e a torrente impía
Dos Vícios, que combatem, noite e dia.

EPODE 6.º

Cobriram-se as Virtudes
Com as vestes da Noite; e o lindo canto
Das Musas se trocou em triste pranto.
   E desde então só rudes
Engenhos cantam o feliz malvado,
Que nos roubou o primitivo estado..

(*Ibidem*, págs. 125-131.)

SONETO IV

FEITO DE IMPROVISO JUNTO À SEPULTURA DE D. INÊS DE CASTRO

Os Amores em chusma se ajuntaram
A formar esta lúgubre escultura:
Mas ao traçá-la, cheios de ternura,
Os meigos olhos com as mãos taparam.

O Gênio da Tristeza, que invocaram,
Lhes aplica o Cizel à pedra dura,
E a triste majestosa sepultura
De Inês e Pedro juntos acabaram.

Para admirar esta obra, lá de Gnido,
Talhando os ares, vem ligeiramente,
Vaidoso e ufano, o fero Deus Cupido:

Mas ao vê-la desmaia; e de repente,
De compaixão insólita movido,
O rosto vira, e o banha em pranto ardente.

(*Ibidem*, pág. 154.)

SONETO VII

AOS ANOS DE UMA MENINA

Não creias, gentil Márcia, na pintura
Com que malignos Gênios figuraram
O veloz Tempo, quando a mão lhe armaram
De cruenta, implacável foice dura.

Inimigo fatal da formosura,
Com fantásticas cores o pintaram;
E nem ser ele, ao menos, acenaram
Quem desenvolve as graças da figura.

Qual cerrado botão de fresca rosa,
Que o ligeiro volver de um novo dia
Abre, e transforma em flor a mais mimosa:

Tal, a infantil beleza, inerte e fria,
De ano em ano se torna mais formosa,
E novo brilho, novas graças cria.

(*Ibidem*, pág. 157.)

SALMO XIII

Dixit insipiens in corde suo...

2.ª TRADUÇÃO

1

Diz consigo murmurando
    O mortal desatinado:
    "Não há DEUS!" e desbocado,
    Precipita-se no mal.
Corrompidos os humanos

Seus caminhos enlodaram,
E dos vícios esgotaram
Todo o cálix infernal.

2

Já não há quem da virtude
　　Siga o solitário passo:
　　E em vão, Deus, no vasto espaço
　　Dêste mundo, o procurou.
Mediu cos olhos a Terra,
　　A buscar um homem justo:
　　Ah! clamou: "O crime injusto
　　"Tudo, tudo dominou.

3

"Vãs, inúteis se tornaram,
　　"Encaminham-se, às escuras,
　　"Estas belas criaturas
　　"Que formei coa minha mão:
"Nunca, nunca êsses malvados,
　　"Que de crimes se repassam,
　　"Que o meu povo despedaçam,
　　"Tanto mal conhecerão".

4

Que há de ser, se não quiseram
　　Invocar o Deus eterno,
　　E, do peito seu no interno,
　　Fabricaram outro fim?
Imprudentes! não temeram
　　A vingança do Deus vivo,
　　E estremecem, sem motivo,
　　A um fantástico motim.

5

O Senhor enfim dissipa
　　Todos quantos, loucamente,
　　Se esmeravam tão somente

O mundo a satisfazer.
Desprezados, confundidos,
    Não verão a claridade
    Da sempiterna verdade,
    Que só pode o peito encher.

6

Oxalá que bem depressa
    Raie o dia afortunado,
    Em que o DEUS anunciado
    Israel há de salvar!
De Jacó a clara estirpe,
    De alegria transbordando,
    Se verá ditosa, quando
    O SENHOR a libertar.

(*Obras Poéticas do Revdo. Antônio Pereira de Sousa Caldas,* Tomo Primeiro, "Salmos de David Vertidos em Rítmo Português", Paris, 1820, págs. 38-40.)

FR. FRANCISCO DE SÃO CARLOS

(1763 — 1829)

Natural do Rio de Janeiro, chamou-se no século Francisco Carlos da Silva. Aos treze anos de idade recebeu o hábito de franciscano da província reformada da Conceição. Sua obra mais conhecida, o poema A Assunção, *composto em honra da Virgem Santíssima, imprimiu-se pela primeira vez, no Rio de Janeiro, em 1819.*

FRAGMENTO DO POEMA "A ASSUNÇÃO"

DO CANTO VI

....
A Cidade, que ali vedes traçada,
E que a mente vos traz tão ocupada,
Será nobre colônia, rica, forte,
Fecunda em gênios, que assim quis a sorte.
Será pelo seu porto desmarcado
A Feira do oiro, o Empório freqüentado.
Aptíssimo ao Comércio; pois profundo
Pode as frotas conter de todo o mundo.
Será de um povo excelso, germe airoso
Lá da Lísia, o lugar mais venturoso,
Pois dos Lusos Brasílicos um dia
O centro deve ser da Monarquia.
Alçarão outras no porvir da idade
Os troféus, que tiverem por vaidade.
Umas nas artes levarão a palma
De aos mármores dar vida, aos bronzes alma.
Outras irão beber sua nobreza
Nos tratos mercantis. Tal que se preza
De ver nas suas cenas, e tribunas,
Maior brasão, mais ínclitas colunas.
Aquela dos Timantes o extremoso
Pincel com estro imitará fogoso.
Muitas serão mais destras no compasso,
Que as linhas mede do celeste espaço.
Mas cuidar de seu Rei, ser sua Corte,
Dar às outras a Lei; Eis desta a sorte.

Gravarão do rigor de impostos novos
Os Dinastas cruéis a terra e os povos
Egípcios, por alçar massas estranhas,
Que tu, transpondo o leito, ó Nilo, banhas.
Fosse superstição, ou só vaidade
Da fama dilatar por longa idade;
É certo que o sentiu o povo Santo,
Que tanto ali gemeu por tempo tanto.
Hoje busca o viajor o imenso lago
De Méris, e só topa um campo vago.
E se restam tais obras peregrinas,
São sobejos do tempo, e só ruínas.
Aqui pelo contrário pos natura,
Por brasões da primeva arquitetura,
Volumes colossais, corpos enormes,
Cilindros de granito, desconformes
Massas, que não ergueram nunca humanos,
Mil braços a gastar, gastar mil anos.

Vedes na foz aquele que aparece
Pontagudo e escarpado? Pois parece
Que deu-lhe a providente natureza,
(Além das obras d'arte,) por defesa,
Na derrocada penha transformado
Nubígena membrudo; sempre armado
De face negra, e torva; e mais se o c'roa
Neve, e trovões, e raios, com que atroa.
Que coa frente no Céu, no mar os rastros,
Atrevido ameaça o pego e os astros.
Se os delírios da vã mitologia
Na terra inda vagassem, dir-se-ia:
Que era um desses Aloidas, gigante,
Que intentou escalar o Céu brilhante,
Que das deusas do Olimpo namorado
Foi no mar por audaz precipitado.
E as deusas por acinte lá da altura
Lhe enxovalham de neve a Catadura.
Do seio pois das nuvens, onde a fronte
Esconde, vendo o mar até o horizonte,
Mal que espreita surgir lenho inimigo,
Pronto avisa, e previne-se o perigo.

Por uma e outra parte ao Céu subindo
Vão mil rochas e picos, que existindo

Desde o berço do mundo, e d'então vendo
Os séc'los renascer e irem morrendo;
Por tanta duração, tanta firmeza,
Deuses parecem ser da natureza.
Ossos da grande mãe, que ao ar saíram
Na voz da criação; e mal que ouviram
Que deviam parar, logo pararam
Nas formas e extensões, em que se acharam.
Que afiguram exércitos cerrados
De mil negros Tifeus petrificados.
Ao resto sobressai coa frente erguida
Dos órgãos a montanha, abastecida
De grossas matas, de sonoras fontes,
Que despenhando-se de alpestres montes,
Vêm engrossar o Lago de água amara
Do grão Niterói, do Guanabara.[1]
Tal a fábula diz, de Alfeu, que o rio
Faz por baixo do mar longo desvio
Té Ortígia, em demanda de Aretusa,
Que abraçar-se com êle não recusa.

Então, Brasil, virá tua ventura:
O Séc'lo d'oiro teu, tua cultura.
Pelas largas espáduas penduradas
Não te verão mais setas aguçadas.
Nem de penas multicolor textura
Teus braços cingirá, tua cintura.
Debalde o Caimã se pinte enorme.
De rôjo à tuas plantas, qual o informe
Do Ichnéumon rival, que gera o frio
Em lodosos pauis setênfluo rio.
Correu-se o pano à cena: roçagante
Estelífero pálio, auriflamante,
Desenho do primor, obra de custo
Adornará teu vulto baço e adusto.
Cetro na mão terás, e na cabeça
Coroa, donde santa resplandeça
Com raios de rubis a cruz erguida;

---

1. Na ed. de 1819 está "Netheroy" e "Ganabara".

A cruz, que é tua crença recebida.
Os frutos de teus bosques, de teus prados,
Mais doces hão de ser: porque cantados
Dos Títiros serão na agreste avena,
Nas silvas ressoando a cantilena.
O áureo cambucá, fruta que unida
Nasce à casca da rama: a denegrida
Jabuticaba doce, que bem vinga[1]
Nas frescas várzeas da Piratininga.

Vós também, ó alados, que em plumagens
Da filha de Taumante sois imagens;
Vós sereis celebrados, que girando
Lindos jardins no Céu andais pintando.
O Psitaco loquaz, grossas Araras,
Os loiros Canindés de plumas raras;
O trombudo Tucano, que no peito
A cor formosa traz, daquele jeito,
Que Dafne já trouxe nos cabelos,[2]
Em crespos fios d'oiro rico, e belos:
A Iraponga nívea, que nos montes
Arremeda em tinir sórdidos Brontes.
Os cerúleos Saís, e também verdes,
Onde tu, esmeralda, o preço perdes.
Os róseos colhereiros, e os vermelhos
Guarás, que penas trajam sendo velhos
De escarlate, se bem que negros nascem,
Mas quando as salsas conchas do mar pascem,
Rubras cores recebem tão sobejas,
Que tu, rei dos jardins, ó cravo, invejas.
O raro Carajuá, que grão tesoiro
Tem na gorja de azul, de roxo e d'oiro.

Que beatifica os Goitacases prados
De sons angélicos, de mil trinados,
E as tuas margens ama, e as águas liba,
Ó sereno e austrino Paraíba.
E o Tiê, que o múrice escurece,

---

1. No texto está "jaboticaba", grafia tradicional da palavra, e, que corresponde à pronúncia generalizada. O sistema ortográfico de 1943 determina a escrita "jabuticaba".

2. Na ed. Garnier, de 1862, está "troucera" no lugar de "trouxe". Na ed. de 1819 está "trouce".

Com que a praia de Tiro se enobrece:
E outras muitas enfim, que são diversas
No canto e formas pelo ar dispersas.

Também Colônias mil serão fundadas
De praças e lugares: afamadas
Por nobreza e comércio; de maneira
Que qualquer julgará ser a primeira.
Da latitude austral no grau trezeno,
Num rico e fertilíssimo terreno,
A primeira Cidade o navegante
Saüdará do mar, ninho importante,
Que no cume de um monte se sublima,
Qual o da águia, que alturas tanto estima,
Mãe de nobres colônias, que algum dia
Serás, ó Soterópole Bahia.
É daqui que tu, ínclito Janeiro,
Tomas o berço, e o fundador primeiro.

Assim, matrona ilustre, grave e anosa
Vê, prolífica em frutos gloriosa,
Cem filhos dos seus filhos desposados,
Esgalhos de um só tronco derivados.
Assim árvore exótica estimável,
Que restou singular, inesgotável
De si reparte garfos a milhares
Para mil hortas, para mil pomares.
Do porto seu baixéis empavesados
Irão, cortando mares empolados,
O país demandar fronteiro a este,
Por onde corre o Zaire, sopra o leste,
Coacervando no seio em seu proveito
O oiro das nações como têm feito,
Antes de se abrasar, Tiro e Cartago:
Esta em Ausônio, aquela em Grego estrago.

Subindo um pouco mais, verão Olinda
Surgir das ondas marcial e linda,
Cujos troféus soberbos escurecem
Os troféus, com que as Dunas se enobrecem.
Em vão o Leão fero das Astúrias
Castigar jure Bélgicas injúrias.
Inútil tentativa! vão reforço
Só Olinda arrostar pode a tanto esforço.

Ao resto do país, como engrenhadas
Matas tiver, Cidades isoladas,
(Prossegue o Arcanjo) e Anfitrite em meio,
Todo o ardil será vão, todo o bloqueio.
Se algum porto ou lugar for esbulhado,
Não será pelas hostes conservado.
Que tendo além dos mares a esperança,
Não sofre o instante mal menor tardança.

Mais acima a Cidade se descobre
Em lares não humilde, em cópia nobre
Do arminho vegetal, da casca ardente,
Com que tu, Maranhão, és excelente.
Colônia que o Gaulês sagaz fundara,
E dos Brasis corrido não gozara,
Quando do Ebro seguia a infausta estrela
A princesa do Tejo, Lísia bela.
Viúva de legítimos Senhores
No jugo e nos grilhões de usurpadores.

Mais lá por onde a noite iguala o dia,
Linha equinocial na hidrografia,
Por último a Cidade nobre impera,
Com o nome, onde o Verbo à luz viera.
Bem sobre a foz de um rio, que no mundo
É Capitão das águas sem segundo.
O Tejo, que já pérolas da aurora
E Hidáspicos mares houve outrora;
O Tibre, que nos giros, que rodeia,
Troféus volvia, como agora areia;
O Reno, cujas margens se gloriam
Do roxo néctar, que fecundas criam;
À vista do Amazonas, representam
Quais ramos sobre os troncos, que os sustentam.
Ó nautas, que contais coisas tamanhas,
Vendo estranhos países, novas manhas,
Dizei ao morador do velho mundo
Que noutro um rio vistes tão profundo,
Que no seu vasto seio uma ilha aponta
Que três vezes cinqüenta milhas conta.

País, quase ao desdém; até que um dia
Lhe imprima destra mão nobre energia.
Análogo rival, quadro imitante
Do cheiroso terreno, do abundante,

Que o Indo rega, morador da aurora,
E o Ganges, cuja fonte em Éden mora.
Aqui as plantações tão lindas crescem
Do extremo Chim, que indígenas parecem:
A estomacal raiz, acre e pungente;
A negra pipereira, o cravo ardente;
O moscado odoriferante fruto,
De que as aves recebem grão tributo.
E aquele, cuja amêndoa cria a massa
Da potagem balsâmica, que passa
Em delícias o néctar delicado,
Dos Imortais nas mesas só brindado.
A cânfora, antivérmis precioso,
O aloés, o sândalo cheiroso;
E a salutar cortiça da canela,
Com que tu, Taprobana, és rica e bela.
Bem poderiam pois ser transplantadas
Estas substâncias todas; trasladadas
Aqui vantagens tais: e deste jeito
Mais profícuo o Brasil, de mais respeito.
Quem ousara afrontar golfos tão altos,
Expondo o peito a tantos sobressaltos?
Quem ver quisera a horrenda catadura
Do gigante, ao presente rocha dura,
Tendo aqui lastro pronto, fresco e certo,
Por mar mais social, rumo mais perto?

Voltando ao Austro, os bosques senhoreia
A ilustre povoação de Paulicéia,
Aprazível lugar, cuja campanha
O Tamandaaí cercando banha,[1]
Cujos alunos, fortes e briosos,
Rios transpondo, montes escabrosos,
Átropos insultando e os seus perigos,
Sem rotina segura, sem abrigos,
De Panteras e Serpes assaltados,
E do indígena bruto; enfim cansados,
Darão com as terras pingues e abundantes
Das veias d'oiro ricas, e diamantes.
Aqueles que forrando o peito duro

---

1. Na ed. de 1819 está "Tamandaay" no lugar de "Tamanduatei" ("Tamandataí" na ed. de 1862).

De triplicado bronze, o mar escuro
De Hele na aventureira faia arando,
Voltam de Colcos ledos, transportando
D'oiro a lã; não disputem as conquistas,
Que hão de tentar os ínclitos Paulistas.

Contígua a esta terra a terra pega
Do metal, que a fortuna a muitos nega.
Tudo quanto de Ofir se tem falado,
E de riquezas d'oiro exagerado,
Em grau aqui se encontra tão sobejo,
Que pode terminar qualquer desejo.
Nunca tamanhas, tão exuberantes
Cópias de metais finos, e diamantes,
Em cofres eclipsaram chapeados
Da riqueza os heróis: nem celebrados
Senhores foram já de tanto preço,
Átalo em Pérgamo, e na Lídia Cresso.
E se nada exagero, ou dissimulo,
Em vão se agrave contra mim Luculo.

Descendo à costa um pouco ao meio-dia,
A Ilha Linda se verá, que um dia
Nomeada será florente e culta
Da Ilustre Mártir, que o Sinai sepulta.
Por quem a antiga Grécia se esquecera
De Chipre, Quio, Samos e Citera.
Enfim nas margens de um soberbo rio,
Quase término austral do Senhorio
Luso, em gentis e deleitosos prados
Dos dons da flava Ceres lourejados,
Ficará Portalegre, cujo nome
Natura deu-lhe, que ninguém lho tome.
E tu, ínclita Vila da Vitória,
Que já em teu nome ostentas tua glória,
Não penses que de ti se esquece a musa,
Que o mérito exaltar jamais recusa.
Tu ergueste soberba os teus paveses
Contra o Belga e o Tamoia muitas vezes.
Tu abundas de aromas e resinas,
E, o que é louvor, de mentes peregrinas.
Mas se alguém contradita quanto alego
Venham vingar-te as musas do Mondego.

A bela estátua, que com belo arranjo
Sobre áureos serafins (prossegue o Arcanjo)
É Levada entre a turma, que abrasada
De amor, laudes lhe rende em voz alçada,
Já mostra que será da vencedora
Do Érebo a Cidade grão cultora.
E é por esta razão, e é neste intento,
Que mereceu aqui distinto assento.
Ela fará subir à clara esfera
Em seu nome troféus, onde a arte impera.
Soarão pelos Lares e nas ruas
Hinos mil e canções em glórias suas.
Não vedes acolá como apartada
Colina, ora de silvas erriçada,
Ninho de Serpes, plácida guarida
De feras? Será então no cume erguida
Casa à Virgem, medíocre na altura,
Mas no risco primor da arquitetura.
Que ostentará por timbre de memória,
O título pomposo desta Glória.
Troféu, que inda será, da piedade
Do trato mercantil desta Cidade.
Celebrarão a volta deste dia
Nela os povos com fogos de alegria.
Por marmóreas escadas a subida
Conduz ao alto, e ao pórtico da ermida.
Sobre lajedos de granito em quadro
Descansa a base, que ali tem um adro.
Dos lados peitoris; descanso, e meio
Dos olhos pastearem seu recreio.
Situação risonha, sobranceira
Ao mar, entre a vaidosa cordilheira
De rochas e de serras mil erguidas,
De palmas e arvoredo abastecidas.

Oh! que novo fulgor! Oh! que serena
Luz inunda e abrilhanta a rica cena!
De piedade inusitado exemplo
Eu vejo, eu vejo neste augusto Templo.
Este dia, Brasil, com tipos d'oiro
Transmitam teus anais até o vindoiro.
Marcha a pompa dos nobres e Senhores,
Brilha o oiro, e o ostro, e os seus primores.
Entre todos levanta o Majestoso

Colo o Príncipe, qual ergue frondoso
Plátano a verdejante copa ingente
Sobre a vergôntea débil. Eis que contente
Vem ao Templo ofertar com fé, que espanta,
À nova Imperatriz dos Céus a Planta
Bragantina. Dicando Agradecido
Àquela, por quem tinha recebido.
Arde a Pancaja, sobe o odor aos ares,
Descansa a Linda Oferta nos altares.
Entre as grimpas da torre ao Céu erguidas
Festejam brônzeas bocas retangidas.
A vária cor purpúrea das bandeiras
Nutre os olhos, dá vistas mil fagueiras.
Ribomba pelo espaço do oceano
Em crebas explosões rouco Vulcano.
Sobem votos de amor, ao Céu propício,
Por que ria de cima ao Natalício.
Clama o povo, e no longe os arredores
Vão repetindo os ecos dos clamores.
Enfim tudo é festivo e prazenteiro
Nas venturosas ribas do Janeiro.
Aqui nautas virão cumprir o voto,
Trazendo em ombros o velacho rôto:
Coa roupa mal enxuta, inda assustados
Dos euros e escarcéus encapelados.
Virão também Romípetas, trazidos
Da devoção, de ofertas oprimidos.
Assim que por tal fé, tão extremada,
Bem pudera esta praça ser chamada
A Cidade da Virgem: bem como ela
É Cidade de Deus risonha e bela.

E tu, fausto lugar, que inda algum dia
Nobre assento serás da Monarquia;
Tu que já foras ínclito e florente
Nas artes, na riqueza, e ilustre gente;
Escuta agora os dons esclarecidos,
Que a ti do Céu estão apercebidos.
Verás soberbas filhas do Oceano,
Prenhes de rico peso, que cada ano
Feudos te pagarão das ricas teias
Das plagas orientais, das Européias.
Verás do Reino físico aclarados
Seus segredos, tèli não revelados,

Madeiros de fabrico primorosos,
Cascas de tintas, óleos preciosos,
Tantas resinas, massas e perfumes
Que ora desprezam bárbaros costumes.
E outras mil raridades descobertas,
Reduzidas à classe e a regras certas.
Tesoiros a meu ver mais importantes
Do que teu oiro, do que teus diamantes.

Verás brilhar as artes, florescendo
Novos inventos: máquinas nascendo:
O prêmio honrando do talento o zelo,
E êste o prêmio a honrar com merecê-lo.
Respeitado o cinzel dos Praxiteles,
Com letras de nobreza a arte de Apeles.
Verás das Santas Leis ao doce abrigo
Da donzela o tesoiro sem perigo.
A órfã lacrimosa consolada,
A viúva de insultos resguardada.
Do ávido tutor o desvalido,
Inocente pupilo protegido.
Verás, verás então, com grande lustre,
Renascer do teu seio prole ilustre;
Nova raça de heróis, bravos guerreiros
Dos heróis da Nação filhos e herdeiros.
Rivais dos Magalhães, rivais dos Gamas,
Que farão renascer as Lusas famas,
Que farão respeitar a pátria cara,
Tornando-a por seus feitos grande e clara.
Levando, a ser preciso, o fogo e a guerra
À ilha mais longíqua, aos fins da terra.
Verás do Santo culto a Lei Sagrada
No último esplendor depositada.
Ao Céu subir sagrado, puro incenso,
Por mãos mais puras, dado ao Deus imenso.
O Santo Sacerdócio irrepreensível,
O Templo venerando, o altar terrível.
Que todos estes bens enfim se esperam,
Quando as virtudes num lugar imperam.
Verás... mas ah! não quer o Céu que a humanos
Eu revele inda mais os seus arcanos.
Porém se tudo, que na claridade
Divina eu posso ver, é só verdade;
Se os destinos e séculos futuros

Não me podem faltar, por longe e escuros;
Tu, Cidade, (direi por derradeiro)
Tu hás de ser o Rio de Janeiro. =

(*A Assunção*, Rio, Impressão Régia, 1819, paginas 147-159.)

JOSÉ ELÓI OTTONI

(1764 — 1851)

Nasceu em Minas Gerais e viajou, ainda jovem, pela Itália, onde durante algum tempo pensou em abraçar a carreira clerical. Sua primeira coleção de poesias publicou-se em Lisboa, em 1801 - 1802.

EPÍSTOLA AO Pe. ANTÔNIO PEREIRA DE SOUSA CALDAS

Soprando a chama do aquecido engenho
Batendo as asas da razão liberta,
Desprende o vate a suprimida pena
Da força oculta que lhe tolhe o rasgo.
Não teme o vento rugidor, não teme
A nuvem grossa que o trovão despeja;
Transpondo o espaço, que às idéias obsta,
Navega afoito sobre o livre espaço.
Não cuides Lília que eu avance ousado
Além da meta circunscrita aos vates;
Da pátria amigo, o cidadão respeito,
Respeito as leis, a religião, o Estado;
Quando cheio de Apolo às nuvens mando
Meus pobres versos, da desgraça filhos,
O mesmo Nume que os inspira e move,
Bafeja e manda que inspirados devam
Partir de um ponto, que no centro é fixo.
Salvando o gôlfão, que as paixões exala,
Sem mancha, livre d'infecção, seguro
Do bafo crestador, que a mente empola,
Não sirvo ao prêmio da lisonja escravo,
Arrasto os ferros que os mortais arrastam.
Eu amo, ó Lília, e se o amor é culpa,
De ser culpado não s'exclui quem ama.
Não zombe o sábio de me ouvir, atenda,
Escute o sábio a voz da natureza.
As plantas vivem, porque as plantas amam;
Ao tronco unidas, quando os olmos brotam,
Brotam as verdes trepadeiras heras.

Não curva os braços verdejantes, ergue
Soberba o colo e, demandando as nuvens,
A palmeira recebe, acolhe, afaga
Suspiros ternos que a saudade envia
No bafo meigo do amador distante.
Se o fido esposo que de longe exala
O suco etéreo que vegeta e nutre,
Cedendo a força malfazeja, expira;
A esposa, logo que a exalar começa
Do fluido exausto o deprimido alento,
Sequiosa pergunta, afável pede
Notícia ao vento que lhe nega e foge;
Não vive a esposa quando o esposo acaba,
Perdendo a força nutritiva, perde
O vigor da união que a enlaça e prende;
E do esposo chorando a perda infausta,
Convulsa treme, solitária morre.
Reflete, ó Lília, nos purpúreos gomos,
Fecunda prole do virgíneo fogo,
Que acende o pejo da engraçada Flora,
Vê como a força vegetal rebenta.
A aurora há muito que bafeja o leito
Da florífera Vênus, do engraçado,
Formoso Adônis que, em consórcio unidos,
Prestavam firmes os solenes votos
Qu'exige a prole de brincões amores.
Depois que a tocha nupcial acende,

O purpúreo Himeneu dá vida às flores,
Acode aos gomos e rebenta o germe,
Não pára o fluido, os filamentos incham,
Rebenta o cálice e os amantes soltam
Do peito o aroma que perfuma os ares.
Ó santa, ó justa, ó sábia natureza!
Como é possível desligar-se um ente
Que à mesma espécie de outro ente é unido?
Os voláteis no céu, no mar os peixes,
O pequeno reptil, o inseto informe,
Os entes do universo... ou nada existe,
Ou cada espécie à sua espécie é unida.
E se um ente mais nobre existe, o homem,
Se uma hidráulica mais sublime o nutre,
Qu'eficaz atração, que força ativa
Dispõe de um ente, que o autor dos entes

Manda que impere aos entes do universo,
Não por orgulho, sim por excelência
De um princípio que o move, anima e nutre!

> (*Notícia Histórica sobre a Vida e Poesias de José Eloy Ottoni*, por Theophilo Benedicto Ottoni, Rio de Janeiro, 1851, págs. 5-7).

LIRA

O céu, — quem é que não sente? —
Quis a bem da humanidade,
Que fosse a maternidade
O sacerdócio de amor.
Deu-lhe a voz do sentimento,
Os afetos da ternura,
Deu-lhe o dom de criatura
Semelhante ao Criador.

Se vinga o fruto, que nasce,
De ternos suspiros seus,
Então se assemelha a Deus
Na imagem, que reproduz.
Que dignidade! Estremecem
Os Anjos, a natureza,
Vendo a origem da nobreza
Tão discreta como a luz.

E cabe ao ente mais nobre,
No seio de amor nutrido,
Roubar ao recém-nascido
O que a ternura lhe deu!
Assim no embate violento,
Que o mundo moral sentia,
Fugiu do centro a harmonia,
E nas trevas se escondeu.

Lá se escuta ao som do vento
Na solidão pavorosa
De uma noite tenebrosa
Um inocente gemer...

Que tigre de raça humana
No maior agastamento
Pode ouvir este lamento,
Sem jamais se enternecer?

Neste recinto inocente,
Onde amor com as graças luta,
Pois que a miséria se escuta,
Este clamor escutei:
"— De que nos serve a existência?
"A mão que pode dar vida,
"Se torna sempre homicida,
"Se do interesse faz lei.

"Pequeninos... no regaço
"De calor desconhecido,
"Expostos...! —" E num gemido
Esta voz emudeceu.
Novo clarão de esperança
Que abre o gênio benfazejo,
Por quem chora e vive o Tejo,
Sobre o recinto desceu.

Exultai, ó pequeninos,
Aurora de novo dia
De longe vos anuncia
O da existência prazer.
Sentireis calor tão puro,
Como o sol, quando enche os vales,
À noite de antigos males
Nova luz vai suceder.

Lira, se a Augusta Princesa,
Que tu cantas e eu contemplo,
Nos mostra a seu lado o exemplo
De ternura maternal...
Este argumento é mais nobre
Que o teu som pequeno e rude,
Ele descobre a virtude,
Que liga·o bem social.

(*Florilégio da Poesia Brasileira*, Tomo III,
Madri, 1853, págs. 36-38.)

FRAGMENTO DA PARÁFRASE DOS PROVÉRBIOS DE SALOMÃO

CAPÍTULO III

Guarda, meu filho, os preceitos
Da minha lei; não te esqueças:
Longa vida e paz serão
Frutos das minhas promessas.

Misericórdia e verdade
Te ilustrem sempre a razão:
Traze-as escritas no rosto,
Gravadas no coração.

Acharás louvor e graça
Diante do Céu e da terra:
Confia em Deus, e dos homens
Toda a esperança desterra.

Enche a tua alma de um ser
Que tudo rege presente:
Co temor evita o mal,
Não presumas de prudente.

Deste modo ilesa a carne,
Da fraqueza combatida,
Sentirás correr nos ossos
Saudável suco da vida.

Coa substância do que tens
Honra o teu Deus e Senhor,
Dá-lhe as primícias dos frutos,
Que provêm do teu suor.

Verás que o pão nos celeiros
Entulha a porta, o caminho:
Verás correr transbordando
Nos teus lagares o vinho.

Ah! não desprezes, meu filho,
A correção do Senhor:

Aceita alegre o castigo,
Que é sempre efeito de amor.

O Senhor pune a quem ama,
Porque ama as obras que faz:
É como um pai amoroso,
Que em seu filho se compraz.

Bem-aventurado aquele
Que coa luz da sapiência,
Achando o bem, que buscava,
S'enriqueceu de prudência.

O seu tráfego é melhor
Que o da prata, é mais seguro,
Mais fino o seu resultado
Que o ouro fino e mais puro.

Não há riqueza no mundo,
Qu'iguale a sabedoria,
Comparada co desejo,
Inda tem maior valia.

Longos dias apontando,
Coa destra marca a vitória,
Sustém na esquerda o penhor
Das riquezas e da glória.

É tão pulcra em seus caminhos,
Como d'engano incapaz,
Todas as suas veredas
São as veredas da paz.

Ela dá frutos de bênção
A quem deseja encontrá-la,
Ela é árvore da vida,
Feliz quem chega a abraçá-la!

Foi pela sabedoria
Que um Deus a terra fundou,
Quando a abóbeda celeste
Sobre a prudência elevou.

Por lei do sábio Arquiteto
Os abismos se romperam:
Líquidas gotas de orvalho
Na terra as nuvens verteram.

Ah! não deixes de teus olhos
Esta doutrina escapar:
A lei, meu filho, e o conselho
Constante deves guardar.

Eis a vida da tua alma,
Do teu pescoço o ornamento:
Os teus pés irão seguindo
A marcha do entendimento.

Se dorme o Sábio tranqüilo,
Tu dormirás sem temor;
A paz é o sono da vida,
A vida é o prêmio de amor.

Desta armadura vestido,
Não te pode acometer
Súbito horror da desgraça,
Nem dos ímpios o poder.

Assim terás a teu lado
O Senhor, que te defenda;
Guiando-te o pé seguro
De rede, ou laço, que o prenda.

Nunca te oponhas à mão
Do benfeitor, se te apraz,
Procura, quando puderes,
Fazer o bem, que ele faz.

Se o teu amigo padece,
Não tardes, que o tempo foge:
Amanhã talvez não faças
O que podes fazer hoje.

Não lhe maquines o mal,
Presta à virtude o abrigo,
Que a boa-fé lhe assegura
Na confiança dum amigo.

Não provoques a injustiça
Duma ação, que te desmente;
Autor d'iníquo processo
Não chames réu o inocente.

Jamais do injusto o prazer
Te sirva de emulação:
Evita sempre os caminhos,
Que têm por Norte a ilusão.

O Autor e Luz da verdade
Qualquer engano abomina,
Despreza, abate o orgulho;
Ao simples é que ele ensina.

Quando a indigência nos ímpios
Descarrega a indignação,
As bênçãos do Céu recaem
Do justo na habitação.

Pague o louco, que escarnece,
Sofrendo escárnio também:
A graça é quem distribui
O prêmio, que os mansos têm.

C'roa-se o sábio de glória,
Porque um dia se humilhou:
O insensato se confunde,
Do nada a que s'exaltou.

(*Paráfrase dos Provérbios de Salomão em Verso Português*, por José Elói Ottoni, Bahia. 1815, págs. 27, 29, 31, 33, 35 e 37.)

FRAGMENTO DE "JÓ TRADUZIDO EM VERSO"

CAPÍTULO VII

Sofrer o embate de contínua guerra,
Passar os dias como um jornaleiro,
Eis a vida do homem sobre a terra.
O escravo aspira a sombra o dia inteiro,
Quem sua, aplica os meios trabalhosos
De obter um fim, que é justo e verdadeiro.

Assim eu conto meses ociosos,
Tão vazios, quão cheios de amargura,
Conto noites e dias dolorosos.
O meu sono... será na sepultura?
Minhas dores cruéis... Bradei chorando,
Crescem coa tarde, ou vêm coa a noite escura?
Sinto na carne a podridão lavrando,
Árida cútis, escabrosa e feia
Coa imundice do pó se vai murchando.
Os meus dias passaram, como a teia,
Mais depressa que a mão, quando é lançada
Por veloz tecelão. Que triste idéia!
A esperança ou é nula, ou foi baldada.
Eu sei que a vida foge, como o vento;
Que os olhos não tornam a ver nada.
O prazer é a ilusão de um só momento;
Se me vês, já não sou de humana raça,
Os homens já não vêem o meu tormento.
Bem como a nuvem, que ligeira passa,
Não sobe aquele, que ao sepulcro desce;
Na própria habitação ninguém o abraça;
O mesmo sítio agora o desconhece;
Nunca mais voltará!... Por isso, agora
Que o meu ânimo quase se entorpece,
Desata a língua a voz consoladora
Dos gemidos, dos ais, é na amargura
De minha alma que o pranto se evapora;
Livre, ingênua expressão coa dor se apura.
Serei um monstro? um mar, que em ponto estreito,
Nesta prisão, limites me procura?
Se eu disser: — Tenho alívio no meu leito,
Falando eu me consolo — Hei de assustar-me...
Talvez num sonho, que me oprime o peito,
Espantosas visões virão turbar-me.
Eu quero antes a morte do que a vida:
Já meus ossos procuram desatar-me
Das prisões. A esperança é já perdida.
Perdoa-me, Senhor, quando apareças,
Meu ser caduco ao nada me convida.
Que sou eu? Por que assim tu m'engrandeças?
Teu coração do meu não separaste?
Posso eu crer que tão perto me enobreças?
Logo pela manhã me visitaste;
E negas o perdão, que humilde imploro?
De repente, Senhor, me exp'rimentaste.

Até quando erguerás a mão que adoro?
Nem sequer a saliva é meu sustento?
Os meus crimes, Senhor, confesso e choro.
Que farei de meus males no aposento?
Ó Deus! Ó Redentor! Ó Pai e amigo!
O meu ser, o meu nada é sombra, ou vento.
Aonde encontrarei paterno abrigo?
Se o não busco na fonte da Verdade,
De Ti mesmo e de mim sendo inimigo.
Por que sofres a minha iniqüidade?
De meus erros a máscara não tiras?
Apaga enfim, Senhor, tanta maldade;
Ah! não soltes do teu furor as iras!
Eis que eu durmo no pó... Se me buscares
Amanhã, já não sou, bem que me firas.

(*Jó Traduzido em Verso*, por José Elói Ottoni, Rio, 1852, págs. 16-18.)

JOSÉ BONIFÁCIO DE ANDRADA E SILVA

(1765 — 1838)

José Bonifácio de Andrada e Silva, natural de Santos, fez seus primeiros estudos na terra natal e em São Paulo, partindo em 1783 para Portugal, onde se matriculou na Universidade de Coimbra. Depois de se bacharelar em Filosofia, Direito Civil e Ciências Naturais, viajou longamente por vários países, a fim de aperfeiçoar seus estudos. Regressando a Portugal em 1800, exerceu numerosos cargos públicos, civis e militares, além de funções honoríficas.

Sua ação política no Brasil, para onde voltou em 1819, é bem conhecida. Notáveis, por muitos aspectos, e numerosos, foram os trabalhos de natureza científica que publicou. Sua obra poética, menos considerável, foi reunida em volume, pela primeira vez, no ano de 1825, quando se achava no exílio, em Bordéus.

ODE À POESIA

EM 1785

Não os que enchendo vão pomposos nomes
    Da Adulação a boca;
Nem canto Tigres, nem ensino a Feras
As garras afiar, e o agudo dente:
    Minha Musa orgulhosa
Nunca aprendeu a envernizar horrores.

Gênio da inculta Pátria, se me inspiras
    Aceso Estro divino,
Os pórfidos luzentes não mo roubam,
Nem ferrugentas malhas, que deixaram
    Velhos avós cruentos:
Canto a Virtude quando as cordas firo.

Graças às nove Irmãs! meus livres cantos
    São filhos meus e seus!
A lauta mesa de baixela d'ouro,
Onde fumegam sículos manjares,
    Do vulgo vil negaça,
Malcomprados louvores não me arranca.

Divina Poesia, os alvos dias,
    Em que pura reinavas,
Já fugiram de nós. — Opacas nuvens
De fumo os horizontes abafando,
    A luz serena ofuscam,
Que sobre o velho mundo derramaras.

À sede d'ouro e à vil cobiça dados
    Os filhos teus (ingratos!)
Nas níveas roupas tuas aljofradas

Mil negras nódoas sem remorso imprimem.
　　　Mascarada Lisonja,
Fome, Baixeza os venais hinos ditam.

Então que densos bosques e cavernas
　　　Os homens acoutavam,
Pela Música e Dança acompanhada
Benéfica Poésia a voz alçando,
　　　Do seio da Mãe Terra
Nascentes muros levantar fazia.

Então pulsando o Vate as cordas d'oiro,
　　　A populosa Tebas
Altiva a frente ergueu, ao som da lira; [1]
E os hórridos costumes abrandando
　　　A sentir novos gozos
Aprende a feroz gente, bruta e cega.

Assim Orfeu, se a doce voz soltava,
　　　Os Euros suspendidos,
O Rio quedo, as rochas atraía:
E os raivosos Leões e os Ursos feros
　　　Manso e manso chegavam
A escutar de mais perto o som divino.

O Selvagem que então paixões pintava
　　　Com uivos e com roncos,
Pelas gentis Camenas amestrado
Os ouvidos deleita, a língua enrica,
　　　E com sonoro metro
Duráveis impressões grava na mente.

Qual a tenra donzela branca e loira
　　　Da Páfia Deusa inveja,
Os olhos cor do céu, vermelha a face,
O peito faz sentir que não sentia:
　　　Assim Musas divinas,
Corações bronzeados ameigavam.

---

[1]. Na ed. Laemmert, de 1861 (1864), está "fronte" em lugar de "frente".

Entre os frios Bretões e os Celtas duros
   Reinaram as Camenas.
De pó, de sangue, de ignomínia cheios
Mostra os vencidos Ossian à pátria;
   E a frente coroando,[1]
Canta os triunfos, canta a própria glória.

Qual das aves a mágica harmonia,
   Que a primavera canta,
Assim teus feitos, grandes e sublimes,
No dia da vitória, Hercúleo Fingal,
   Teus Bardos celebravam,
E a testa sobrançuda desfranzias.

Soberbos templos teve, teve altares
   Na Grécia a Poesia.
Gênios brilhantes! seus antigos Vates
Os sociáveis nós, úteis e doces,
   Humanos apertaram:
Simples, e poucas, sábias Leis fizeram.

A frente levantar não se atrevia
   O Fanatismo férreo;
Coa gotejante espada dos altares
Arrancada, vermelho sangue quente,
   Que lagos mil formara,
Dos próprios filhos não vertia a Terra.

Nem absurda calúnia perseguia
   A razão e a virtude...
Se a Terra via, via heróicos crimes.
Tu Monstro horrendo, horrendo Despotismo,
   Ah! sobre ti caíram
Acesos raios, que na mão trazias!

---

1. Na ed. Laemmert está "fronte" em lugar de "frente".

Maldição sobre ti, Monstro execrando,
  Que a Humanidade aviltas!
Possam em novos mares novas terras,
Por Britânicas gentes povoadas,
  Quebrados os prestígios,
Os filhos acoitar da Liberdade!

Então a fome de oiro, mãe de crimes,
  Negra filha do Inferno!
Não tinha o braço matador armado
Do tirano Europeu. — A África adusta,
  E a doce Pátria minha,
Seus versos inocentes entoavam.

Vós lhes ditáveis, Helicônias Deusas,
  Ternos versos chorosos
Do doce amigo morto à sombra ausente!
Outras vezes as vozes levantando,
  A glória dos Heróis
Em coréias enérgicas cantavam.

Então nascendo altíloqua Epopéia
  Celebra os Semideuses:
Tal da Grécia recente em alvos dias,
A trombeta embocando sonorosa,
  Fez ver a luz Homero,
Que depois imitaste, Augusta Roma!

Não mil estátuas de fundido bronze,
  Nem mármores de Paros
Vencem as iras de Saturno idoso:
Arrasam-se pirâmides soberbas,
  Subterram-se obeliscos,
Resta uma Ilíada, e uma Eneida resta!

Qual rouca rã nos charcos, não pretendam
  De mim vendidos cantos.

Se a Cítara divina me emprestarem
As Filhas da Memória, altivo e ledo,
   A virtude cantando,
Entre os Vates também terei assento.

          (*Poesias Avulsas de Américo Elísio*, Bordéus,
          1825, págs. 1-7.)

ODE NO GOSTO ORIENTAL

1820

AO SENHOR DOM JOÃO VI

Coa santa paz, com teu benigno mando
A fera esfaimada, mansa ameiga
   O tímido Cordeiro.

O infante que apenas lava os beiços
No leite maternal, teu doce Nome
   Já repete risonho:

Faz chover tua Mão celestes dons,
E vaza mil venturas, qual chuveiro
   Por Bóreas sacudido.

E os vastos campos, que avizinha o Prata,
Ora de mato e d'erva mil vestidos,
   Serão jardins de Éden.

Mas se o Colono Ibero nos provoca,
Nossos ginetes beberão com gosto
   De sangue as águas tintas.

Da reluzente espada, teus Paulistas,
Irão sobre os rebeldes sacudindo
   Apinhoadas mortes.

E Mavorte, que em sangue ensopa as fauces,
Fará seus membros vis pasto de tigres,
 De famintos corvos.

(*Ibidem*, págs. 22-23.)

ODE AOS BAIANOS

Altiva musa, ó tu que nunca incenso
Queimaste em nobre altar ao despotismo;
Nem insanos encômios proferiste
 De cruéis demagogos;

Ambição de poder, orgulho e fausto
Que os servis amam tanto, nunca, ó musa,
Acenderam teu estro — a só virtude
 Soube inspirar louvores.

Na abóbada do templo da memória
Nunca comprados cantos retumbaram:
Ah! vem, ó musa, vem: na lira d'oiro
 Não cantarei horrores.

Arbitrária fortuna! desprezível
Mais qu'essas almas vis, que a ti se humilham,
Prosterne-se a teus pés o Brasil todo;[1]
 Eu, nem curvo o joelho.

Beijem o pé que esmaga, a mão que açoita
Escravos nados, sem saber, sem brio;
Que o bárbaro Tapuia, deslumbrado,
 O deus do mal adora.

Não — reduzir-me a pó, roubar-me tudo,
Porém nunca aviltar-me, pode o fado;
Quem a morte não teme, nada teme —
 Eu nisto só confio.

---

1. Na ed. de 1861 está: "Prosterne-se a teus pés, ó Brasil todo".

Inchado do poder, de orgulho e sanha,
Treme o vizir, se o grão-senhor carrega,
Porque mal digeriu, sobrolho iroso,
    Ou mal dormiu a sesta.

Embora nos degraus do excelso trono
Rasteje a lesma, para ver se abate
A virtude que odia — a mim me alenta
    Do que valho a certeza.

E vos também, BAIANOS, desprezastes
Ameaças, carinhos — desfizestes
As cabalas, que pérfidos urdiram
    Inda no meu desterro.

Duas vezes, BAIANOS, me escolhestes
Para a voz levantar a pró da pátria
Na assembléia geral; mas duas vezes
    Foram baldados votos.

Porém enquanto me animar o peito
Este sopro de vida, que inda dura,
O nome da BAHIA, agradecido,
    Repetirei com júbilo.

Amei a liberdade, e a independência
Da doce cara pátria, a quem o Luso
Oprimia sem dó, com riso e mofa —
    Eis o meu crime todo.

Cingida a fronte de sangüentos loiros,
Horror jamais inspirará meu nome;
Nunca a viúva há de pedir-me o esposo,
    Nem seu pai a criança.

Nunca aspirei a flagelar humanos —
Meu nome acabe, para sempre acabe,
Se para o libertar do eterno olvido
    Forem precisos crimes.

Morrerei no desterro em terra estranha,
Que no Brasil só vis escravos medram —
Para mim o Brasil não é mais pátria,
    Pois faltou a justiça.

Vales e serras, altas matas, rios,
Nunca mais vos verei — sonhei outrora
Poderia entre vós morrer contente;
    Mas não — monstros o vedam.

Não verei mais a viração suave
Parar o aéreo vôo, e de mil flores
Roubar aromas, e brincar travessa
    Co trêmulo raminho.

Oh! país sem igual, país mimoso!
Se habitassem em ti sabedoria,
Justiça, altivo brio, que enobrecem
    Dos homens a existência;

De estranha emulação aceso o peito,
Lá me ia formando a fantasia
Projetos mil para vencer vil ócio,
    Para criar prodígios!

Jardins, vergéis, umbrosas alamedas,
Frescas grutas então, piscosos lagos,
E pingues campos, sempre verdes prados
    Um novo Éden fariam.

Doces visões! fugi — ferinas almas
Querem que em França um desterrado morra:
Já vejo o gênio da certeira morte
    Ir afiando a foice.

Galicana donzela, lacrimosa,
Trajando roupas lutuosas longas,
De meu pobre sepulcro a tosca loisa
    Só cobrirá de flores.

Que o Brasil inclemente (ingrato ou fraco)
Às minhas cinzas um buraco nega:
Talvez tempo virá que inda pranteie
    Por mim com dor pungente.

Exulta, velha Europa: o novo Império,
Obra-prima do Céu! por fado impio
Não será mais o teu rival ativo
    Em comércio e marinha.

Aquele, que gigante inda no berço
Se mostrava às nações, no berço mesmo
É já cadáver de cruéis harpias,
    De malfazejas fúrias.

Como, ó Deus! que portento! a Urânia Venus
Ante mim se apresenta? Riso meigo
Banha-lhe a linda boca, que escurece
    Fino coral nas cores.

"Eu consultei os fados, que não mentem
(Assim me fala piedosa a deusa):
"Das trevas surgirá sereno dia
    "Para ti, para a pátria.

"O constante varão, que ama a virtude,
"Cos berros da borrasca não se assusta;
"Nem como folha de álamo fremente
    "**Treme à face dos males**.

"Escapaste a cachopos mil ocultos,
"Em que há de naufragar, como até agora,
"Tanto áulico perverso — em França, amigo,
    "Foi teu desterro um porto.

"Os teus BAIANOS, nobres e briosos,
"Gratos serão a quem lhes deu socorr*
"Contra o bárbaro Luso, e a liberdade
    "Meteu no solo escravo.

"Há de enfim essa gente generosa
"As trevas dissipar, salvar o Império;
"Por eles liberdade, paz, justiça
    "Serão nervos do Estado.

"Qual a palmeira que domina ufana
"Os altos topos da floresta espessa:
"Tal bem presto há de ser no mundo novo
    "O Brasil bem-fadado.

"Em vão de paixões vis cruzados ramos
"Tentarão impedir do sol os raios —
"A luz vai penetrando a copa opaca;
    "O chão brotará flores."

Calou-se então — voou. E as soltas tranças
Em torno espalham mil sabeus perfumes,
E os zéfiros as asas adejando
    Vazam dos ares rosas.

(*Poesias de Américo Elisio* (*José Bonifácio de Andrada e Silva*), Rio, 1861, págs. 163-169.)

ODE AOS GREGOS

Ó musa do Brasil, tempera a lira,
Dirige o canto meu, vem inspirar-me:
Acende-me na mente estro divino
    De heróico assunto digno!

Se comigo choraste os negros males,
Que a saüdosa cara pátria oprimem,
Da Grécia renascida altas façanhas
    As lágrimas te sequem.

Se ao curvo alfanje, se ao pelouro ardente,
Política malvada a Grécia vende;
As bandeiras da cruz, da liberdade,
    Farpadas inda ondeiam.

As baionetas que os servis amestram,
Carnagem, fogo não assustem peitos
Que amam a liberdade, amam a pátria,
    E de Helenos se prezam.

Como as gotas da chuva o sangue ensopa
Árido pó de campos devastados;
Como do funeral lúgubre sino
    Gemidos mil retumbam.

Criancinhas, matronas, virgens puras,
Que à apostasia, que à desonra vota
O feroz Moslemim, filho do inferno,
    Como mártires morrem.

E consentis, ó Deus! que os tristes filhos
Da redentora cruz, árabes, turcos
Exterminem do solo antigo e santo
    Da abandonada Grécia?

Contra algozes os míseros combatem;
Contra bárbaros crus, honra e justiça:
A Europa geme, — só tiranos frios
    Com tais horrores folgam.

Rivalidades, ambição, temores,
Sujo interesse a inerte espada prendem,
E o sangue de cristãos, que lagos forma,
    Um ai lhes não arranca!

Perecerás, ó Grécia, mas contigo
Murcharão de Albion honra e renome;
O sórdido egoísmo que a devora
    É já do mundo espanto!

Não desmaies, porém: a Divindade
Roborará teu braço: e na memória
Gravará para exemplo os altos feitos
    Dos ilustres passados.

Eis os mirrados ossos já se animam
De Miltíades; já da campa fria
Ergue a cabeça, e grito dá tremendo
    Para acordar os netos.

"Helenos, brada, ó vós, prole divina,
Basta de escravidão — não mais opróbrios!

É tempo de quebrar grilhão pesado,
    E de vingar infâmias.

"Se arrasastes de Tróia os altos muros
Para o crime punir que amor causara,
Então por que sofreis há largos anos
    Estupros e adultérios?

"Foram assento e berço às doutas musas
O sagrado Helicon, Parnaso e Pindo:
Moral, sabedoria, humanidade
    Fez vicejar a lira.

"Ante helênicas proas se acamava
Euxino, Egeu, e mil colônias iam
Levar artes e leis às rudes plagas,
    E da Líbia e da Europa.

"Um punhado de heróis então **podia**
Tingir de sangue persa o vasto **Ponto**:
Montões de corpos inda palpitantes
    Estrumavam os campos.

"Ah! por que não sereis o que **já** fostes?
Mudou-se o vosso céu e o vosso **solo**?
E não são inda os mesmos estes montes,
    Estes mares e portos?

"Se Esparta ambiciosa, Atenas, **Tebas**,
O fratricida braço não tivessem
Em seu sangue banhado, nunca a Grécia
    Curvara o colo a Roma.

"E se de Constantino a infame prole
Do fanatismo cego não houvera
Aguçado o punhal, ah! nunca as luas
    Tremularam ufanas.

"Depois que foste, ó Grécia, miseranda,
De déspotas brutais brutal **escrava**,
Em a esquerda o *Corão*, na destra a espada,
    Barbaria prega o **turco**.

"Assaz sorveste já milhões **de insultos**,
Já longa escravidão pagou teus **crimes**:
O Céu tem perdoado. — Eia, **já cumpre**
    Ser Helenos, ser homens.

"Eia, Gregos, jurai, mostrai ao mundo
Que sois dignos de ser quais fostes dantes:
Eia, morrei de todo, ou sede livres!"
    Assim falou. — calou-se,

E qual ligeira névoa sacudida
Pelo tufão do norte, a sombra augusta
Desaparece. A Grécia inteira brada:
    "Ou liberdade ou morte."

(Ibidem, págs. 170-174.)

CANTIGAS BÁQUICAS

CORO

A Baco brindemos,
Brindemos a Amor:
Embora aos corcundas
Se dobre o furor.

VOZ

Em bródio festivo
Mil copos retinam,
Que a nós não nos minam
Remorsos cruéis.
Em júbilo vivo
Juremos constantes
De ser, como d'antes,
À Pátria fiéis.

CORO

A Baco brindemos, etc.

VOZ

Consócios amados,
Se a Pátria afligida
Por nós clama e lida,
Pois longe nos vê;

Jamais humilhados
Ao vil despotismo,
No seio do abismo[1]
Fiquemos em pé.

CORO

A Baco brindemos, etc.

VOZ

Gritemos unidos
Em santa amizade: —
"Salve, ó Liberdade!
"E viva o Brasil!"
Sim, cessem gemidos,
Que a pátria adorada
Veremos vingada
Do bando servil.

CORO

A Baco brindemos, etc.

VOZ

A nau combatida
Da tormenta dura
Furores atura
Do rábido mar:
Já quase sumida,
Ressurge, e boiando
Lá vai velejando,
Sem mais soçobrar!

CORO

A Baco brindemos, etc.

---

1. Na ed. Laemmert está "No meio" em lugar de "No seio".

VOZ

Bem prestes, amigos,
Vereis vossos lares;
Tão tristes azares
Jamais voltarão.

Os vis inimigos
Só colhem vergonha;
E negra peçonha
Destilam em vão.

CORO

A Baço brindemos, etc.

VOZ

Se a Pátria nos ama,
Amá-la sabemos:
Por ela estivemos
O sangue a verter.
Se a Pátria nos chama
Iremos contentes
Com peitos ardentes
Por ela morrer.

CORO

A Baço brindemos, etc.

VOZ

Patrícios honrados,
Aos ternos meus braços
Em mútuos abraços
A unir-vos correi.
Cos copos alçados
De novo juremos
Que amigos seremos...
Já bebo — e bebei.

CORO

A Baco brindemos, etc.

VOZ

A Vênus fagueira,
A Baco risonho,
Ninguém, por bisonho,
Se esqueça brindar:
Moafa ligeira
Tomemos agora;
Amigos — vão fora
Tristeza e pesar.

CORO

A Baco brindemos,
Brindemos a Amor:
Embora aos corcundas
Se dobre o furor.

(*Cantigas Báquicas*, Rio, 1838, págs. 3-7 —
É o único poema do volume.)

BENTO DE FIGUEIREDO TENREIRO ARANHA

(1769 — 1811)

Bento de Figueiredo Tenreiro Aranha nasceu na Vila de Barcelos e faleceu em Belém do Pará. Sua obra poética, quase toda de inspiração arcádica, acha-se reunida em volume póstumo, publicado em 1850 por seu filho.

À MAMALUCA MARIA BÁRBARA, MULHER DE UM SOLDADO, CRUELMENTE ASSASSINADA NO CAMINHO DA FONTE DO MARCO, PERTO DESTA CIDADE DE BELÉM, PORQUE PREFERIU A MORTE À MANCHA DE INFIEL AO SEU ESPOSO

Se acaso aqui topares, caminhante,
Meu frio corpo já cadáver feito,
Leva piedoso com sentido aspeito
Esta nova ao esposo aflito, errante.

Diz-lhe como de ferro penetrante
Me viste por fiel cravado o peito,
Lacerado, insepulto, e já sujeito
O tronco feio ao corvo altivolante:

Que dum monstro inumano, lhe declara,
A mão cruel me trata desta sorte;
Porém que alívio busque à dor amara,

Lembrando-se que teve uma consorte,
Que, por honra da fé que lhe jurara,
À mancha conjugal prefere a morte.

(*Obras Literárias de Bento de Figueiredo Tenreiro Aranha*, Pará, 1850, pág. 34.)

A UM PASSARINHO, QUANDO O AUTOR SOFRIA VEXAÇÕES

Passarinho, que logras docemente
Os prazeres da amável inocência,
Livre de que a culpada consciência
Te aflija, como aflige ao delinqüente.

Fácil sustento e sempre mui decente
Vestido te fornece a Providência;
Sem futuros prever, tua existência
É feliz, limitando-se ao presente.

Não assim, ai de mim! porque sofrendo
A fome, a sede, o frio, a enfermidade,
Sinto também do crime o peso horrendo.

Dos homens me rodeia a iniqüidade,
A calúnia me oprime; e, ao fim tremendo,
Me assusta uma espantosa eternidade.

(Ibidem, pág. 37.)

ODE

AO SNR. JOÃO DE MELO LOBO, QUANDO NAUFRAGOU NOS BAIXOS DA TIJOCA, À ENTRADA DO PARÁ

Em vão dos bravos ventos combatido,
Bramar se vê na praia o mar irado;
As fúrias não abrandam os bramidos
    Do denodado Bóreas!

Em vão quem da desgraça sente o golpe
Geme, clama, lamenta, desespera,
As lágrimas não curam a ferida
    Do penetrante ferro.

De que serviu àquele, que os prezados
Haveres viu roubar-lhe á fatal cheia,
Da cabana, que os Deuses lhe guardaram,
    Derribar as paredes?

Se a fazenda se vai, existe o nome,
Se um e outro, ainda resta a doce vida:
Cede todos; porém, rindo da sorte,
    Alma nobre lhe fica.

Com ela ficam livres as virtudes,
Que o fazem feliz, ou desditoso;
Embora diga o vulgo cego e rude
    Aquele é desgraçado.

Não será certamente se conserva
O leme da razão, que da tormenta
Seguro o tornará, forçando o remo,
    Ao porto da fortuna.

Infeliz o que a perde, que turbado
Das rotas velas, dos quebrados mastros
Às vagas em tumulto se abandona
    Dos empolados mares.

As vagas das paixões que nos figuram,
Em um mal aparente, um mal eterno,
Quando piloto sabes, que sucede
    A calma à tempestade,

Que da rápida roda, o raio ardente,
Que rasga, que revolve a dura terra,
Não descansa no chão, ligeiro sobe,
    E procura outro ponto.

Se em extrema desdita te ponderas,
Espera, Amigo, espera nova sorte,
Não aflijas os Céus, se das maiores
    Desgraças não padeces.

Que disseras, se os olhos entreabrindo
Entre mãos Argelinas, vis cadeias,
Perdida a liberdade, a pátria, o sangue,
    Te viras sem amigos?

Oh que a amizade, a cândida amizade
É Santelmo nos mares da fortuna:
Feliz aquele que, mudando as Cenas,
    Os amigos descobre.

Não digo que gracejes ao aspecto
Dos pacotes rolando sobre as ondas;
Dos tristes companheiros em derrota,
    A Ermitões reduzidos.

Nem quero que presumas serviria
Em sorte igual meu ânimo de exemplo:
Eu te mostro o caminho, que encoberto
    Te tinha cega mágoa.

Apara a força da cruel pancada
Em escudo de heróico sofrimento,
Quem de Cristo as bandeiras segue firme,
    Quem por homem se tem;

E qual viçoso délfico loureiro,
Que ora sofra do inverno o sopro frio,
Ora aperte o verão, não perde a gala,
    Não murcha, nem abate.

Assim deve ficar uma alma grande
Já nos maus, já nos prósperos sucessos,
Assim ganhar a c'roa reluzente
    Do mesmo louro feita.

(Ibidem, págs. 91-93.)

FRANCISCO VILELA BARBOSA

(1769 — 1846)

Nascido no Rio de Janeiro, Francisco Vilela Barbosa tornou-se principalmente conhecido por sua ação política no primeiro reinado, na Regência e início do segundo reinado. Foi Visconde e Marquês de Paranaguá.

Ainda em Coimbra, em 1794, publicou sua primeira coleção de poesias.

SONETO IIII

Ali morreu Inês; crime horroroso
Não foi a causa do desastre duro,
Que um terno peito, um coração tão puro
Só podia culpar-se de amoroso.

Matou-a o cego Amor, que o escrupuloso
Interesse movera do futuro:
Chorou a mesma Morte o caso escuro,
O Mondego gemeu no pego undoso.

A sua sombra ainda fugitiva
Erra por este sítio, aos Céus rogando
Lhe dêem aquele, de que a morte a priva:

E dentre estes penedos sussurrando
Uma fonte perene se deriva,
Que o seu pranto gerou suave e brando.

(*Poemas de Francisco Vilela Barbosa*, Coimbra, 1794, pág. 23.)

ALEGORIA

O RIO E O REGATO

A um manso regato um dia
Soberbo rio dizia:
"Desgraçado, eu te lamento
"Em teu curso pobre e lento;
"Pois fazendo voltas tantas
"Por entre rasteiras plantas,
"Corres sem nome, escondido:
"Entanto que eu conhecido
"Nas cidades mais famosas,
"Minhas ondas copiosas
"Meto, levando a abundância
"À mais remota distância.
"Cem regatos orgulhosos
"De minha aliança, ansiosos
"Se vêm meter no meu seio
"Sem fazer um só rodeio.
"Demais eu tenho coragem,
"E nada em minha passagem
"Encontro, que eu não arrede,
"Pois tudo a meu valor cede."
Disse; e ainda mais falara,[1]
Quer da sua origem rara,
Quer das suas qualidades,
Quando a tais fatuidades.
Mais sábio, o pobre regato
Lhe responde, e mui pacato:
"Quê, amigo! Da matriz
"Ou lago, donde saís,
"Não tenho eu também saído?
"Logo depois de nascido
"Um e outro nesta selva
"Debaixo da mesma relva
"Nossas águas não correram?
"Donde é pois, que vos vieram
"Tantos fumos de altivez?
"Só o acaso é que nos fez
"Deixando o materno berço
"Correr por lugar diverso.

---

1. No *Florilégio* está "falava", evidente descuido. "Falara" rima com "rara".

"Vós em terreno inclinado
"Caminhais mais apressado
"Absorvendo estes ribeiros
"Que em vós se metem ligeiros
"Vossas águas engrossando.
"Eu ao longo costeando
"Estas formosas colinas,
"Minhas águas cristalinas
"Conduzo tranqüilamente.
"Mas por isto, francamente,
"Julgais ser mais, do que eu, nobre?
"É verdade que mais pobre
"Eu sou de água, porém ela
"Não é clara, pura e bela?

"Vós causais o medo e espanto
"Por onde passais, entanto
"Que eu com murmúrio sereno
"Regando mais de um terreno,
"Fertilizo estas campinas,
"Sem causar essas ruínas,
"Que por vós causadas vejo:

"Antes, sempre benfazejo,
"Até que a minha corrente
"Se confunda finalmente
"Nesse mar vasto e profundo,
"Onde um dia, sem segundo,
"Tocando os mesmos extremos,
"Ambos juntar-nos devemos."

(*Florilégio da Poesia Brasileira*, Tomo III, Madri, 1853, págs. 253-255.)

O RETRATO[1]

De amor por ordem
A Márcia bela
Em fina tela
Vou retratar.

---

1. V. nota ao fim do volume: *Francisco Vilela Barbosa*

Vós que ao redor
Lhe andais nas tranças
Coas auras mansas
Rindo a brincar:

Sutis amores,
Deixai-as ora:
Ide da amora
A cor buscar.

Pintar com ela
Quero o cabelo,
Que a vista ao vê-lo
Faz enlear.

Os longos fios
De quando em quando
Vereis flutuando
Prisões armar.

A lisa testa,
Feliz assento
Do pensamento,
Vê-se alvejar.

Para ela a cor,
Que a tem assim,
Do mogorim
Vinde-me dar.

Bem como estrelas,
Que o Céu adornam,
Idéias a ornam,
Menos de amar.[1]

Não vos esqueçam
Purpúreas rosas
Para as formosas
Faces corar:

---

1. No *Florilégio da Poesia Brasileira* está "amor" em lugar de "amar".

Faces aonde
Tenta o desejo
Tímido beijo
Ir assaltar.

Mas vós de assombro
Parais, amores?
Ide os fulgores
Ao sol roubar:

Ide, que eu quero
Pintar-lhe os olhos,
Que podem molhos
De setas dar.

Ah! té parece
Que já se movem,
Que deles chovem
Farpões ao ar!

A boca breve,
Que é toda mel,
Falta ao pincel,
Com que imitar.

Desmaia o cravo,
Morre o carmim,
Onde o rubim
Só tem lugar.

Trazei-me pois
Os do Oriente
Filhos do ardente
Raio solar.

E logo um riso
Dos lábios nasça
Com tanta graça,
Qu' obrigue a amar.

A voz mimosa,
Ou cante ou fale.
Aroma exale,
Perfume o ar.

Dos alvos dentes
De fino esmalte
A luz ressalte,
Que faz cegar.

Para imitá-los,
Como careço,
Pérolas peço
De Manaar.

De fino jaspe
Brancos pedaços
Roliços braços
Venham formar.

Braços tiranos,
Que prisões negam,
E se se negam,
É por zombar.

Porém que estranho
Suave enleio!
Quem é que o seio
Pode pintar?

Quem, sem convulsos
Sentir efeitos,
Os níveos peitos
Ousa encarar?

Numes dos céus,
Vós que os fizestes,
Vinde-me prestes
A mão guiar.

Já do marfim
Dous globos tomo;
Vou-lhes do pomo
A forma dar.

Limões, que tremem
Num ramo, imita,

Quando palpita
O níveo par.

Da vista encanto,
Prazer do tato,
Nobre recato
Sabe-os guardar.

Somente é dado
Ao pensamento
O atrevimento
De os contemplar.

Vou pois... mas céus?
Que mão cruel
Ora o pincel
Me vem tirar?

Tirano amor,
Se era teu gosto
Este composto
Não acabar;

Não me incumbisses
Empresa assim;
Mas eu, teu fim
Sei penetrar:

Sei que não queres
Que acabe a obra,
Porque o que sobra
Pode matar:

Mata-me embora,
Mas deixa ao menos
Os pés pequenos
Delinear:

Pés, a que leda
A flor mimosa
Se dobra ansiosa
Para os beijar.

(*Ibidem*, págs. 258-263.)

DOMINGOS BORGES DE BARROS

(1779 — 1855)

Natural da Bahia, Domingos Borges de Barros formou-se em Direito na Universidade de Coimbra, viajando depois em vários países da Europa, especialmente na Europa, onde entrou em relações com o poeta português Francisco Manuel do Nascimento.

Em 1821 foi deputado às Cortes Constituintes e, depois da Independência, exerceu diversas atividades políticas e diplomáticas. Em 1825 publicou em Paris suas Poesias oferecidas às Senhoras Brasileiras.

AO CHEGAR À BAHIA

Salve ó berço onde vi a luz primeira!
Risonhos montes, deleitosos ares!
    Eu te saúdo ó pátria!

Como no peito o coração festeja!
Todo me sinto outro: são delícias
    Quanto em torno a mim vejo.

Tem outro ar o céu, outro estas árvores!
Por onde adeja Zéfiro embalsama!...
    Dá que te beije ó terra!

Dêste que só tu dás prazer, três lustros
Privado, qual proscrito arrasto a vida
    Em forçados errores.

Oh quanto da ventura o ledo aspeito
Das passadas desgraças a lembrança
    Nos apresenta viva!

Não houvera prazer se a dor não fora;
Perene fácil gozo, toma a essência
    Da fria indiferença.

Aqui foi que eu nasci, devo a existência,
Devo tudo o que sou a ti ó pátria!
    Eis-me: é teu quanto valho.

É nos trabalhos que no peito ferve
O nobre patriotismo: o braço, o sangue
  Aqui te entrego, ó pátria!

1811.

(*Florilégio da Poesia Brasileira*, Tomo II
Madri, 1853, pág. 181.)

AO RIO JACUÍPE

CANÇONETA

Manso Jacuípe,
Rio saudoso,
Ouve os queixumes
Dum desditoso.

Viste-me alegre,
Vê-me choroso.

Tinha jurado
De Amor zombar,
E nova jura
Venho hoje dar;

Quem viu Marília
Jura de amar.

Antes de vê-la
O gosto ou dor,
Qu'em mim sentia,
Não era amor.

Hoje arde o peito,
Sou todo ardor.

Hoje é que sinto
Essa ternura
Que só Marília
Tem na candura,

Mimo dos céus,
Dom d'alma pura.

Já lhe fiz dote
Do coração:
É seu: quer ela
Aceite ou não.

Embora chamem
Erro ou razão.

Morro se dela
For desprezado,
Jacuípe amigo,
Aí tens meu fado,

Aí tens a sorte
Dum desgraçado.

Perdendo a vida
Cessa o penar:
Porém Marília
Onde há de achar

Quem como eu amo
A saiba amar?

O nome e a jura
Qu eu a ti digo,
Só a Marília,
Ó rio amigo!

Dize, se um dia
Falar contigo.

E vós Favônios
Que assim brincais,
Quando ao pé dela
Brando adejais,

Dizei-lhe ao ouvido
Que sois meus ais.

Plácida linfa
Que lá vais ter,
No teu murmúrio
Convida-a a ver

Lágrimas que ela
Me faz verter.

(*Ibidem*, págs. 192-194)

JOSÉ DA NATIVIDADE SALDANHA

(1796 — 1832)

    Natural de Pernambuco, José da Natividade Saldanha celebrizou-se pela sua produção poética e por sua atividade política. Tendo tomado parte na revolução pernambucana de 1824, conseguiu fugir para o estrangeiro, escapando assim à pena de morte a que foi condenado depois da restauração do governo imperial.

    Viveu sucessivamente nos Estados Unidos, na Inglaterra, na França e em vários países sul-americanos, até seu falecimento, em 1832.

SONETO XVII

NA SENTIDA MORTE DE S.M. A RAINHA
D. MARIA I

Amado filho meu, que nessa idade
Empunhas ledo o cetro lusitano,
Conhece em mim que o mundo é vão engano;
Que é nada o cetro, é nada a Majestade.

Da inexorável Parca a feridade
Não distingue pastor, nem Soberano;
Prostra co mesmo impulso desumano
Amor, constância, glória e Potestade.

Reis e vassalos, servos e senhores
Tornam-se em breve tempo à cinza pura,
Servem de pasto a vermes roedores.

Ama o teu povo: rege-o com ternura;
Pois são vassalos, reis e imperadores
Iguais no berço, iguais na sepultura.

(*Poesias de José da Natividade Saldanha.* Pernambuco, 1875, pág. 17.)

SONETO XLIV

A SUA CONDENAÇÃO À MORTE

Em vão pretendes, monstro sanguinoso,
Sobre mim desfechar teu golpe injusto:

Fui condenado à morte?... não me assusto;
Não me acobarda teu decreto iroso.

Sim, a pátria perdi, fui desditoso,
Mas vivo sob as leis de um povo augusto,
E o rei dos orbes poderoso e justo
Não tardará de ouvir meu som queixoso.

Une os escravos, que o Brasil encerra,
Invoca as fúrias do tremendo Averno,
Desfaz-te mesmo enfim, nada me aterra.

Há de ser contra ti meu ódio eterno,
E hei de, enquanto viver, fazer-te guerra,
Na terra, e mar, e céu, e mesmo inferno.[1]

(*Ibidem*, pág. 44.)

ODE PINDÁRICA

A ANDRÉ VIDAL DE NEGREIROS, NATURAL DE PERNAMBUCO E SEU RESTAURADOR EM 1654

Dos nascidos direi na nossa terra.

CAMÕES, Lus. cant. 6.

ESTROFE I

Eu (mil graças ao céu!) se em largos campos
    Não aro, não semeio
Com malhados bezerros trigo loiro,
Pedindo ao vate argivo a lira d'oiro;
Semeio nas campinas da memória
Canções criadoras de perpétua glória.

---

1. Na ed. de 1875 está "no mesmo" em lugar de "e mesmo". A correção está de acordo com a versão publicada pelo Sr. Argeu Guimarães, que se baseou no texto original.

ANTÍSTROFE I

As rédeas toma do cantor do Ismeno,
    Musa canora e bela,
Ignívomos etontes atropela,
Guia a tua carroça luminosa
    Ao bipartido cume;
Os cantores do Pindo, que emudeçam;
Ao teu império os astros obedeçam.

EPODO I

    E mais ligeiro
    Do que o ribeiro,
    Que acelerado
    Discorre o prado,
    Serpenteando,
    Vai tu levando
O teu carro à azul esfera
Onde Febo só impera.

ESTROFE II

Fuja o profano vulto inepto e rude
    Para ouvir os mistérios,
Que o altíloquo vate patenteia,
Quando alegre bebendo a clara veia
Da encantadora diva cabalina,
Troca a vida mortal pela divina.

ANTÍSTROFE II

Ó monte! ó monte ao vulgo inacessível!
    Onde floreia Apolo!
Quem, do etonte domando o bravo colo,
No teu cume fuzila brando canto,
    Quem cinge a douta fronte
Pode afoito dispor da humana sorte,
Dar vida ao sábio, dar ao néscio morte.

EPODO II

    Se o grande Homero
    De Aquiles fero,
    Que Heitor procura,

A paixão dura
Não harpejara,
Na linfa amara
Desse lago celebrado
Jazeria sepultado.

ESTROFE III

Se torvos sopesando invicta lança,
  Ó musa, não podemos
No campo sanguinoso de Mavorte
Espalhar de uma vez terror e morte,
Podemos, fulminando excelsos hinos,
Dos humanos mortais fazer divinos.

ANTÍSTROFE III

Levemos dos heróis pernambucanos
  A rutilante glória
Ao templo sacrossanto da memória:
Não deixemos em mudo esquecimento
  Tantos varões famosos,
Que da inveja apesar em toda a idade
Entregaram seu nome à eternidade.

EPODO III

Assim de Roma
A glória assoma,
Que do latino
Em som divino
Relampagueia
De graça cheia
Quando fere a doce lira,
Por quem Orion suspira.

ESTROFE IV

Porém, ó musa bela, o carro volta
  Aos altos Guararapes,

Neles procura o forte brasileiro
Tigre sedento, lôbo carniceiro,
Que dardejando a espada em dura guerra,
Faz tremer ao seu nome o mar e a terra.

ANTÍSTROFE IV

Ante os muros de Tróia fumegantes
    Pélides furioso
Pela morte do amigo belicoso
Mais estragos não vibra, nem ruínas:
    Nem o aquilão fremente,
Que, o pego marulhoso revolvendo,
Vai montanhas de espuma ao céu erguendo.

EPODO IV

    Brava procela
    Tudo atropela;
    Ao Belga forte
    Fulmina a morte:
    E o meu Negreiros
    Cos Brasileiros
Augura cheio de glória
Em seus brios a vitória.

ESTROFE V

Por cem bocas de fogo devorante
    Vulcão impetuoso,
Vomita o bronze atroador e forte,
Por entre denso fumo a negra morte;
E o nitridor ginete atropelado
Respira fogo em sangue misturado.

ANTÍSTROFE V

O vibrado corisco tripartido
    Pela destra divina,
Ou súbita estalando oculta mina

Tão rápida não é, nem tão ligeira
    Como o nosso Camilo,
Que leva enfurecido ao márcio jogo
Fogo no coração, nos olhos fogo.

EPODO V

    Prova, ó tirano,
    Pernambucano
    Valor preclaro,
    Negreiros caro
    Consegue o loiro
    De heróis tesoiro,
Conservando a invicta espada
No teu sangue banhada.

ESTROFE VI

Será preciso, ó musa, que sigamos
    O herói a toda a parte?
Que ao Rio Grande vamos e à Bahia
Onde calcou Vidal a força impia
Do tirano holandês, que ao seu aspeito
Sente o sangue gelar no duro peito?

ANTÍSTROFE VI

Descansemos do claro Paraíba
    Na margem abundante,
Onde brinca favônio sussurrante;
Brilhe também na vasta redondeza
    Essa ilustre cidade,
Pátria feliz do impávido Negreiros
Terror do Belga, amor dos Brasileiros.

EPODO VI

    Porém entanto
    Suspende o canto;
    Do teu auriga
    À destra amiga

Confia o leme;
O cisne teme
Que do herói cantando a glória
Talvez lhe manche a memória.

(*Ibidem*, págs. 47-53.)

ODE

À MORTE DE NAPOLEÃO BUONAPARTE

> *Ce qu'il eut de mortel s'éclipse à notre vue:*
> *Mais de ses actions le visible flambeau,*
> *Son nom, sa renommée en cent lieux répandue*
> *Triomphent du tombeau.*
>
> J. B. ROUSSEAU, L. 2. Od. X.

Nações do mundo, parabéns! é tempo,
Volte de novo ao rosto a cor perdida:
Reis da França, subi já sem receio
    Ao mal seguro trono.

Morreu Napoleão, raio da guerra,
Que calcou dos Bourbons o antigo assento;
Cujo nome inda mais que seus triunfos
    Assombrou o universo.

Mil vezes o cingiu de eterno loiro
Em márcia lide próspera vitória;
Iena, Austerlitz, Marengo, inda fumegam,
    Rios de sangue correm.

Tudo foi, tudo fez, não sendo nada:
Viu em monte a seus pés c'roas e cetros,
E a pátria dos Catões, Cipiões, Marcelos
    Sucumbiu ao seu braço.

Já não vive, seu corpo em breve é cinza:
Mas seu nome, voando além dos tempos,
Inda fará tremer, gelar de susto,
    As idades vindoiras.

Exulta, ó Albion! mas, ah! receia
Que o filho deste herói, crescendo a idade,
Para vingar seu pai não te reduza
    Em pouco tempo a cinzas.

(*Ibidem*, págs. 84-85.)

ODES ANACREÔNTICAS

I

O GALO-DE-CAMPINA

Sigo teus voos,
Gênio divino,
Cantor da glória,
Sonoro Elpino.

Campino galo
De garbo cheio,
No prado voa

De amar contente;
Orna-lhe a frente
Vermelha c'roa.

Ave tão bela
Não viu ninguém.

Colar purpúreo
Lhe adorna o peito;
Quando ele entoa
Doces amores
Por entre as flores
A voz ressoa.

Ave tão bela
Não viu ninguém.

(*Ibidem*, pág. 105.)

ODE III

O PONCHE DE CAJU

Do loiro caju,
Anália, bebamos
O ponche gostoso,
Que aviva o prazer;
Mais grato que a ambrósia,
Que Jove no Olimpo
Se apraz de beber.

Oh! como é formoso
O pomo suave
Ao cheiro, ao padar!
Se pomos tão belos
Atlanta gozara,
Os d'oiro deixando,
Nem quisera vê-los.

Triunfe Alexandre
No roxo oriente,
Que Baco domou:
Deixá-lo vencer;
Anália, eu só quero
O ponche agridoce
Contigo beber.

(Ibidem, pág. 108.)

ELEGIA

AOS SEUS AMIGOS COMPROMETIDOS NA REVOLUÇÃO DE 1824

Ninfas, que outrora, em dias venturosos,
Me ouvistes celebrar com voz sonora
Dos brasíleos heróis feitos famosos:

As tranças desgrenhai, ouvi-me agora
Carpir magoados males que a desgraça
Alçou com mão tirana e mão traidora.

Tudo no mundo foge, tudo passa,
Ninguém feliz se julgue, ou a ventura
Lhe seja liberal ou seja escassa;

Iturbide subiu à suma altura,
E, do sólio brilhante despenhado,
Sofre em triste silêncio a sorte escura:

D'Alemanha um monarca celebrado
Viveu já de ensinar pobres meninos,
Depois que de um trono foi privado:

Tudo é sujeito à força dos destinos;
Nada foge ao que o fado duro ou brando
Tem escrito nos livros sibilinos.

Eu que dantes vivia em paz gozando
Dos amigos suave companhia,
Sem eles hoje vivo aqui, penando!

Todos roubou-me a sorte num só dia,
E, por mais aumentar meus longos males,
Não os pode esquecer a fantasia!

Silva, meu Silva, que um Orestes vales,
Teu nome ensino submergido em pranto
Aos densos bosques, aos profundos vales:

Ou a noite desdobre o negro manto,
Ou no carro de lúcido diamante
Surja o Númen que Delos ama tanto,

Recordando-me estou a cada instante
Dos momentos felizes que passara
Contigo ao som do rio murmurante.

Quanto não m'era então a vida cara!
Quanto não desejara que um momento
Em séculos eternos se tornara!

Porém tudo fugiu, qual foge o vento,
E de quanto passei resta a memória,
Por que agrave inda mais o meu tormento.

Foram-se os dias da passada glória;
Foram-se os dias em que eu julguei (insano!)
Que era um bem esta vida transitória.

Vítima já de fado desumano,
Eu vivo em densos bosques escondido,
Tu sofres das prisões horror tirano.

De que te serve o loiro conseguido
Nos campos onde os filhos de Ulisséia
O seu orgulho viram abatido?

A desgraça os malvados não golpeia,
A inocência somente é que padece:
Feliz quem nada teme nem receia!

E qual de vós, ó Ninfas, não conhece
O valente Mendanha, o bom Carneiro,
Que lágrimas saudosas nos merece?

O jovem Melo, amigo verdadeiro,
O Rangel infeliz, e tu, Fragoso,
De gênio marcial, gênio guerreiro:

O bravo Cazumbá, o valoroso
Agostinho, de Dias descendente,
Carapeba nos feitos tão famoso:

O Caneca erudito e eloqüente,
O fiel Venceslau que não cedia
No brio e no valor à grega gente:

O audaz Tavares que a ninguém temia,
Basílio sem temor, Ferreira forte,
Que aos mais guerreiros era norte e guia:

Santiago que escapa ao férreo corte,
O Monte, o Paraíba, o Tiburtino,
E outros em quem poder não tem a morte?

Todos credores de melhor destino,
Ou arrastam agora duros ferros,
Ou vagam pelos bosques de contínuo!

Misera sorte! lamentáveis erros!
A flor da pátria, nossa mocidade,
Vive em cadeias, vive nos desterros!

Que males nos oprimem nesta idade!
Parece contra nós se conjuraram
Do averno o rei, do céu a Divindade...

Os guerreiros que há pouco s'enramaram
De loiro, prosperando a pátria amada,
Os Deuses com seus raios fulminaram.

E onde uma alma haverá desnaturada
Que possa sufocar a dor consigo,
Vendo a pátria gemer atribulada?

Amigos, que vivestes já comigo,
Recebei minha dor, meus ais, meu pranto.
Oh! feliz, se abraçar-vos eu consigo!

E vós, que hoje escutais meu triste canto,
Tomai parte na dor que me consterna.
E o eco nos escute, e soe tanto,
Que inda a sua memória seja eterna.

(*Ibidem*, págs. 113-117)

NOTAS

JOSÉ DE ANCHIETA

1. "AO SANTÍSSIMO SACRAMENTO". — Esse poema, sem dúvida dos mais belos de Anchieta, está publicado no *Curso de Literatura Brasileira*, de Melo Morais Filho, 2.ª edição (Rio de Janeiro, 1882), e no vol. *Primeiras Letras*, da Coleção de Clássicos da Academia Brasileira de Letras (Rio de Janeiro, s. d).

O texto apresentado em 1882 por Melo Morais Filho e reproduzido depois pelo mesmo escritor em seu *Parnaso Brasileiro*, I (Rio de Janeiro, 1885), afasta-se em alguns pontos do que se acha no volume publicado pela Academia de Letras. A razão das divergências deve procurar-se principalmente no fato de essas duas versões se fundarem em cópias distintas. Assim, enquanto Melo Morais Filho utilizou uma cópia fornecida pelo Barão de Arinos, que a obtivera dos arquivos da Companhia de Jesus, em Roma, a Academia serviu-se de outra, que tirou em 1863, nos mesmos arquivos, o Dr. Franklin Massena.

Esta última, que está no Instituto Histórico e Geográfico Brasileiro, catalogada sob o n. 2.105, também foi a base do texto inserto na presente Antologia. Confrontando, porém, o texto acadêmico com a referida cópia manuscrita, podem observar-se certas discrepâncias, que vão assinaladas em notas de pé de página. Seguiu-se aqui, com a maior fidelidade, o texto existente no Instituto Histórico. Apenas na ortografia e pontuação foi o referido texto modernizado.

2. "A SANTA INÊS — NA VINDA DE SUA IMAGEM" — O texto aqui reproduzido procede do 2.º vol., pág. 604, da *História da Companhia de Jesus no Brasil* (Lisboa, 1938),

do Dr. Serafim Leite, S. I., onde se diz, desta poesia, que "une ao pensamento teológico da graça uma sugestão eucarística do mais puro lirismo e há de figurar um dia nas antologias brasileiras". Com a presente publicação realizam-se os votos do historiador jesuíta.

3. "O MOLEIRO" — A versão aqui apresentada funda-se essencialmente no ms. da Coleção Baronesa de Loreto, que existe no Instituto Histórico e Geográfico Brasileiro, catalogado, com a seguinte indicação: "Lata 302 — Ms. 15.141." Até hoje, ao que se sabe, nunca foi aproveitada essa cópia para publicação. Os próprios organizadores do volume *Primeiras Letras,* que recorreram aos textos de Franklin Massena, também existentes no Instituto, não mencionam sequer a Coleção Baronesa de Loreto, seguindo, para o poema de que trata a presente nota, a versão publicada, com o título de "O Pelote Domingueiro", no *Curso de Literatura* e no *Parnaso Brasileiro,* de Melo Morais Filho.

Basta, porém, um ligeiro cotejo, para demonstrar que o texto da Col. Loreto é superior em alguns pontos ao da cópia utilizada por Melo Morais Filho.

A feição mais arcaica de certas expressões, e não só expressões desse texto comparado ao da versão Arinos-Melo Morais-Academia Brasileira, parece um indício em favor de sua maior autenticidade. Lembrarei, por exemplo, o vocábulo *lumiar,* da 12.ª estrofe. Na publicação de Melo Morais está *limiar*. A mudança não chega a transformar, aqui, o sentido do discurso, mas parece sugerir, de qualquer modo, influência inconsciente de hábitos modernos. Com efeito, ao tempo de Anchieta, a forma *limiar,* ainda que mais conforme à etimologia, seria desconhecida ou, pelo menos, pouco usual. Os velhos textos apresentam, de preferência, *lumiar* e, como alternativa, *liminar*. Bluteau regista apenas estas duas últimas formas, sinal de que a palavra *limiar* ainda não teria penetrado no uso comum um século depois da morte de Anchieta.

Na versão publicada pela primeira vez por Melo Morais Filho há outros pontos onde também é possível sentir o influxo de hábitos modernos. Leia-se este verso da 11.ª estrofe, tal como aparece em cada uma das versões em apreço:

"fez furtar ao moleiro" (Col. Baronesa de Loreto)
"fez furtar ao *tal* moleiro" (Melo Morais Filho).

O acréscimo de *tal*, palavra introduzida talvez modernamente pelo copista ou mesmo pelo próprio revisor, não corresponderia, entre poetas quinhentistas, a nenhuma necessidade prosódica imperiosa; o verso suporta a seguinte leitura, perfeitamente legítima ao tempo de Anchieta:

fez | fur | tar | a | o | mo | lei | ro.

A simples leitura das notas de pé de página, onde se registam as discrepâncias entre o texto da Col. Loreto e o de Melo Morais Filho, bastará para documentar mais abundantemente a superioridade e maior fidelidade do primeiro. Um último argumento, e dos mais importantes, em favor dessa superioridade, está no fato de o ms. da Col. Baronesa de Loreto incluir toda uma estrofe de sabor nitidamente quinhentista e anchietano, que não figura na coletânea de Melo Morais Filho: a 20.ª estrofe da versão ora publicada.

Cumpre notar ainda que, baseado embora no texto divulgado por Melo Morais, o de *Primeiras Letras* nem sempre o acompanha servilmente. Assim, onde no *Curso de Literatura* e no ms. da Col. Baronesa de Loreto (12.ª estrofe) estava:

"Toda bêbada do vinho
da soberba que tomou
o moleiro derrubou", etc.,

o revisor da edição acadêmica escreve:

"Todo bêbado do vinho", etc.

Essa alteração, não sendo involuntária, resultaria de admitir-se "o moleiro" como sujeito da oração. Tal interpretação é descabida, entretanto, para quem leia atentamente a estrofe anterior e procure penetrar o sentido alegórico do poema. O sujeito aqui não pode ser senão a mulher do moleiro. "Maquiada" da graça (não "moquiada", como está em Melo Morais e em *Primeiras Letras*), nua, esbulhada, *bêbada do vinho da soberba, que tomou,* é ela quem derruba o moleiro Adão no "lumiar" do moinho, fazendo com que o matreiro Satanás lhe "rape" o domingueiro. Passado muito tempo, entretanto, virá o neto do moleiro a "desempenhar" (no texto de Melo Morais Filho e no da Academia de Letras está "desamparar", o que não faz sentido) o rico pelote, que deve representar o estado de graça em que Deus criou o primeiro homem.

Jesus, o neto de Adão, vem à luz entre as palhas de um estábulo para remir a humanidade das conseqüências do primeiro pecado. Ou, como se diz no poema, "vem com carne humana a trabalhos, padecer, e no feno [o texto acadêmico traz *ferro* em lugar de *feno*] se envolver, para tornar ao moleiro seu pelote domingueiro".

Um dos trechos onde a versão Melo Morais diverge das demais e merece consideração é o seguinte:

"As moças já podem ter
Se formosas querem ser."
Amores de seu pelote
E vestir-se do chiote

A última palavra do terceiro verso aparece sem qualquer nota esclarecedora tanto no *Curso* como no *Parnaso*. Os editores de *Primeiras Letras* procuraram consertar o vocábulo duvidoso, escrevendo "chicote" onde estava "chiote". Não se pode dizer, porém, que ganhasse em clareza o sentido do poema anchietano. E sucede que a própria palavra "chicote", com o sentido que hoje tem, não existiu certamente no vocabulário português quinhentista. Seu aparecimento no uso corrente data mesmo de época muito posterior, de princípios do século XVIII.

A leitura do ms. da Coleção Baronesa de Loreto, que em tantos pontos deixa perceber melhor a trama do poema, liquida aparentemente todas as dúvidas neste caso. A palavra obscura surge ali transformada em "saiote". Com essa mudança, o trecho adquire toda a clareza e nitidez necessárias à boa inteligência do discurso:

"As moças já podem ter
amôres do teu pelote,
vestir-se do tal saiote,
se formosas querem ser."

Surge apenas uma dificuldade. A expressão *chiote*, designando certo traje pastoril de burel e capelo, existiu certamente no português da época de Anchieta e forma sentido com o resto do poema. Na *Romagem de Agravados*, de Gil Vicente, que se representou em Évora no ano de 1533, uma das personagens, a pastora Juliana, queixando-se do marido que lhe queriam dar, exclama:

> "as cabeças como outeiros,
> os cabelos carcomidos,
> louros coma sovereiros,
> penteados d'ano em ano,
> maos *chiotes* de má pano:
> folgai lá com tais maridos!"

É possível, assim, que no texto que serviu de fundamento às duas versões discordantes estivesse mesmo "chiote". Uma verificação é totalmente impossível, com os elementos de que ora dispomos. Preferimos, por isso, conservar ainda neste caso a versão da Col. Baronesa de Loreto. Não acreditamos cometer grave infidelidade, se, como se lê em Fr. Domingos Vieira, "chiote" é simples corrupção de "saiote".

Outras discrepâncias oferecidas pela versão do volume *Primeiras Letras*, mesmo comparada à de Melo Morais Filho, — "cobrir" por "cobriu", "afora" por "agora", "investe" por "tiveste", "ungido" por "cingido" — devem ser atribuídas a descuidos de revisão e vão indicadas em notas que, nesta Antologia, acompanham o texto.

BENTO TEIXEIRA

1. Serviu no essencial, para a elaboração do texto aqui publicado, a primeira edição conhecida da *Prosopopéia*, que António Álvares imprimiu em Lisboa no Ano da Graça de 1601. Dessa edição existe um exemplar na Biblioteca Nacional do Rio de Janeiro, e pertence à Coleção Barbosa Machado.

Não são poucos nem insignificantes os erros de impressão existentes no volume e que já foram objeto de investigações eruditas. Lembraremos, a propósito, o trabalho de autoria do Sr. Otoniel Mota, intitulado "Bento Teixeira e a *Prosopopéia*", que publicou a *Revista da Academia Paulista de Letras* em seu 1.º número, de novembro de 1937.

As demais edições do poema — a de 1873, organizada pelo Dr. Ramiz Galvão, que pretendia "reproduzir com a maior fidelidade possível o exemplar de 1601", e a que se incluiu mais recentemente na série de Clássicos Brasileiros, da Academia Brasileira de Letras — mantêm e, em alguns lugares, agravam aqueles erros existentes na publicação original.

A tentativa de restauração do texto primitivo do poema, tão maltratado pelos impressores, exigiu, em alguns pontos, verdadeiro esforço de interpretação. Nas notas que acompanham o presente texto justificam-se as discrepâncias a que deu lugar essa tentativa.

2. *"O marchetado Carro do seu Febo*
   Celebre o Salmoneu, com falsa pompa".

Na ed. de 1601 está, em lugar de "Salmoneu", "Sol Munés", evidentemente por erro de impressão. O erro não foi corrigido em nenhuma das edições alcançadas pelo poema. João Ribeiro, que o assinala em sua crítica à publicação acadêmica, não tenta nenhuma interpretação. Apenas o Sr. Otoniel Mota, no artigo citado em nota anterior, sugere uma explicação aparentemente plausível. Baseando-se no verso inicial da Elegia IV de Camões, onde há menção do "sulmonense Ovídio" (v. *Lírica de Camões,* Imprensa da Universidade, de Coimbra, 1932, pág. 303), diz esse escritor: "Sulmonense porque natural de Sulmona. Sulmonense teria colateralmente a forma evolucionada "sulmonês", que se escrevia então "sulmonès", com acento grave. Foi o que o poeta escreveu, segundo creio: o tal "Sol Munês" nada mais é que "sulmonês", isto é Ovídio". (*Revista da Academia Paulista de Letras,* 1.º, São Paulo, 1937, pág. 18).

Não seria de admirar, num poeta quinhentista, que usasse a forma "Sulmonense" e talvez "sulmonês", comparável a "Mantuano", com que se designava o outro e principal modelo dos épicos do Renascimento. Três séculos depois de Camões, Garção-Stockler, editando as *Obras Poéticas* de nosso Sousa Caldas, ainda ousava interpolar, numa delas, versos deste gosto:

"Sublime gênio que na mente fértil
Do Sulmonense Vate despertastes...."

Mas na *Prosopopéia,* o que se segue imediatamente ao trecho discutível permite hesitar ante a interpretação sugerida pelo Sr. Otoniel Mota:

"E a ruína cantando do mancebo,
Com importuna voz, os ares rompa."

Que ruína? De que mancebo? Nenhuma exegese, por sutil e erudita, descobrirá na "falsa pompa" do sulmonense Ovídio coisa a que se aplique o conteúdo de tais versos.

É mais provável que, compondo seu medíocre poema, Bento Teixeira não tenha cogitado em "Sol Munés" e nem no "Sulmonense" ou "Sulmonês", mas antes em Salmoneu, personagem que os poetas de seu tempo, leitores e imitadores de Virgílio, admitiriam como paradigma ideal da glória intrusa. Até o nosso Santa Rita Durão a ele se refere, e ao seu "torpe engano" (cf. *Caramuru,* II, 47). Dessa figura da mitologia constava, com efeito, que, fundador da cidade de Salmone (de que se poderia tirar *Salmonês,* forma ainda mais próxima de *Sol Munés*), onde chegou a rei, fizera construir uma ponte metálica, sobre a qual corria, em carro magnífico e resplandecente: o "marchetado Carro". Lançando tochas acesas que faziam o efeito de coriscos e usando de outros artifícios para imitar o ruído do trovão, o imprudente mancebo pretendeu, com toda essa "falsa pompa", fazer-se adorar de seus súditos. Zeus, irritado ante semelhante audácia, prostrou-o com um raio.

É fácil pensar que para seu herói, cujos feitos esperava cantar com tão viva trompa, capaz de espantar os quatro elementos,

"Com som que Ar, Fogo, Mar e Terra espante",

o poeta da *Prosopopéia* não aspirasse à vã celebridade e ainda menos à ruína final de Salmoneu.

BERNARDO VIEIRA RAVASCO

*"Perdera do passado a saüdade.
Tão saudoso do bem fiquei, que dera".*

Note-se como de um verso para o seguinte as três primeiras letras, *sau*, de "saudade" e "saudoso", exigem leitura diversa, formando ora duas ora uma sílaba, ao sabor das necessidades métricas.

Dessa infixidez na pronúncia de certos vocábulos, como *saudade* e *saudoso, piedade* e *piedoso, vaidade* e *vaidoso*, aproveitaram-se, como é sabido, muitos poetas antigos, Camões inclusive. Do mesmo Bernardo Vieira aparece na duodécima estrofe do poema aqui reproduzido outro exemplo característico desse recurso:

"Mas ainda tenho saüdade delas;
Não sei que força esta é a ter saudades".

No primeiro destes versos impõe-se tanto a leitura tetrassilábica da palavra "saudade" quanto a ditongação na primeira sílaba de "ainda", conforme uso freqüente entre poetas quinhentistas.

Os dois exemplos aqui citados podem acrescentar-se aos vários, de outros poetas, que reuniu o Prof. Sousa da Silveira, justamente a propósito da leitura da palavra "saudade", em seu estudo sobre uma nova edição das Liras de Tomás Antônio Gonzaga. (Cf. *Revista de Cultura*, Rio de Janeiro, vol. 24.º (1938), págs. 37-39 e 65-71.)

GREGÓRIO DE MATOS GUERRA

1. Para a escolha de quase todos os textos de Gregório de Matos reunidos na *Antologia dos Poetas Brasileiros da Fase Colonial*, serviram de base principal quatro volumes manuscritos da Coleção Varnhagen, existentes hoje na biblioteca do Ministério das Relações Exteriores.

Esses códices, que já tinham sido utilizados em parte no *Florilégio da Poesia Brasileira*, apresentam, em geral, sobre as outras versões consultadas, vantagens óbvias, de que podem dar idéia nesta Antologia as notas de pé de página, onde se assinalam as variantes.

Apesar do muito que já foi realizado com a publicação pela Academia Brasileira de Letras dos seis volumes de poesias de Gregório de Matos, na série de Clássicos Brasileiros, ainda há trabalho para quem se disponha a selecionar, entre as várias versões conhecidas da obra do "Boca de Inferno", aquelas que ofereçam melhores garantias de autenticidade. Pareceu, por isso, mais avisado recorrer diretamente a uma cópia quase contemporânea do próprio poeta, como o é, segundo todas as probabilidades, o códice do Itamarati.

Nas notas que acompanham o texto aqui adotado reservou-se, entretanto, o nome de "Coleção Varnhagen" a outro códice, também pertencente à livraria do Ministério das Relações Exteriores. A este, que Varnhagen ainda não mencionava quando começou a publicar o *Florilégio*, existe referência já na primeira edição de sua *História Geral* (cf. Tomo Segundo, Rio de Janeiro, MDCCCLVII, pág. 138, nota). É um grosso volume intitulado: *Poetas Brasileiros. Gregório de Matos*. Na guarda, escritos a lápis e já pouco legíveis, estão os dizeres seguintes: "Estas poesias são de Gregório de Matos. Talvez seja delas a Col. mais autêntica; visto que até a inquadernação [*sic*] parece estranha; e acaso feita na Bahia por algum curioso."

Na nota biobibliográfica sobre o poeta, escrita pelo Sr. Afrânio Peixoto e apensa à "Sacra", da ed. da Academia, não vem descrito este códice, cuja leitura, aliás, não convence de que deva ser geralmente preferido a outros, muito especialmente aos quatro volumes supramencionados. Dele só foram aproveitados integralmente, nesta Antologia, o texto do soneto "A Fidalguia do Brasil" e o do romance "A Cidade da Bahia".

Outro códice que não acusa a referida nota biobibliográfica, possivelmente por ter sido adquirido para a Biblioteca Nacional depois de publicada a edição acadêmica, é o que lá se encontra, na Seção de Manuscritos, com a seguinte indicação de catálogo: "1 - 2, 1, 70". Pertenceu ao escritor Alberto Faria e, nas notas que acompanham os textos aqui adotados, é referido sob a designação de "Códice Faria".

Do volume de *Obras Poéticas de Gregório de Matos* publicado em 1882 por Vale Cabral aproveita-se aqui a peça intitulada "Aos Vícios", que não figura nos códices do Itamarati. A mesma versão foi publicada em um dos volumes da edição da Academia Brasileira de Letras.

Ainda em vida do poeta acusaram-no de plagiar Góngora. De algumas das peças que lhe são atribuídas sabe-se que quase não passam de traduções de Quevedo. Entre outras aquela que assim principia:

> "Querem-me aqui todos mal:
> Mas eu quero mal a todos:
> Eles e eu, por vários modos
> nos pagamos tal por qual.
>
> E querendo eu mal a quantos
> me têm ódio veemente;
> o meu ódio é mais valente,
> pois sou só e eles são tantos."

Em um dos seus célebres romances o espanhol escrevera isto:

> "Muchos dicen mal de mí,
> Y yo digo mal de muchos;
> Mi decir es mas valiente,
> Por ser tantos y yo ser uno."

Ao lado dos plágios, outras poesias aparecem indevidamente nas coleções de poesias de Gregório de Matos. A respeito do soneto inserto na "Lírica", da edição acadêmica, sob o título "À morte do famigerado Lusitano, o grande Padre Antônio Vieira", já observou Rodolfo Garcia que o satírico baiano precedera "de um ano a Vieira na grande viagem de que não se volta mais".

2. No texto da Col. Varnhagen (v. nota anterior) as seis estrofes em questão acham-se assim redigidas:

> *"Seja embusteiro de fama*
> *e a mentir que mentirás:*
> *A uns compre, a outros venda;*
> *que eu lhe seguro o medrar.*
>
> *Seja velhaco notório*
> *e tramoieiro geral;*

compre tudo e pague nada,
deva aqui, deva acolá.

Perca o pejo e a vergonha;
e se casar, case mal:
Com branca não, *que é pobreza;*
trate de se mascavar

Vendo-se já mascavado,
arrime-se a um bom solar,
e aprofie em ser fidalgo,
que com *isso* se achará.

Se tiver mulher *fermosa,*
Gabe-a por *esses poiais,*
de virtuosa talvez,.
e de entendida outro tal.

Mostre-se introduzido
nas casas *a*onde achar
que há donzelas de belisco,
que aos punhos se gastará."

Vão em itálico as variantes. Os dois últimos versos do texto adotado na Antologia,

"e faça-lhe um galanteio,
e um frete, que é o principal",

são omitidos na presente versão. Esta, por outro lado, principia por dois versos inexistentes nos outros textos conhecidos:

"Seja embusteiro de fama
e a mentir que mentirás".

Fr. MANUEL DE SANTA MARIA ITAPARICA

1. *"E quando a vista estava apascentando"*. Muito depois de Itaparica, Basílio da Gama escreverá em *O Uraguai*:

"Apascentam a vista na pintura".

A propósito do emprego do verbo *apascentar* no sentido de "recrear" ou "entreter", e aplicado à vista e ao ouvido, houve quem falasse, justamente no caso de Basílio da Gama, em reminiscência camoniana, lembrando esta passagem de *Os Lusiadas* (VII, 74);

"............... pintura fera,
Que tanto que ao Gentio se apresenta,
A tanto nela os olhos apascenta."

A verdade é que a mesma imagem surge com freqüência na poesia portuguesa, mesmo antes de Camões, e é de tradição latina. No Brasil, além dos exemplos citados, de Itaparica e Basílio da Gama, pode-se mencionar pelo menos este outro, de Frei Francisco de São Carlos, no poema *A Assunção*:

"Sobre lajedos de granito em quadro
Descansa a base, que ali tem um adro.
Dos lados peitoris; descanso, e meio
Dos olhos pastearem seu recreio."

2. *"Qual aranha sagaz e ardilosa*
Nos ares forma com sutil fio
Um labirinto tal, que a cautelosa
Mosca não ficou sem alvedrio".

Embora em grau menor do que a *Prosopopéia*, o volume de Fr. Manuel de Santa Maria Itaparica, dado à luz por um devoto de Santo Eustáquio, apresenta versos imperfeitos e quebrados, que, em alguns casos, podem não resultar de descuidos do autor, mas antes de lapsos de impressão. É cabível admitir que o segundo verso citado na presente nota sofreu omissão de uma sílaba, provavelmente constituída do artigo indefinido, antes de "sutil fio". O decassílabo, tal como o redigira seu autor, seria

"Nos ares forma com *um* sutil fio".

Essa opinião ficará aparentemente reforçada se considerarmos que na estrofe XXVII do mesmo poema o autor escreveu

"Com um fio sutil, em cuja ponta",

onde as mesmas palavras, "fio" e "sutil", surgem precedidas do artigo indefinido.

Quanto ao quarto verso citado,

"Mosca não ficou sem alvedrio",

não haverá talvez absurdo em julgar que o poeta se serviu dum expediente já autorizado por exemplos ilustres, incluindo entre decassílabos um verso de nove sílabas apenas. Na leitura esse verso deveria completar-se tomando a átona final do imediatamente anterior:

"Um labirinto tal, que a cautelo-
sa mosca não ficou sem alvedrio".

Manuel Bandeira, que chamou para este ponto a atenção do autor da presente seleção, assinala o mesmo processo em notas à sua *Antologia dos Poetas Brasileiros da Fase Romântica* (3.ª ed., págs. 33 e 87). O assunto foi minuciosamente estudado pelo Prof. Sousa da Silveira a propósito dos versos de Casimiro de Abreu:

"Chorar a virgem formosa
Morta na flor dos anos!"

Nesse estudo mostra-se como o recurso já fora utilizado por Horácio e pelos trovadores medievais, particularmente D. Dinis e Afonso X, o Sábio.

No caso presente é tanto mais plausível presumir que o itaparicano recorreu deliberadamente a tal expediente, facilitado aliás pelo *enjambement,* quanto a leitura vagarosa de todo o trecho é exatamente a que se harmoniza com o trabalho da aranha "sagaz e ardilosa", fabricando pouco a pouco sua teia de sutil fio.

BASÍLIO DA GAMA

"A DECLAMAÇÃO TRÁGICA" — Simples paráfrase de *La Déclamation Théatrale*, poema didático do francês Dorat, essa peça representa, aparentemente, a primeira das tentativas realizadas por alguns dos nossos poetas, desde os tempos coloniais, à procura de um metro que se aproximasse tanto quanto possível do alexandrino clássico, à francesa. Só por esse motivo merece um lugar na presente Antologia.

Compreende-se que, na ausência de meios adequados para reproduzir exatamente o ritmo do poema original, Basílio da Gama tivesse recorrido com liberdade ao chamado alexandrino castelhano, composto, como o francês, de dois hexâmetros justapostos, mas sem que a terminação do primeiro hemistíquio, quando grave, possa elidir-se com a sílaba inicial do segundo. A liberdade consistia justamente em que, na separação entre os hemistíquios, o brasileiro não evitava a sinalefa, contrariando assim um princípio fundamental do alexandrino de tipo castelhano, ao menos em sua feição mais ortodoxa.

O resultado é que em "A Declamação Trágica", ao lado de grande número de versos de treze sílabas, outros há que se enquadram na fórmula do alexandrino clássico. Movido por seu admirável instinto poético, pela sua arte consumada na versificação, que — diria Machado de Assis — "nenhum outro, em nossa língua, possuiu mais harmoniosa e pura", o autor de *O Uraguai* não deixa de aproveitar-se, nessa fórmula, da maior riqueza e variedade de movimentos rítmicos que oferece, em contraste com a do alexandrino castelhano. Há versos como este,

"Que sobre si | já sente a mão | que chove ós raios",

formado de uma justaposição de três tetrâmetros regulares e comparável aos que menciona o Sr. Manuel Bandeira em sua *Antologia dos Poetas Brasileiros da Fase Parnasiana*, quando exemplifica os esforços de alguns autores recentes, empenhados em quebrar a monotonia dos alexandrinos clássicos, batidos na sexta sílaba.

Por outro lado essa mesma liberdade ia agravar um dos defeitos próprios do alexandrino à castelhana, que é o de criar um *sistema* ao mesmo tempo rígido e ambíguo, onde o ritmo nem é imposto pelo ouvido, nem pela obediência a algum princípio métrico verdadeiramente uniforme, pois abrange, em sucessão arbitrária, **versos de** doze, treze e até quatorze sílabas, tudo dependendo do primeiro hemistíquio, que pode ser indiferentemente agudo, grave ou esdrúxulo.

É possível que Basílio da Gama tivesse evitado deliberadamente seguir com exclusivismo o sistema castelhano, a fim de acompanhar mais de perto o modelo proposto. E não deixa de ser significativo o fato de Silva Alvarenga, o outro entre nossos autores setecentistas que compôs versos alexandrinos (à maneira castelhana), recorrer só por exceção à sinalefa entre os hemistíquios. Leiam-se suas "Epístolas" a Dom José I e ao próprio Basílio da Gama, ou a sátira "Os Vícios". Nessas peças, o cantor de *Glaura,* talvez por não ter ante os olhos **algum modelo** francês, como o poema de Dorat, seguiu estritamente os processos usados pelos autores espanhóis, os mesmos cuja influência entre nós — herança do seiscentismo e do barroco — lhe parecia, em outros casos, tão nefasta.

Seria contudo uma explicação simplista a que atribuísse unicamente a influências francesas o fato do alexandrino espanhol ter encontrado poucos adeptos fiéis entre nós, e o do **exemplo de um** Silva Alvarenga poder passar sem exagero por excepcional. O motivo estaria também, e principalmente, **em** certa plasticidade da língua portuguêsa, que a torna apta a aceitar o ritmo do alexandrino clássico, sem dúvida mais evoluído e perfeito do que o dos espanhóis. Em seu admirável estudo sobre a percepção métrica, o Dr. Carlos Vaz Ferreira observa mesmo que o número de alexandrinos à francesa possíveis é em português maior do que em castelhano. O principal estorvo que encontram os autores espanhóis na composição de alexandrinos clássicos está, segundo o ensaísta uruguaio, na cesura. "Para os franceses" — diz — "é facílimo faze-la, pois tôdas as palavras servem para o fim, por isso que ou são agudas ou, se graves, terminadas em vogal. Sucede que os portuguêses têm muitíssimos plurais agudos para concluir o primeiro hemistíquio; têm além disso contrações muito próprias para começar o segundo ou para soldar aqui e ali...". Assim, ao passo que em castelhano as únicas contrações possíveis nesse caso são *del* e *al,* em português elas são numerosas: *do, da, dos, das, no, na, nos, nas, à, ao, aos, às...* Influem ainda, no sentido assinalado, os artigos monossilábicos *o, a,* e seus plurais *os, as,* sem consoante ao princípio.[1]

1. *Sobre la Percepcion Métrica* por el Doctor Carlos Vaz Ferreira. Barcelona, 1920. Pág. 136.

A circunstância de só muito recentemente terem alcançado maior êxito as tentativas para o emprego desse metro em castelhano, ao passo que entre nós ele começara a generalizar-se já durante o romantismo, tenderia a tornar plausível a explicação do Dr. Vaz Ferreira.

É de notar que entre nossos românticos, num Castro Alves por exemplo, os alexandrinos à francesa, usados em caráter exclusivo ou quase exclusivo, só aparecem depois de longo processo, que se pode chamar de depuração. Em novembro de 1867, na composição intitulada "A Boa Vista", o poeta ainda misturava indiscriminadamente, tal como José Basílio da Gama, alexandrinos de tipo francês com outros, de tipo castelhano. Lêem-se por exemplo versos como este:

"Era uma tarde triste, mas límpida e suave...",

com o primeiro hemistíquio terminado em sílaba grave e que não se elide com a primeira do hemistíquio seguinte; ou como este,

"E o mar, — corcel que espuma ao látego do vento...",

onde a elisão é possível; ou finalmente como este,

"Os tetos, que a seus pés parecem de joelhos!...",

com o primeiro hemistíquio terminado em sílaba aguda.

Outra composição, "Poeta", essa de fevereiro do ano seguinte (1868), apresenta aproximadamente as mesmas características de "A Boa Vista". Em ambos os casos, os alexandrinos que seguem o modelo castelhano em sua feição mais ortodoxa, isto é, com o primeiro hemistíquio terminado em palavra paroxítona, cuja última sílaba não pode elidir-se com a seguinte do mesmo verso, ainda prevalecem de maneira decisiva sobre os do tipo francês.

Com o poema "Palavras de um Conservador", escrito oito meses mais tarde, é que os alexandrinos à castelhana passam decisivamente a plano secundário. No conjunto do poema eles não formarão sequer a quarta parte. Não é talvez ocioso observar que se trata de uma paráfrase de Vitor Hugo. Mas essa primazia alcançada aqui pelo alexandrino clássico, à francesa, não desaparece, antes se afirma cada vez mais nas composições originais subseqüentes. Nas do ano de 1869 e nas de 1870, pode dizer-se que, onde Castro Alves recorre ao alexandrino é o modelo francês que domina francamente

O exemplo de Castro Alves serve para mostrar que o alexandrino à maneira de Basílio da Gama constitui em verdade uma forma transitória. Somente o romântico, vivendo numa época em que a influência das letras francesas dominava sem contraste, pode completar a transição.

No exame do alexandrino misto, usado tanto por Basílio da Gama como por Castro Alves, não se deve deixar escapar, entretanto, uma particularidade técnica de certa importância, que se relaciona com a dubiedade das formas métricas empregadas. É preciso talvez admitir que, em alguns casos, na passagem do primeiro para o segundo hemistíquio, a sinalefa é introduzida involuntariamente pelo leitor moderno — já habituado ao alexandrino de doze sílabas, com cesura mediana —, mesmo onde o autor pretendera forçar um hiato que preservasse a fórmula do verso castelhano. Assim, por exemplo, no verso de Basílio da Gama,

"Prefere ao seu amante um Deus, que aind'ignora",

ou no, já acima citado, de Castro Alves,

"E o mar, — corcel, que espuma ao látego do vento.....

as duas leituras são a rigor admissíveis. Mas a própria freqüência com que aparecem essas formas hesitantes e ambíguas já serve para indicar seu caráter transitório ou dar razão aos que imaginam a língua portuguêsa mais naturalmente predisposta do que a castelhana a acolher o alexandrino clássico.

TOMÁS ANTÔNIO GONZAGA

1. A escolha dos melhores textos das poesias de Gonzaga prende-se a intrincados problemas bibliográficos, cuja solução tem preocupado investigadores pacientes e zelosos.

A variedade, o número considerável das edições alcançadas pelas Liras, provocaram o interesse de muitos estudiosos e suscitaram controvérsias, algumas vezes interessantes. Para ter-se idéia da diversidade das opiniões criadas por tais problemas, basta dizer que entre 1929 e 1935, num período em que não saiu nenhuma edição nova, cinco pesquisadores inteligentes e igualmente ansiosos por um resultado positivo acerca do número de edições da *Marília*, chegaram a cinco conclusões diferentes. Houve quem as fixasse em 22; outros elevaram-nas a 47 e mesmo a 69! O total das edições conhecidas até essa época não iria, provavelmente, à metade desta última cifra. Fundado nos elementos que lhe proporciona a gonzaguiana de nossa Biblioteca Nacional — bem fundado, por conseguinte, — o Sr. Emanuel E. Gaudie Ley fixou em trinta o total. Desses trinta possuía a Biblioteca nada menos de vinte e cinco. Note-se que êsse total ainda não é apresentado como definitivo, mas deve ser o mais próximo da verdade.

Os estudos efetuados pelos Srs. Tancredo de Barros Paiva, Artur Mota, Osvaldo Melo Braga, Simões dos Reis e Gaudie Ley, depois do importante artigo publicado no ano de 1923 por Alberto de Oliveira na *Revista de Língua Portuguêsa*, vieram de qualquer modo abrir perspectivas mais seguras para o estudo da obra lírica de Gonzaga.

O trabalho de seleção e apuração dos textos aproveitados na presente Antologia não envolve, entretanto, as minúcias bibliográficas discutidas em semelhantes estudos. O indispensável era fixarem-se de antemão os textos mais autorizados e fidedignos em que se pudesse apoiar uma escolha. Penoso em alguns pontos, esse trabalho foi, porém, grandemente facilitado, com a publicação, em 1937, pela Livraria Sá da Costa, de Lisboa, de uma edição em todos os aspectos admirável da *Marília de Dirceu*, seguida de estudos e comentários de autoria do Professor Rodrigues Lapa.

Partindo de um exame conscienscioso das diferentes edições das liras gonzaguianas, o erudito crítico pode determinar com nitidez quais os textos de consulta indispensável para qualquer nova publicação completa ou parcial da *Marília*. Assim, para a Parte I, tudo leva a escolher a primeira edição, publicada pela Tipografia Nunesiana, de Lisboa, em 1792, quer dizer, ainda em vida do poeta, e baseada em cópias autênticas, possivelmente do próprio punho do autor. Para a Parte Segunda, as mesmas razões aconselhavam a edição lançada em 1799, também pela Nunesiana. Apenas por não lhe ter sido possível, em Lisboa, alcançar essa edição, utilizou-se o Prof. Lapa da segunda, de 1802. Quanto à Parte Terceira, o organizador do texto da Livraria Sá da Costa inclinou-se, com bons motivos, sobretudo para a ed. da Impressão Régia, de Lisboa, publicada no ano de 1812. Outra edição básica para o trabalho do Prof. Rodrigues Lapa foi a da Tipografia Lacerdina, de Lisboa, publicada em 1811, e que veio "marcar uma data na história das Liras de Gonzaga". Com tais elementos obtiveram-se resultados nada irrelevantes no sentido do restabelecimento do primitivo texto de muitas passagens das Liras, que tinham sido modificadas através das reedições subseqüentes.

Na organização da *Antologia dos Poetas Brasileiros da Fase Colonial* usou-se, em geral, o critério adotado pelo Sr. Rodrigues Lapa. À base dos textos gonzaguianos nela insertos, encontram-se em primeiro plano as mesmas edições utilizadas para o volume da Livraria Sá da Costa e mais a 1.ª edição da Parte Segunda, que o crítico português não logrou obter em Lisboa. Esses textos foram diretamente reproduzidos das referidas edições, sem outra mudança além das que dizem respeito à ortografia e à pontuação. Em notas de pé de página acham-se indicadas algumas discrepâncias verificadas no confronto entre as edições básicas e algumas das que posteriormente se publicaram. Destas, recorreu-se de preferência à edição da Tipografia Rolandiana (Lisboa, 1840) e às brasileiras, organizadas respectivamente por Joaquim Norberto de Sousa e Silva, José Veríssimo e Alberto Faria.

Para a Lira 3 da Parte Terceira utilizou-se aqui o texto publicado em *O Patriota* de abril de 1813, onde aparece como inédito. Nessa data a mesma poesia fora, entretanto, divulgada em duas edições portuguêsas: a de 1811, da Tipografia Lacerdina, e a de 1812, da Impressão Régia, de Lisboa. O provável é que a redação de *O Patriota* se tenha servido de uma cópia manuscrita de poesias de Gonzaga, possivelmente contemporânea do autor, supondo-a ainda inédita. O cotejo entre seu texto e os outros anteriormente publicados parece indicar que o mesmo seria superior aos que serviram para as edições portuguêsas.

Para as outras poesias pertencentes à Parte Terceira serviu a edição de 1812, da Impressão Régia, de Lisboa. Isso porque a de 1800, impressa em Lisboa na Oficina de Joaquim Tomás de Aquino Bulhões, não passa, segundo todas as aparências, de obra de mistificadores. Como tal fora, aliás, reconhecida, pouco após sua publicação, particularmente nas notas explicativas que acompanham as edições da Lacerdina, de 1811, e da Impressão Régia, de 1812. As considerações de Joaquim Norberto sobre a poesia de Dirceu nas partes 1.ª e 2.ª também se ajustam à da parte 3.ª, publicada em 1812, ainda que não se apliquem aos apócrifos da edição de Bulhões, de 1800. Convém repetir aqui tais considerações, que definem bem a poética de Gonzaga: "Tanto na primeira como na segunda parte de suas liras, seguiu sempre Tomás Antônio Gonzaga o emprego dos consoantes, observando, à maneira dos italianos e franceses, certas regras acerca da colocação das rimas agudas e graves, sendo que nas composições de arte maior apenas empregou estas últimas. Nas composições de arte menor usou de umas e de outras intercaladamente, mas sempre debaixo de certa ordem, isto é às rimas graves seguem as agudas e é com estas que fecha os seus períodos ou estrofes. Há, por assim dizer, uma simetria tão constante, que estabelecida a ordem da colocação das rimas graves e agudas, jamais a altera, e vai assim até o fim, observando restritamente o preceito que se impusera. Nota-se mais que, entre os milhares de versos que formam a primeira e a segunda parte de suas liras, não há um só que seja esdrúxulo, quer livre, quer rimado." (*Marília de Dirceu*, Rio de Janeiro, Livraria de B. L. Garnier, 1862, I, pág. 11.)

2. Nesta lira sente o Prof. Rodrigues Lapa uma "inspiração puramente romântica". Em apoio dessa opinião lembra que a paisagem é para o poeta um "estado de alma" e que muda ao sabor caprichoso do seu sentir. "Gonzaga" — acrescenta — "introduzia qualquer coisa que não era bem novo na nossa literatura, mas que tinha sido obliterado pelo seco regime do neoclassicismo. Esse frêmito novo correspondia a uma necessidade da alma romântica. De aí a enorme repercussão das suas poesias".

FRANCISCO DE MELO FRANCO

À falta da 1.ª edição (Paris, 1819) de *O Reino da Estupidez,* que não nos foi possível consultar, serviu de base, para o presente texto, a do volume *Satíricos Portuguêses,* publicado em Paris no ano de 1835. Na Biblioteca Nacional existe cópia manuscrita possivelmente da época da composição da sátira, com a seguinte indicação de catálogo: "I — 1,1,22 — n.° 4." No frontispício lêem-se estes dizeres: *Triunfo da Estupidez. Poema Heróico Cômico. Dedicado à Verdade. Por hum amador della e das Sciencias. Primeira Edição correta. Coimbra. Na Officina da Ociosidade, anno de* 1785.

As principais discrepâncias entre as duas versões vão assinaladas, na presente Antologia, em notas de pé de página.

Tendo terminado seu curso de Medicina em Coimbra, no mês de julho de 1786 (v. "Estudantes Brasileiros na Universidade de Coimbra, 1772-1878", *Anais da Biblioteca Nacional do Rio de Janeiro,* 1940, Vol. LXII, págs. 158-159), Francisco de Melo Franco foi contemporâneo, na Universidade, de José Bonifácio de Andrada e Silva, que se bacharelou em Filosofia no ano seguinte, 1787. (*Ibidem,* pág. 176.) Não está excluída a hipótese do santista ter colaborado, como querem alguns, na redação de *O Reino da Estupidez,* embora seja impossível determinar até onde terá ido essa colaboração.

JOSÉ BONIFÁCIO DE ANDRADA E SILVA

1. "Ode no Gosto Oriental". — Em carta a Tomás Antônio de Vilanova Portugal, cujo rascunho se conserva no Instituto Histórico e Geográfico Brasileiro e traz a data de 18 de maio de 1820, assim se exprime José Bonifácio: "M.to júbilo tive com a notícia que V. Ex. me dá das proezas dos meus Paulistas feitas no Sul: eu as communiquei a algũas pessoas, entre as quais houve um Poeta desconhecido q̃ fez esta pequena *Ode* no gosto persiano, q̃ tenho a honra de enviar a V. Exa., assim como os ver-

sos feitos aos annos d'El Rei pelo mesmo autor, que Vossa
Excia., se os achar sofríveis, terá a bondade de mandar
copiar em boa letra".

O motivo direto da "Ode" do "poeta desconhecido" foi,
segundo parece, a batalha de Taquarembó, ferida a 22 de
janeiro de 1820 e em resultado da qual Artigas, depois
de algum êxito em Ibirapuitã, Passo do Rosário e Ibicuí-
guaçu, teve suas forças completamente desbaratadas, sen-
do obrigado a recolher-se à margem direita do Uruguai:

"Da reluzente espada, teus Paulistas,
Irão sobre os rebeldes sacudindo
Apinhoadas mortes."

2. "ODE AOS GREGOS". — Dêsse poema existe outra
versão, ligeiramente diferente, em carta dirigida a Vascon-
celos Drummond, com data de 12 de janeiro de 1827. Foi
composto depois da publicação da ed. de Bordéus (1825)
das *Poesias de Américo Elísio*.

As discrepâncias entre a versão da carta a Drum-
mond e a que se publicou na ed. Laemmert das poesias
do Patriarca, afetam apenas as três primeiras estrofes,
que vão reproduzidas a seguir:

"Ó musa do Brasil, *vem inspirar-me;*
Tempera a lira, o canto meu dirige;
Acende-me na mente estro divino
De heróico assunto digno.

Se comigo choraste os negros males
Da escravidão, que a cara pátria avilta,
Da Grécia renascida altas façanhas
As lágrimas te sequem.

Se ao curvo alfanje, se ao pelouro ardente
O Despotismo a nobre Grécia vende,
As bandeiras da cruz, da liberdade,
Farpadas inda ondeiam!"

As palavras em itálico são as variantes da versão pri-
mitiva. Não parece duvidoso que as modificações feitas
nesse texto e depois insertas na edição Laemmert das obras
poéticas de José Bonifácio foram obra do próprio autor,
pois o texto da "Ode aos Gregos" publicado no *Parnaso*

Brasileiro, do Cônego Januário da Cunha Barbosa, em 1830, portanto ainda em vida de José Bonifácio, já as consigna.

FRANCISCO VILELA BARBOSA

"O RETRATO". — Dessa poesia existe uma primeira versão no volume publicado por Vilela Barbosa em 1794, quando ainda estudante de Coimbra, e onde se reúnem as composições de sua fase juvenil. As mudanças efetuadas no texto foram numerosas e profundas, em alguns casos. Em sua forma primitiva era assim:

"Manda-me Amor,
Aônia bela,
Que em rica tela
Te vá pintar.

Perdoa pois,
Se nesta empresa
Tanta beleza
Não figurar.

E vós Amores,
Que em seus cabelos
Andais os Zelos
Sempre a enredar.

Compridos fios
Da cor da amora
Sem mais demora
Vinde-me dar.

Com eles quero
Pintar-lhe a trança,
Que ondeando lança
Prisões ao ar.

Trazei também
Duma floresta

Jasmins, que a testa
Possam formar.

Nela se vejam
Entre as ternuras
Idéias puras
Vivas pular.

Não vos esqueçam
Purpúreas rosas,
Para as formosas
Faces corar:

Faces, onde andam
Entre mil Beijos
Tímidos Pejos
Rindo a trepar.

Mas vós agora
Parais, Amores?
Ide os fulgores
Ao Sol roubar.

Ide, que eu quero
Traçar-lhe os olhos,
Que podem molhos
De setas dar.

Ah! té parece
Que já se movem,
Que deles chovem
Farpões ao ar.

Porém a tinta
É já bem pouca
Para que a boca
Haja de ornar.

Baixai Cupidos
Dos leves ares,
Ide nos mares
Corais furtar.

Dos mais vermelhos
Ornem-se os lábios,
Que por tão sábios
Podem matar.

E logo entre eles
Um riso nasça
Com tanta graça,
Que induza a amar.

Ouçam-se ditos
Que excedam Safo,
É um grato bafo
Perfume o ar,

De níveas perlas
Sejam os dentes,
Que estão luzentes
Sempre a brilhar.

Enfim de Jaspe
Brancos pedaços
Roliços braços
Venham formar;

Braços tiranos
Que prisões negam,
E se se entregam
É por zombar.

Porém, ó Céus,
Que altos efeitos,
Quem é que os peitos
Pode pintar!

Numes dos Céus,
Vós que os fizestes,
Tintas Celestes
Vinde-me dar.

Dai-me de neve
Brancos torrões,
Dai-me limões
Para os formar.

Depois um véu
Avaro esconda
Uma e outr'onda
Que treme a andar.

Ternos suspiros
Dentre eles saiam,
Que mortos caiam
Pelos deixar.

Pelos... ó Céus,
Que estranha cena!
Quem é que a pena
Me vem roubar!

Tirano Amor,
Se era teu gosto
Este composto
Não acabar,

Nunca me deras
O teu pincel,
Mas eu cruel
Sei teu pensar.

Sei que não queres
Que acabe a obra,
Porque o que sobra
Pode matar.

Mata-me embora,
Mas deixa ao menos
Os pés pequenos
Delinear:

Pés que, tiranos,
Debaixo trazem
Almas, que jazem
A suspirar."

COLEÇÃO TEXTOS

1. MARTA, A ÁRVORE E O RELÓGIO
   Jorge Andrade
2. ANTOLOGIA AOS POETAS BRASILEIROS DA FASE COLONIAL
   Sérgio Buarque de Holanda
3. PÚCHKIN: A FILHA DO CAPITÃO/E O JOGO DAS EPÍGRAFES
   Helena S. Nazario

Impressão e acabamento
Imprensa Metodista